资产保护的道与术

王怀涛　赵　芳◎主编
李晓玲　赵路云　尹志金　杨　虹　林　海◎副主编

中国财富出版社

图书在版编目（CIP）数据

资产保护的道与术／王怀涛，赵芳主编．—北京：中国财富出版社，2020.1（2021.4 重印）

ISBN 978－7－5047－7126－1

Ⅰ.①资…　Ⅱ.①王…②赵…　Ⅲ.①家族—私营企业—企业管理—研究—中国　Ⅳ.①F279.245

中国版本图书馆 CIP 数据核字（2020）第 016268 号

策划编辑　杜　亮　　**责任编辑**　张冬梅　沈安琪　郑晓雯
责任印制　尚立业　　**责任校对**　卓闪闪　　**责任发行**　白　昕

出版发行　中国财富出版社
社　　址　北京市丰台区南四环西路 188 号 5 区 20 楼　　**邮政编码**　100070
电　　话　010－52227588 转 2098（发行部）　010－52227588 转 321（总编室）
　　　　　　010－52227588 转 100（读者服务部）　010－52227588 转 305（质检部）
网　　址　http://www.cfpress.com.cn
经　　销　新华书店
印　　刷　北京九州迅驰传媒文化有限公司
书　　号　ISBN 978－7－5047－7126－1/F・3153
开　　本　710mm×1000mm　1/16　　**版　　次**　2020 年 5 月第 1 版
印　　张　23.75　　**印　　次**　2021 年 4 月第 2 次印刷
字　　数　364 千字　　**定　　价**　68.00 元

《资产保护的道与术》编委会

编委会成员简介

王怀涛（主编）

移投行家族办公室（IBKFO）创始人，上海新古律师事务所主任，中国联合家族办公室协会副会长，全球投资移民协会理事。擅长资产保护、私募基金、海外投资、身份规划、家族信托、并购重组等相关的法律服务，目前担任上百家境内外私募基金、三方理财等金融机构法律顾问，为国内广大富有家族提供财产保护和传承服务。曾在中国离岸金融（上海）峰会、信泽金商学院、广发私募商学院、杭州银行、钜派财富、恒天大学等演讲、授课，并多次亲自组织论坛、峰会，内容涉及资产保护、私募基金、身份规划、离岸架构、家族信托等实务操作。曾应邀与圣基茨和尼维斯联邦总统、马耳他共和国驻华大使、毛里求斯共和国官方代表等交流离岸金融法律事务。经常接受主流财经媒体采访，就当前金融领域重大事件发表法律观点，在法律、金融、财富管理领域积累了较为丰富的从业经验。

赵芳（主编）

湖南权度律师事务所主任、创始合伙人，股权设计专家，长沙市律师协会履职监督委员会副主任，移投行家族办公室（IBKFO）长沙运营中心负责人，家族办公室高级研究员、职业规划师，混沌之家众创空间创业导师，湖南文理学院创新创业导师。拥有法律、金融、企业管理、社会学等专业背景，担任多家政府机构、金融机构以及国内外著名企业的常年或专项法律顾问。擅长股权顶层架构与公司治理、股权激励与合伙人制度设计、投资并购、私募股权与投资基金、全球资产配置、身份规划、家族治理、家族信托等。一直秉承“让客户拥有更长久的财富”之使命，致力于为企业顶层设计与股权架构设置、家族和法人治理、高净值人群财富传承提供整体解决方案。

李晓玲（副主编）

山西大学法学学士，山西元升律师事务所资深执业律师，晋商家族办公室创始人，元升私人财富中心主任，移投行家族办公室（IBKFO）高级研究员，国家二级心理咨询师，“孝行天下”传统文化公益课程推广大使。拥有22年律师执业经验，长期为高净值个人/家族的财富保全、规划和传承提供法律服务，包括家族信托、资产保全和传承、股权架构搭建、法律风险防范等。专业领域：慈善信托、家族宪章、税务与财富规划、资产管理与金融、资本市场与证券。

赵路云（副主编）

毕业于上海交通大学、哈佛大学 MBA。移投行家族办公室（IBKFO）高级研究员，瞻睿家族传承研究中心创始人，理财周刊传媒公益慈善研究中心主任，上海财经大学客座教授，《福布斯》《理财周刊》专栏作者，喜马拉雅超十万点击量节目《哈佛学霸赵路云教你财富管理与传承》主播，创和汇人文传承大使，2019 中国财经峰会（行业）影响力人物，2018 年度家族财富管理中国风云榜“杰出女性财富管理领袖”。拥有 18 年金融财务投资经验，在全球资产配置、家族传承规划方面拥有丰富的经验。曾任渣打私人银行副董事，摩根大通（中国香港）第一位来自内地的私人银行家。

尹志金（副主编）

江苏慈生律师事务所主任律师，移投行家族办公室（IBKFO）高级研究员，毕业于华东政法大学法学专业、南京大学工商管理硕士。专业领域包括刑事辩护、民商事诉讼、投融资法务、家族办公室法务、康养项目法务等。曾被江苏省司法厅和律师协会授予“江苏省优秀辩护律师”和“江苏省十佳律师”称号。

杨虹（副主编）

毕业于四川大学、电子科技大学 MBA，煜恒家族财富办公室联合创始人，移投行家族办公室（IBKFO）高级研究员。国家理财规划师，国际认证财务顾问师 RFC，美国 MDRT 百万圆桌会员，法税同审财富管理专家，西南财经大学天府学院外聘专家。获得全球华人 IDA 国际龙奖，拥有保险、证券、基金从业资格。擅长提供高净值家庭资产配置、财富管理、资产保全、家族传承及家族人力资源开发等私人财富解决方案与综合服务，以及大额保单、保险金信托与家族信托实务及服务。

林海（副主编）

中共党员，移投行家族办公室（IBKFO）高级研究员，上海新古律师事务所律师，华东政法大学全日制法学硕士，长期从事外国法与比较法研究。2007 年起从事法律工作，拥有大型金融企业法务、中级人民法院经济审判庭的工作经历。开始律师执业后，成功办理大量的商事争议解决业务，能用中文、英语和日语进行法律工作，同时将业务领域扩展至移民地产、私募基金、家族信托等，切入家族办公室法律业务及家族传承行业，为多家金融机构、高净值客户及家族提供资产保护、身份规划、法律筹划、全球资产配置、搭建离岸架构等方案及服务。

蔡绍辉

移投行家族办公室（IBKFO）高级研究员，北京盈科（上海）律师事务所高级合伙人律师，法律硕士。湖北工程学院上海校友会执行会长，中国人民大学律师学院上海校友会副会长，中国法学会会员，正和岛法律部落执委，国际注册高级私人财富管理师（SPWM）。入选 2018 年中国法学会编纂的《中国法律年鉴》推荐“优秀民商律师”，办理案件数百起，发表文章十余篇，参与书籍编纂多部，有较为丰富的执业经验。主要执业范围：婚姻继承家事领域、财富传承规划、企业家法律顾问。

曹旭

移投行家族办公室（IBKFO）高级研究员，北京盈科（上海）律师事务所律师，盈科国际合作委员会委员，中国法学会会员，中国人工智能学会会员，IEEE（电气和电子工程师协会）会员，中华全国律师协会会员，中德律师协会会员。2001 年取得律师职业资格，有近 20 年项目管理和法务工作经验。2017 年加入盈科（上海）律师事务所，业务范围以一般民商事争议解决为基础，以新生态企业法律服务、公司法律服务、建筑工程法律服务为核心，辐射涉外法律服务、家族财富管理等领域。在上海律师协会公众号、《中国人工智能学会通讯》、无讼、未央网、互联网金融等新媒体发表多篇专业文章。座右铭：诚实守信，勤勉尽责，以最大的努力维护委托人的合法权益。

陈朝晖

法学博士，经济学副教授，心理咨询师，保险代理人。现任大连海洋大学海洋法律与人文学院法律硕士研究生导师，南昌理工学院客座教授，渤海大学国际政治专业硕士研究生导师，移投行家族办公室（IBKFO）高级研究员，辽宁润祺律师事务所副主任、律师，广东鑫链收藏品有限公司监事。受聘为中国管理科学研究院战略咨询专家委员会委员，中安联合投资集团博士后工作站研究员，安徽大学创新管理研究中心智库专家，中国老教授协会创新创业教育研究院，收藏品投资工作室负责人。当选（中国澳门）中华博士协会副秘书长，中国法学会世界贸易组织法研究会理事，中国行业行为规范研究会理事，中国行为法学会软法研究分会理事。发表论文 *How to Implement Marine Environmental Liability Insurance*, *Study on Legislation of Green Packaging in China*, *The Risk of PPP Project and Demand for Lawyers from the Perspective of*

China，均被 CPCI（会议录索引）检索；论文《海上保险近因原则解析》，被中国人民大学书报资料中心《金融与保险》全文转载。提交资政建议数十次被内参收录，并被省部级领导批示采纳。在诉讼业务方面，代理过“海达 8号”轮沉没事故保险合同纠纷等重大和有影响力的案件；在非诉讼业务方面，主要为外商投资提供法律风险、政治风险论证和纳税筹划法律服务。

邓淳方

湖南权度律师事务所市场总监，湖南省 HRA 侨联青年委员会委员。社会心理学硕士，在乌克兰留学工作七年，热爱公益，致力于为高净值人群定制专属的家族财富传承方案。

董晶

移投行家族办公室（IBKFO）高级研究员，江苏圆点律师事务所律师，民商法学硕士。拥有银行、证券双从业资格，专注于民商事法律领域。长期致力于家庭（家族）财富保障与传承、婚姻继承、金融保险、商事合同、公司企业法律事务等诉讼及非诉讼业务，担任多家企业、金融机构法律顾问。多篇学术文章被《中国律师》《法制与社会》等媒体刊登转载，参编专著《中国式家族办公室实务研究》。

杜亮

国浩律师（武汉）事务所律师，主要从事不良资产、金融资本领域法律服务。中南财经政法大学资本市场法治研究中心实践导师，移投行家族办公室（IBKFO）高级研究员，北京互利融通科技有限公司不良资产行研院系列研修班课程导师。

段逸超

一级律师，法学硕士，移投行家族办公室高级研究员、巡导员，无虑财富保障与传承中心高级讲师，浙江和义观达律师事务所高级合伙人，宁波市人大常委会法制工作委员会委员，宁波大学法学院硕士生导师。

范伟情

华东政法大学法学硕士，现任某金融集团法务经理，主管投资并购业务、另类投资业务。曾担任上海市海华永泰律师事务所合伙人，为大中型资产管理公司、基金公司及房地产公司等提供常年法律顾问服务和专项法律顾问服务。熟谙法律和金融财务知识，擅长投融资、并购、基金、建设工程以及其他公司法律业务。

房树威

江苏（南京）驰东律师事务所主任、创所合伙人，移投行家族办公室（IBKFO）高级研究员，南京市律师协会行规修订小组成员，中华全国律师协会、江苏省律师协会会员。汉语言文学专业、法学专业双学位，复合型专门人才。通过勤奋学习现行法律和有关专著，建立了以现代契约自由、侵权赔偿理论为中心的知识体系，并将其灵活运用在公司法务、房地产建筑、金融、破产、家族财富流传等法律实务中。执业 20 年，擅长处理需要综合知识的疑难案件。2004 年代理某案件时主张“公司通知形式存在重大瑕疵，应视为未尽通知义务，股东会形成的决议应当无效”的观点，被最高人民法院收入次年的《经典案例选编》，这一观点也被《最高人民法院关于适用〈中华人民共和国公司法〉若干问题的规定（四）》第五条第二款吸纳，用以指导全国法院的审判活动。2015 年代理某案件时阐述“企业名称权与他人商标专用权，都是商事主体的合法权利，应当并行保护”的观点，被某省高级人民法院采纳，从而撤销某中级人民法院一审判决，驳回原告全部诉求。从业以来，也办理了大量刑事案件，对多例杀人、经济犯罪等案件都有实效辩护，为业界认可。

贺煌

移投行家族办公室高级研究员，上海市协力（无锡）律师事务所全国高级合伙人，华东政法大学法学学士、复旦大学法律硕士。曾任职于司法机关，

2006年起成为执业律师至今。先后代理过大量民商事诉讼案件，总标的数亿元，任多家企事业单位及政府部门法律顾问。近年来，致力于投融资法律服务领域，尤其关注家族办公室法律服务业务的发展，作为私人律师受聘于多个本土家族。

李泽

移投行家族办公室高级研究员，中国人民大学法学博士，上海政法学院副教授、硕士生导师，兼任上海和基律师事务所律师。2011年9月—2012年9月在荷兰格罗宁根大学法学院访学，2019年在俄罗斯乌拉尔联邦大学经济与企业管理学院访学。主要研究领域：法理学、房地产法、调解理论与实务。曾经在上述领域主持或参与多个研究项目，发表学术论文10余篇，其中CSSCI（中文社会科学引文索引）期刊论文8篇。代表性著作：《高校内部学生申诉制度比较研究》（上海交通大学出版社，2018）。

刘京

法律硕士，移投行家族办公室高级研究员，上海市律师协会国际贸易业务研究委员会委员，上海市巾帼律师普法团成员，上海市法学会会员，上海市WTO（世界贸易组织）法研究会会员。专业领域为贸易纠纷解决及知识产权保护，曾代表多家集团企业、大型外企处理诉讼仲裁案件，取得胜诉结果。曾参与集团公司并购、合规等项目，得到客户的肯定与信赖。善于用思辨逻辑、同理心从事件中提取核心问题，解决纠纷、推进项目。

刘介名

移投行家族办公室高级研究员，山东理工大学法学学士，山东文鸿律师事务所副主任兼高级合伙人，青岛市劳动人事争议仲裁委员会仲裁员，青岛市律师协会法律援助与公益委员会委员，2018年山东省青年律师领军人才，青岛美智名达商务咨询有限公司CEO。2016年在中国法学会发表《疫苗监管与救助系统研究》，荣获全国副省级城市法治论坛三等奖。

刘晓炜

移投行家族办公室（IBKFO）高级研究员，云南建广律师事务所合伙人、副主任，全球投资移民律师协会区域理事，钦州仲裁委员会仲裁员。2013 年入选全国涉外律师人才库，2016 年入选中华全国律师协会“一带一路”项目跨境律师人才库，2019 年入选司法部全国千名涉外律师人才库之知识产权、跨境投资方向成员。有多年诉讼经验和东南亚、南亚法律服务经验。发表多篇学术论文，参与《“一带一路”沿线国家法律环境国别报告》第一、第二、第三、第四卷的编撰（北京大学出版社）。

刘英明

移投行家族办公室（IBKFO）高级研究员，中国人民大学法学博士，上海政法学院副教授、硕士生导师，兼任上海智鼎律师事务所律师、上海市律师协会民商事诉讼业务研究委员会委员、上海市青浦区法学会常务理事。主要研究和业务领域为：民商诉讼与仲裁、公司与证券法律、法律教育与培训。曾经在上述领域主持或参与多个研究项目，发表学术论文近 20 篇，其中 CSSCI（中文社会科学引文索引）期刊论文 8 篇。代表性著作：《中国民事推定制度研究》（法律出版社，2014）。

潘宇东

1998 年取得律师资格，2000 年从事律师工作，2003 年当选上海市普陀区优秀法律工作者。近年来专注于企业法律事务，具有上市公司独立董事资格，帮助企业完成股权交易，协助投资者进行海外身份和资产配置的规划。现为上海市申华律师事务所合伙人，上海市律师协会教育专业委员会委员，移投行家族办公室（IBKFO）高级研究员，全球投资移民律师协会认证律师。

綦茹

心理咨询师，现就职于锦州市公安局巡特警支队。毕业于中央司法警官学院矫正教育系社会学专业，法学学士，渤海大学法律硕士研究生。

陶钧

律师、税务师、会计师，移投行家族办公室（IBKFO）高级研究员，上海外国语大学法学学士、上海财经大学管理学学士、复旦大学 MBA。上海市法学会民法学研究会成员，曾任中国平安陆金所金融市场开发中心产品副总监，真格系互联网创业公司“庄游”联合创始人兼 CFO。拥有超过 10 年的金融工作经验，7 年以上的法律相关事务经验。目前执业于北京盈科（上海）律师事务所，担任金融科技、智慧停车、文化传媒等行业知名企业的顾问，参与其公司治理、并购重组和金融产品设计、税务筹划等项目。

王书田

北京盈科（上海）律师事务所执业律师，华中师范大学法学学士、上海大学法律硕士。执业期间主要办理民商事诉讼及非诉案件，主要业务领域为合同纠纷、债权债务纠纷、股权纠纷、劳动人事争议等民商事诉讼业务，以及家族财富管理、私人财富传承、公司治理等非诉业务。在企业坏账催收、破产清算等领域有比较成熟的经验和较多成功案例，在婚姻继承等家事领域也颇有心得，深受委托人信任。

王旭东

徽商家族办公室创始人，移投行家族办公室（IBKFO）高级研究员，北京大成（合肥）律师事务所律师，合肥市律师协会涉台涉外法律服务委员会委员，安徽省江启戎教育基金会副秘书长，合肥高新区心血管病医院伦理委员会委员。拥有司法、基金、证券从业资格，服务过 100 多家企业，曾在各大机构从事家族办公室实务操作，精通企业管理、企业法律风险管理专业知识，专注企业投融资、公司股权、家族财富管理与传承领域业务，积累了丰富的实操经验。徽商家族办公室服务项目：为客户成立家族办公室，包含家族办公室的创设、治理与架构、运营与品牌推广；为客户成立家族慈善基金会，包含基金会的创设、运营和品牌推广；为客户制定家族宪章，编写传记、回忆录，整理家风家训，编写家谱。

王逸群

移投行家族办公室（IBKFO）巡导员、高级研究员，北京尚公（上海）律师事务所合伙人，上海市律师协会国际投资业务研究委员会委员。擅长企业法务、公司治理、跨境投资等法律服务，对各类跨境财富传承工具及境外家族办公室的发展经验较有研究，有为客户寻觅、对接各类海外投资标的和合作资源的经验，并擅长与境内外合作伙伴联合，为有跨境资产配置和财富传承需求的高净值人士和家族提供综合性规划、法律架构搭建及落地等服务。

严晨

湖南权度律师事务所实习律师，毕业于中国政法大学。一直从事家族企业的股权设计和治理模式、家族财富保护与传承方面的研究。擅长领域：家族企业的股权设计和治理模式、家族财富保护与传承。

姚思宇

国浩（武汉）律师事务所律师，武汉市追忆那年网络科技有限公司、武汉萦新旅游运营管理有限公司、湖北跃渊汇资产管理有限公司、北京新农商控股有限公司、湖北阿深南高速公路发展有限公司常年法律顾问，提供出具尽职调查、法律意见书以及相关资本市场法律业务及服务。

尹旭鸿

取得国家统一法律职业资格，毕业于安徽财经大学会计学专业，管理学学士、渤海大学法律硕士研究生。

尤爱霞

法律硕士，河北世纪方舟律师事务所生态环境与资源法律专业委员会副主任、涉外专业委员会秘书长、自然资源法律研究中心主任。一直从事法律方面的工作，拥有深厚的法学功底和娴熟的办案经验。在办案过程中熟知法条、深谙法理，善于发现办案过程中的问题，勤于积累辩护和代理的经验，并能够不断精进总结。代理过各类案件数千起，担任多家大中型企事业单位法律顾问，并积极参与社会活动。

袁文超

湖南权度律师事务所执业律师，长沙市律师协会婚姻及家庭专业委员会委员。执业后多次办理婚姻家庭类案件，有丰富的婚姻家庭类案件办案经验，并且熟悉家族财富保护与传承领域，能够为高净值人群定制专属的家族财富传承方案。擅长领域：婚姻家庭、家族财富保护与传承。

张群胜

取得法律职业资格，2018 年获得全球品牌策划大赛中国地区选拔赛（展洽组）二等奖。

张月明

湖南权度律师事务所执业律师。有感于创业之艰辛、守业之不易，不忍万般努力化作尘土，遂投身于财富创造与家庭、家族关系治理领域。通过将专业法律知识与家族治理以及投融资经验相结合，协助客户实现家庭美满、事业成功的终极人生目标。主要研究领域：家庭及家族治理与传承、投资并购、企业管理。

赵光

移投行家族办公室（IBKFO）高级研究员、巡导员，移投行家族办公室合肥运营中心负责人。独立董事资格，碳交易师，中华全国律师协会环境、资源与能源法专业委员会委员，中国矿业联合会法律委员会副秘书长，钱伯斯《2019 亚太法律指南》受认可环境律师，钱伯斯《2020 亚太法律指南》

Band 3 环境律师，深圳国际仲裁院调解专家，保富商学院特聘签约高级讲师。擅长慈善基金会管理，慈善信托策划和执行，环境、资源和能源类家族企业定制化信托策划、法商管理、环境合规。

赵继承

博士，毕业于北京师范大学古典文献学专业，南昌理工学院客座教授。

赵丽娜

河北世纪方舟律师事务所（总所）副主任、高级合伙人，移投行家族办公室（IBKFO）高级研究员，北海仲裁委员会、北海国际仲裁院仲裁员，司法部全国涉外律师领军人才，全球投资移民律师协会中国区会员，中国环境科学学会高级会员、中国矿业联合会法律专业委员会委员，河北省环境与资源保护法学研究会理事，河北省律师协会第七届理事会生态环境与资源法律专业委员会副主任，石家庄知识产权协会会员。参编生态环境部环境工程评估中心课题，出版《环境违法典型案例评析》等著作。

钟华

南开大学经济暨金融学博士，移投行家族办公室（IBKFO）高级研究员，巴加索投资管理（暨 AI 理财咨询）公司创始人，美利善科技顾问股份有限公司联合创始人，《理财周刊》金融期货专栏主笔，陈锦芳博士（纽约）文化馆艺术画作在上海的代理人。具有金融证券期货和经济法学的综合背景，曾在大中华区驰名的金控公司任专业经理人，拥有超过 25 年的金融期货及证券操作管理实务经验，擅长在家族理财、传承与家族办公室、面向超高净值人士的金融人工智能（AI）理财、艺术画作等领域提供资产信托理财及传承的解决方案。

序一

《中国式家族办公室实务研究》一书出版以来，在行业内竞相传阅，广受好评，作为编写团队的我们备受鼓舞，决心利用专家智库的研究，继续奉献新作。移投行从事的家族办公室事业，虽是响应大势所趋之举，但毕竟无先例可鉴，无定法可抄，唯有投身火热的实践，不断探索方出真知。

这一年来，“富豪入狱”“机构暴雷”“创业蒙冤”等财富新闻频现，这绝不仅是“富贵险中求”能简单解释的，更不能将之归于“现有国情”，其中必有客观规则可循。移投行接受了很多高净值客户的咨询，并接二连三地举办针对家族财富管理和家族传承的峰会、论坛、培训班等线下活动，在更多的城市实地调研，与当地机构合作开设了运营中心，倾听客户的需求和同行的意见。在此基础上，移投行提出了自己的愿景——“做真正为客户服务的家族办公室，做与客户同呼吸共命运的资产保护和传承解决方案供应商”。

移投行的愿景是把重点放在“资产保护”上，“资产保护”是一个旗号、一个标杆，构成了本书的主题和宗旨。本书面向的是中国的高净值人群、其背后的家族企业，以及家族办公室的从业人士。市场上现有的图书多偏重于某一方面，或讲企业治理，或属于法律专著，有的图书直接译自古文或外文，时效性不足，也显得较为晦涩。因此，本书努力做到涉及资产保护的各个方面，针对实际问题提供解决方案，同时力求深入浅出，避免专业用语和复杂的表述，让更多的人能通过阅读本书，懂得资产保护的基础知识，避免不必要的风险和损失。

本书共分为五个部分。第一部分作为总则，分析财富大数据，看趋势，瞰未来，说明当代中国为何呼唤资产保护服务，什么才是真正意义上的资产保护。第二部分至第五部分，分别从历史文化、法律制度、家族企业、保护工具等各角度展开，让读者全方位地认识资产保护。资产保护的需求，无论在东方或西方，均自古就有，故贵在中西合璧，打造崭新的财富观和传承观。在依法治国的大方针下，财富家族只有通晓并合理运用企业、金融、财税、刑事等法律法规，才能更好地保护自己的财产。家族企业是资产保护最传统、最复杂的应用领域，处理好个人、家庭、企业之间的关系，打破时间、地域的限制，有助于“多维”地理解企业经营发展的问题。资产保护有很多工具，保险、信托、基金会，甚至还有新兴的虚拟货币等，但家族办公室若要做到在合适的时机选择合适的工具，除了对工具本身了解、不可“人云亦云”以外，还要善用科技的手段来延伸自己的能力，做出迅速而准确的决策。这些方面，都是资产保护的必修内容。

本书的编者多是家族办公室领域的一线专家，他们在繁忙的工作之余，本着时不我待的精神投入本书的写作，难免挂一漏万，烦请广大读者批评指正。

序二　资产保护应尽快启动

——写给“大老板”的“醒世恒言”

在市场经济的背景下，“大老板”集社会关注于一身，可以说他们既强大，又脆弱。“大老板”往往是集团公司大股东，一般都直接或间接持有多家公司的股权，有的甚至控股或参股了几十家乃至数百家公司，然而，这并不一定意味着其资产规模庞大或坚不可摧，有时候，这反而会导致其承担高负债或巨额债务风险，当经济下行或公司某个环节出现问题时，这种潜在的风险就可能逐步蔓延至控股甚至参股的股东。

当公司处于创业时期，为了显示集团的实力或出于税务筹划、业务隔离、多方合作等考虑，很多创始股东会故意多开一些公司。也有一些公司大股东“狡兔三窟”，通过复杂的公司架构、代持，构建虚虚实实的商业帝国。然而，这样的商业帝国可能经不起时间的检验和细致的调查。如果以公司大股东（自然人）为起点，从财务角度去仔细审查他的个人“资产负债表”，就会发现，公司股权并不都是资产，其持股中未实缴的部分实际上就是债务，而如果中间没有“有限责任”的保护，这种债务可能是极其庞大的。而且集团公司的大股东还经常担任主要公司的董事长、法定代表人，甚至担任多家公司的董事长、法定代表人，如果其中刚好有上市公司，则这种暗藏的所有权和经营权混同的法律风险，又会因涉及上市公司监管而复杂很多。可能因为某个事件，“富翁”一夜之间变成了“负翁”。

法律能保护财富，也能剥夺资产。不触碰法律红线是资产保护的前提。

根据我国法律规定，作为公司的大股东兼法定代表人，在违法违规的情况下，会面临民事责任、行政责任甚至刑事责任等风险，其中最大的风险就是承担巨额民事债务和刑事责任。因上述风险而身败名裂的“大老板”不胜枚举，有些甚至还被媒体炒作，成了老百姓们茶余饭后的话题。

我们粗略地统计了一下，公司大股东兼法定代表人被追究刑事责任的常见罪名不少于 34 个，在有的案例中法定代表人并不完全知情，甚至实际上是挂名，却仍被追究刑事责任。移投行家族办公室曾处理过一个案例，某位非常知名的富豪因为其投资的孙公司涉及税务问题而被某县城公安机关调查，该富豪为此事耗费了难以想象的人力和物力，损失非比寻常。

本书出版之时，正值新型冠状病毒肺炎在全球肆虐，这对“大老板”的资产保护工作也是一场严酷的考验。经济下行，潮水退去，业务收入紧缩，债务迅速扩张，这时候有效的法律防控和清醒的风险意识尤为重要。否则，即使很微小或偶然的事件也可能产生连锁反应，使企业遭受损失，时间越久就越难挽回，严重的甚至产生恶性循环，在这种情况下，巨额债务和刑事责任的风险就可能会凸显。

因此，提前进行法律风险防控等资产保护规划，实在是一件极其重要的事情。

如果说“守一攻九”的开创阶段，为了打开局面而不顾风险还可以理解，到了功成名遂、“守九攻一”“守十攻零”的守成阶段，风险防控对于防止功亏一篑就尤为必要。换句话说，对于很多受新冠肺炎疫情影响面临生存危机的公司而言，能够守住之前的成果，在某种程度上就是胜利。

移投行家族办公室此前已经帮助不少公司做了此类的规划，回顾这些案例，有的是因为行业风险骤然加剧而内部瓦解；有的是因为父亲将集团企业传给儿子，而儿子担心上百家公司的债务会吞没现有的资产而无心接受；有的是因为家庭关系不和谐，担心一旦分配不公平会引起纠纷而人人自危；还有的是公司已经陷入严重的债务危机，甚至大股东已经被通缉而“亡羊补牢”。“大老板”的商海浮沉足以写成一部传记，但归纳起来，有很多因疏于资产保护规划而功亏一篑的故事，令人扼腕叹息。

我们做规划的方式，一般是以某一个人（集团大股东）为出发点，全力为其个人进行规划；有时也会将其家庭作为一个整体进行规划，因为如果不对其配偶进行规划的话，债务可能会“绕了一圈”以夫妻共同债务的名义回到这个人身上。总之，所有的规划都以某一个人为核心，都是为了被设定为出发点的这个人着想。比如我们会参考资产负债表的方式，指出哪些股权表面上是股权，实际上是债务；哪些公司的高管身份存在风险，最好更换；公司是否存在潜在的刑事法律风险；如果是上市公司，我们还将结合上市公司的监管规定，就其可能涉及的证券合规问题提出切实的建议。

当然，实务中的资产保护方案更加多样而复杂，合格的家族办公室从业者应该是“大老板”的军师，助他们在商战中冲锋陷阵而有章可循。总之，我们的目标是，用法律方式对集团公司大股东兼法定代表人进行全方位的分析研究，为其提供合适的资产保护建议，帮助其启动和运行资产保护方案，将可能产生的债务危机和刑事风险提前化解，让其个人及家族在法律的保护下基业长青、兴旺发达。

希望本书能对读者有所启发。

目录

CONTENTS

· 第一部分 ·

当代中国呼唤资产保护服务

01 资产保护是家族办公室的重中之重

王怀涛　林海

不结良缘与善缘，苦贪名利日忧煎。
岂知住世金银宝，借汝闲看几十年。

——〔晋〕跋陀罗

俗话说：发财不难，保财最难。曾国藩的外孙聂云台先生在其著名的《保富法》中记载："我住在上海五十余年，看见发财的人很多，发财以后，有不到五年、十年就败家的，有二三十年即败的，有四五十年败完了的。我记得与先父往来的多数有钱人，有的做官，有的从商，都是煊赫一时的，现在已经多数凋零，家事没落了。有的是因为子孙嫖赌不务正业而挥霍一空，有的是连子孙都无影无踪了。大约算来，四五十年前的有钱人，现在家产没有全败的，子孙能读书、务正业、上进的，百家之中，实在是难得一两家了。"

作为从事多年法律工作的律师，笔者近几年来为一些大的财团提供法律服务，在私募基金、金融产品相关领域，看到不少百亿级、千亿级的财团轰然倒闭，一些原本拥有数十亿、上百亿资产的老板债务缠身，甚至破产、被刑拘、被通缉、自杀……其中不乏与笔者多有交往的朋友、客户，这些事情发生得如此之快，令笔者感叹兴衰无常之余，不禁对其背后的原因产生了浓厚的兴趣。

著名的社会学家林耀华先生在20世纪40年代写过一本《金翼——一个中国家族的史记》，书中记载了福建古田县原本境遇相似的两家，在短短二十余年，被两种截然不同的命运改变，一个享受着极致的荣华，另一个则穷困潦倒。背后的原因是什么，真相是什么，引起了作者深深的思考。

每个人都渴望富有，厌恶贫穷，但由富转贫有时却在转眼之间。《红楼梦》有诗："金满箱，银满箱，转眼乞丐人皆谤。"看到这种事情，我们除了慨叹命运的不可抗拒外，是否可以从中找到一定的规律？林耀华先生在上述著作的最后总结道："人类的生活有如起伏的海潮，时而平静，时而峥嵘。没有人能平顺、单调地度过一生。生活时时都会变化，即便最顺利的日子也会在新的刺激和新的环境之下发生变迁。危机来去无常，有时简单，有时复杂，但每次都必然被人们征服以便重新建立起一个相对稳定的局面。"他得出"问题总会解决"的结论。

那么，从律师的角度，如何认识上述"由富转贫"的问题，如何看待资产保护呢？

笔者做家族办公室工作，多年来研究"资产保护"，这缘于八九年前做债务重组的经历。2011年，江浙一带不少企业家使用高利率的民间资金，并互相担保、关联担保，导致一大批企业陷入债务危机，不少企业最终破产。笔者当时经常往来于温州、湖州、徐州地区，为当地企业家梳理债务，想办法做债务重组，将资金链断裂、濒临死亡的企业挽救回来。彼时所服务的对象，有些是当地的首富，有些是在当地出名的家族，加起来有六七个大的家族。有一个家族拥有化工厂、百货大楼、酒店、投资公司、饭店、驾校等十几种生意，家族二代已经接管生意，很年轻，也是学法律的，但因为经营状况已经"病入膏肓"，我们想了很多办法，还是没能重组成功，最终家族没落。我在这个家族的酒店住了相当长的一段时间，我们在其中的角色，现在想来正是家族办公室的角色，但那时做资产保护为时已晚。

2018年有一段时间，中共中央、国务院、最高人民法院、最高人民检察院密集发文保护民营企业家，要求严格区分企业家个人财产和企业法人财产，在处理企业犯罪时不得牵连企业家个人合法财产和家庭成员财产，这说明当时民营企业家的资产保护问题极其严峻，侵害民营企业家资产的情况时有发生。除了来自外部的政治、经济因素外，企业家如何从自身层面做好资产保护呢？笔者经过数年的思考，站在企业家的角度上，以企业家为核心，认为可以从五个方面为企业家做资产保护，以下试述之。

根据一个人社会关系的层层向外扩展，对于企业家来说，资产保护可以分为个人、家庭、公司、投行、社会五个层面。

一、个人层面：对个人资产的保护

在这一步，我们保护的对象是企业家个人，企业家的父母、配偶、子女甚至都要被排除在外。孟子说，“穷则独善其身，达则兼济天下”，这就是独善其身的情况。在规划该步骤时，应只有企业家本人在场，其他任何人员不应在场。

每个人都有一张自己的“资产负债表”，这个表格里有现金、固定资产、长期股权投资、应收账款、应付账款，也有其国籍身份、对应的司法管辖地和税务居民所在地。

在法律上，只有产权清晰的资产才能被隔离，只有被隔离的资产才能被保护，只有被法律保护的资产才算是安全的。该步骤我们考虑法律、税务、财务等问题，首先应该考虑法律问题。我们要看企业家已经有了哪些国籍身份、居留权，已经形成了哪些税务居民身份，进而分析这些身份是否需要改变。改变一个人的司法管辖地和税务居民身份，最简单的办法就是移民。

在财务上，我们要看企业家的应付账款，比如开设了很多家公司但都是认缴的出资，认缴的金额就是其应付账款，在企业经营过程中就可能转化成现实的债务。还要看企业家的资产情况，一旦产生个人债务，这些资产都可能会被依法执行，拿去抵债。企业家应想办法把资产出表，不体现在自己的资产负债表中，但还在某种形式的控制之下，比如设立家族信托、购买保险、设立基金会等。有人或许会说采用代持更为简单，但代持同时存在四方面（背信、死亡、负债、离婚）的风险，需要注意。

此时，还需要规划如果企业家离婚、死亡，来自配偶和继承人的风险，也就是常见的“婚变风险”和“分家争产”，要提前做好规划与保护，并做好压力测试。

二、家庭层面：对家庭资产的保护

做好了第一步后，我们将保护范围扩大一层到家庭。在这一步，企业家及其父母、配偶、子女、兄弟姐妹是被保护的对象。

绝大多数企业家真正以企业为家、把企业当家，有的经常把公司的资金拿去为自己买房买车、个人消费，这种行为在法律上属于“挪用资金”“职务侵占”，涉嫌刑事犯罪。如果一个企业的股东是夫妻二人或一个家族，这个问题不一定构成大问题，但如果有家族之外的投资者入股，这些行为就存在很大的法律风险。著名的某酒店女老板创业20多年，被资本驱逐出局已不是新闻，她之所以交出控制权很大一部分原因就是涉嫌职务侵占。此时一定要了解公司法人资格的独立性，公司之所以被称为“法人”，就是因为它是法律拟制的“人”，企业家不能随意动这个“人”的资产，哪怕这个公司是其一手创办的。

另一种常见的风险是关联担保、对外担保，不少企业家出于哥们儿义气拿公司为人担保，也有一些企业家为了收取微薄的担保费给人担保，为此陷入债务危机而破产的例子比比皆是。笔者曾遇到一个上市公司的二股东，最多时拥有资产30亿元，后股海浮沉还有8亿多元，因为一个担保把所有资产清算后还不够，从此负债9位数，不知能否东山再起。

这一阶段要把家庭资产和企业资产做彻底隔离，设置防火墙，不要让企业经营的风险蔓延到家庭里来。

三、公司层面：企业治理对资产的保护

很多时候，企业是家族最重要的资产，企业荣则家族荣，企业衰则家族

衰。因此，财产的保护和传承更多是在企业层面上。在这一阶段，做好包括公司内部控制在内的企业治理尤其重要。

对于中国的私营企业而言，市场经济改革的大趋势及配套制度的相对滞后带来的风险，是影响企业资产保护的重要因素。受传统人情社会的影响，有的人寻租于权力；有的人游走于灰色地带，甚至为高利润铤而走险，心存侥幸；有的人遵循老的“发财套路”却不自觉地掉入政策“陷阱”。因此，企业治理首先是对经营理念的治理，要将法律作为企业真正的“保护神”；其次才是对于财物的治理，严格财产的接触、保管、处置、盘点，落实财产保险，强化内部防腐机制和人为失误侦测；除了重视有形的财产，对于商誉、商标、专利等无形资产也要倍加珍惜，这才是全方位的企业保护。

四、投行层面：上市对资产的保护

前三个层面都容易理解，第四个层面是指一家公司由普通公司到上市的过程，一家公司哪怕融资融到F轮，却最终没能上市，都可能“死得很惨”，上市对企业家是多角度的保护。

观察世界上积累财富的豪富之家，多数是通过地产、金融等产业最终实现上市的，一家企业的上市，会造就一大批千万级甚至亿万级的富有家庭。帮助企业上市，是对家族资产保护的最好方式。移投行家族办公室的一大特色就是“投行业务”，即为客户在企业融资、产业升级、上市、并购等方面提供专业服务，通过投行服务对客户资产进行最终保护。

同时要指出的是，上市作为一种“潮流”也不一定适合每一家企业。上市的准备周期长、前期成本高，这些开支可能会影响企业的发展。网易公司CEO丁磊曾说过，“上市就像裸奔”，尤其是对于“野蛮成长”起来的初创企业，相当于将财务、税务、管理等方面的漏洞或难言之隐暴露在阳光下。另外，上市有可能导致创始人对企业的控制力减弱，甚至在资本恶意收购下丧失控制权。

五、社会层面：通过回馈社会对资产进行保护

中国传统文化讲究“读书最佳，为善最乐”。佛教认为，一个人此生拥有巨大的财富，是因为前生多做布施，布施是获得财富的重要原因。回馈社会，恰恰符合宗教的因果律。基督教也提倡信徒将其收入的1/10捐入教会，甚至形成了某种律法。这些都说明了回馈社会对资产保护作用甚大。这种通过为社会做出贡献，或进行影响力投资而对家族产生保护作用的实例，在中国古代就有很多，典型的如“免死金牌”，中国第一家族“孔家”在几千年的战乱中得以保全，没有遭受迫害……

慈善不仅是一种单方面的付出，也是一种理财方式，这种认识是将慈善与资产保护关联的枢纽。新闻往往有意无意地放大慈善的公益动机，这当然值得赞颂，但通过精妙的架构设计和运作安排，能使家族在不丧失对捐赠财产控制权的基础上，实现避税、隔离、保值、传承等“附带”价值。

综上，资产保护是资产被顺利传承的前提，而纵观历史，做到资产的有效保护却并不容易，甚至可以说是极其困难的事情。我们作为法律人士，看到西方国家利用先进的法律工具、金融工具，如信托、保险、基金会等形式，实现了资产的保护和传承，希望将其先进的经验引入中国。同时，我们关注值得弘扬的中国传统文化、道德、宗教思想，用于指导财富家族的资产保护和传承。

家族在树立优先重视资产保护的价值观念后，要如何进行实践呢？我们建议在专业人士的指导下，为家族和企业资产定期或不定期地“做体检”，未雨绸缪，进行下一步规划。家族办公室能提供包括法律、金融、财务、税务在内的综合服务，但这些服务不是“一团大杂烩”，而是在专家智库的有机整合和通力协作下完成的，移投行家族办公室的专家们首创的“五步规划法”就是一个经过实践考验的范例：从身份规划、家族关系规划入手，进而提供企业股权和组织架构、人员、风控制度等的优化设计和落实，在充分了解客户的基础上，协助其引进资本，在全球进行资产配置，实现投身慈善和永续

传承的理想。

笔者在文末再次呼吁：资产保护，是家族办公室的重中之重，是一切业务的根基，最值得广大家族办公室从业者深入研究、实践并加倍重视。

附上《好了歌注》，与读者共同回味家族兴衰的深远意境：

陋室空堂，当年笏满床；衰草枯杨，曾为歌舞场。蛛丝儿结满雕梁，绿纱今又糊在蓬窗上。说什么脂正浓，粉正香，如何两鬓又成霜？昨日黄土陇头送白骨，今宵红灯帐底卧鸳鸯。金满箱，银满箱，转眼乞丐人皆谤。正叹他人命不长，那知自己归来丧！训有方，保不定日后作强梁。择膏梁，谁承望流落在烟花巷！因嫌纱帽小，致使锁枷杠，昨怜破袄寒，今嫌紫蟒长。乱烘烘你方唱罢我登场，反认他乡是故乡。甚荒唐，到头来都是为他人作嫁衣裳！

02 国外家族百年传承，中国却逃不过“富不过三代”

赵芳　邓淳方

在中国，有句古话说“富不过三代”。往往我们最常见的是：第一代白手起家；第二代辛苦守业；到了第三代坐吃山空，家道中落。而英国、法国、美国等资本主义国家的财富家族，却都能“奇迹般”地解决家族财富继承的问题及隐患。众所周知的洛克菲勒家族、摩根家族、罗斯柴尔德家族、古根汉姆家族等，甚至著名的英国 ITV 电视台出品的时代剧《唐顿庄园》，都在向我们展示，国外百年家族是如何做到成功传承的。

《唐顿庄园》的故事发生在 20 世纪初英国国王乔治五世在位时约克郡一个虚构的庄园，格兰瑟姆伯爵一家由家产继承问题而引发了种种纠葛。然而，现实中的洛克菲勒家族传承至今，已进入第 7 代，拥有多达 170 名继承人，却依然保有巨额的财富，净资产总计约合 110 亿美元（2016 年数据），而更让人惊讶的是，洛克菲勒家族至今仍旧保持着高度的团结，没有丑闻、豪门恩怨或是诉讼。那么，这个传承了 7 代人、横跨了 3 个世纪的亿万豪门，究竟是怎样建立和维系的呢？

洛克菲勒家族传人之一，赫赫有名的大银行家戴维·洛克菲勒在一次访谈中曾表示，他们家族之所以传承至今，很重要的因素就在于，家族已经建立了一套完整的价值体系及责任明确的家族经营管理结构，这会帮助家族的每一位成员团结起来，维系其家族财富。洛克菲勒家族认为，家族传承必须要系统地建设整体家族传承方案。

（1）创立责任明确的家族经营管理结构，并将完整的家族价值和文化通过确立遗产体系和持续增长的家族社交网络，完整一致地传达下去。

（2）更有效率、更成功地传承家族遗产和家族资产。

（3）保证家族事业、财富、盈余、持有股份的有效分割。

（4）适应家庭成员需求的中央集权解决管理方法。

（5）寻求通过个人或家庭方式难以甚至不可能获得的机构、高品质人才、专业顾问、基金管理人和资源。

（6）平衡咨询顾问和超富家族之间的需求。

（7）集中家族财富的财务管理，可以做出更顾全大局、易于接受的决定。

（8）减少取得详细财政报表和投资方案的花费。

当然，洛克菲勒家族的家训也是他们成功传承的一大根基。

家训1：维系家族的传承。

洛克菲勒对“家族”这个概念十分重视，时至今日，洛克菲勒这个庞大的家族仍通过各式各样的家族活动，增加家庭成员之间的互动和沟通，增进家族凝聚力，并传递家族的核心价值观。

家训2：拒绝同两种人交往。

“第一类人是那些完全投降、安于现状的人；第二类人是不能将挑战进行到底的人。”

家训3：财富是勤奋的副产品。

洛克菲勒家族认为，出生在富裕家庭的孩子比普通家庭的子女更容易受到物质的诱惑，因此会在家族中实行虚拟的“市场经济”，每个孩子都需要通过给家里“打工”来赚取相应的零花钱，想要多少，只能自己去挣。

家训4：节约是创造财富的基石。

洛克菲勒家族虽然“富甲天下”，但勤俭节约却是家族永恒不变的教育主题。“财富可以拿来创造更多的财富，我们会把钱拿来投资，创造更多的财富。”老洛克菲勒一直记得母亲告诉自己的节俭秘诀：“该花的一分不能少，不该花的每一分都要让它待在能产生效益的地方。”

家训 5：塑造统一的家庭价值观。

老洛克菲勒提倡创造财富，但他同时也深信，富人只是财富的托管者，洛克菲勒家族的商业教育理念就是——“洛克菲勒的财富是上帝赐予的，这个家族只是管家”。“我知道，我拥有巨大财富，我也因它而承担着巨大的公共责任，比拥有巨大财富更崇高的是，按照祖国的需要，为祖国服务。”

近年来，随着国人财富的不断累积，国内的高净值人群显著增长，有研究报告提出，未来 5 ~ 10 年，中国将有 200 万个家族企业进入传承期，家族财富能否有效传承，不仅关系企业自身能否持续成长，也将对整个国民经济的发展产生巨大的影响。不少首批创业的企业家已逐步进入晚年，他们积累的巨额家族财富的传承需要日益迫切。纵观西方那些百年传承的家族，我们不得不思考：什么才是最适合中国国情及文化的财富传承方案呢？

其实我们中国也有这样一个家族，摆脱了“富不过三代”的魔咒，而且富过了 15 代。这个家族就是被誉为“现代主义建筑最后的大师”贝聿铭的家族——苏州贝氏家族。贝氏家族一直秉承“家风才是最好的传承”的理念，家族以草药起家，后来又转到金融、颜料等行业，虽然经历了十几代人，但他们富而不骄，乐善好施，一直保持着事业的兴旺。不但注重家风，贝氏家族也非常重视学校教育。贝聿铭先后在麻省理工学院和哈佛大学就读建筑学，而他的四个子女，分别从哈佛大学和哥伦比亚大学毕业。贝聿铭的叔祖父（他爷爷的兄弟）贝润生曾说：“以产遗子孙，不如以德遗子孙；以独有之产遗子孙，不如以公有之产遗子孙。”再看中国近代政治家、战略家、理学家、文学家，湘军的创立者和统帅曾国藩，在《曾国藩家书》一书中曾为后人留下十六字箴言：“家俭则兴，人勤则健；能勤能俭，永不贫贱。”作为父母，留给孩子最好的礼物，不是万贯家财，而是家风，是一种精神。

所以，“中西结合疗效好”，这是我想认真说的一句“玩笑话”。正可谓，“内有家风保根基，外有工具保运营”。

03　中国家族办公室兴起原因之探究

杜亮　姚思宇

随着改革开放40多年以来中国经济的高速发展，中国高净值、超高净值家庭的数量剧增，越来越多的高净值、超高净值家庭开始考虑或正在考虑家族财富管理问题。

特别是2019年年初，孙宏斌、吴亚军等人设立离岸家族信托的消息被各大媒体报道，以此为契机，越来越多的人开始关注家族财富管理，关注家族办公室。

笔者认为，高净值、超高净值家庭，借助设立或委托家族办公室，对家族财富进行系统、全面、妥善的管理，主要是基于以下四个原因：①高净值、超高净值家庭户数多，财富体量大；②家族财富传承的需要；③家族财富保值增值的需要；④家族财富保护的需要。

一、高净值、超高净值家庭户数多，财富体量大

经过40余年的改革开放，中国出现了相当多的高净值、超高净值家庭。

2018年11月20日，胡润研究院发布的《2018胡润财富报告》（Hurun Wealth Report 2018）揭示了大中华区（包括中国大陆、中国香港、中国澳门、中国台湾）拥有600万元资产、千万元资产、亿元资产和3000万美元资产的家庭数量和地域分布情况。

截至2017年12月31日，大中华区拥有600万元资产的“富裕家庭”数量达到488万家，比2016年增加28万家，增长率达6.1%，其中，拥有600万元可投资资产的“富裕家庭”数量达到172万家。拥有千万元资产的“高净值家庭”数量达到201万家，比2016年增加15万家，增长率达8.1%，其中，拥有千万元可投资资产的“高净值家庭”数量达到103万家。拥有亿元资产的“超高净值家庭”数量达到13.3万家，比2016年增加1.2万家，增长率达9.9%，其中，拥有亿元可投资资产的“超高净值家庭”数量达到7.8万家。拥有3000万美元的“国际超高净值家庭”数量达到8.9万家，比2016年增加1万，增长率达12.7%，其中，拥有3000万美元可投资资产的“国际超高净值家庭”数量达到5.4万家。①

2019年6月，招商银行与贝恩公司发布的《2019中国私人财富报告》显示，2018年，中国高净值人群（可投资资产超过1000万元）数量达到197万人，与2016年相比增加了约40万人，年均复合增长率由2014—2016年的23%降至2016—2018年的12%，其中，超高净值人群（可投资资产超过1亿元）规模约17万人，可投资资产5000万元以上的人群规模约为32万人。从财富规模看，2018年，中国高净值人群共持有61万亿元的可投资资产，年均复合增速为12%；其中，超高净值人群持有资产25万亿元，2016—2018年均复合增速为17%。高净值人群人均持有可投资资产约为3080万元，与2014—2016年基本持平。②

由此可见，中国已经有相当数量的高净值、超高净值家庭，其财富体量巨大，具备进行家族财富管理的基础条件。

二、家族财富传承的需要

传承，指继承并延续下去，并将优秀的方面不断扩大，因此，传承实际

① 胡润研究院：《2018胡润财富报告》，2018年11月20日。

② 招商银行、贝恩公司：《2019中国私人财富报告》，2019年6月5日。

上就是继承与发扬光大的合意。

1. **传承的标的**

大多数人往往将家族财富传承理解为物质财富的传承，而忽视精神财富的传承。实际上，要想家族延续，精神财富的传承才是最为关键与重要的。

纵观中国历史上的名门望族，都将精神财富形成“家训”“家规”，代代相传。国外的豪门望族，也是以“家族宪章”等方式记载、传承家族精神。而这些家训、家规、家族宪章，往往又与家族财富的继承密切相关，例如对承继人的资格审查、对家族成员行为合规性的判断等，在家训、家规、家族宪章中会有相关的标准，可以依此规范家族成员的行为与思想。因此，家族财富的传承应当是物质财富与精神财富的共同传承。

每一个伟大家族的精神财富，都是经过数代人的不断积累，以及功成名就的先祖，通过人生感悟得出的宝贵财富。对这种精神财富的传承，需要设计出具体的规则、可行的执行体系、合理的利益奖惩制度，才能保证后人少走弯路，一代代地将其传承下去。

这些专业、复杂的工作需要专业的团队，根据委托人的需求以及家族的实际情况，进行针对性的设计。这种设计虽然与公司管理体系设计相似，但是从考虑因素、设计要素来看，其难度与复杂程度要远远超过公司管理体系设计。

2. **许多企业家的年龄已达到传承时间点**

中信银行私人银行与胡润研究院发布的《2018 中国企业家家族传承白皮书》显示，64.3%的企业家的年龄已经达到46~60岁，这个年龄段的企业家，精力已经开始处于下滑的阶段，时间也开始向非工作倾斜分配。①

同时，承继人已届成年，开始进入家族企业或者进入社会，需要由传承人对其进行技能上、专业上的培训，因此，这个年龄段的企业家，自然要开始考虑家族企业的传承问题。

3. **传承需要漫长的时间**

传承，不是简单地将家族财富移交给下一代，而是一个循序渐进，甚至

① 中信银行私人银行、胡润研究院：《2018 中国企业家家族传承白皮书》，2018 年 11 月 1 日。

漫长的培养与教育过程。

物质的传承，主要是对企业核心价值、政商人脉关系、技艺和管理领导方式等的传承。从法律上看，家族物质财富的移交可以瞬间完成。但是，家族的精神财富、优良传统，却需要通过长时间的培养，让承继人从内心深处领会掌握；需要给予承继人良好的教育、不断锤炼和试错的机会，让他们树立正确的世界观、人生观、价值观，特别是家族持续发展的核心价值观。因此，家族精神的传承，需要工匠学徒式的手把手教育、培养，这种教育、培养过程，一般都是以 10 年为基本单位计算。

因此，传承人需要在自己事业和精力的巅峰期，开始筹划传承问题。企业家在 50 岁左右开始考虑传承问题，用 10 年的时间完成传承，是比较合适的时间选择。

三、家族财富保值增值的需要

当前世界经济形势错综复杂，经济下行压力加大，实体经济利润率下降，传统的投资方式遇到困难，这也意味着传统的家族财富保值增值方式面临新的挑战。

一是股市投资。由于股市长期处于低位，许多上市公司的大股东都将股权大比例质押，股价接近或低于质押价格，股市投资损失严重。

二是基金信托投资。基金行业、信托行业面临巨大的兑付危机，甚至出现违法违规的问题，基金信托投资存在极大的风险。

三是 P2P 投资。自 2018 年 6 月起，P2P 公司集中“暴雷”，已经鲜有能够正常经营存续的企业。

四是房地产投资。因各地的房地产一、二级市场采取各种措施，限制房价的上涨，二手市场表现房产交易困难，曾经的投资佳品，已经失去其往日的吸引力。

五是民间借贷投资。国家对于民间借贷中暴露出的套路贷、高利贷、违法贷，甚至诈骗等行为进行严厉打击，对民间借贷中职业借贷人予以限制。

六是银行定期收益低于实际通货膨胀。从全球各央行的货币政策看，银行已经进入降息周期，中国人民银行也不断通过降低贴现率、存款准备金率等方式，增加货币流通量，降低实际贷款利率。

《2018 胡润财富报告》显示，中国的高净值人群主要由实体企业家组成，从事实业生产，其财富主要来源于企业经营所得和传统的投资。因此，在实体经济状况、传统投资方式都不乐观的情况下，如何使家族财富保值增值，就显得格外重要。投资已经从机会性行为向专业性行为转变，借助专业管理机构，对其财产进行必要的投资管理，确保其财富保值增值，是每个高净值、超高净值家庭关心的重要问题之一。

四、家族财富保护的需要

从家族外部看，世界各国的金融监管不断加强，通过修订监管制度、共享监管信息、引用科学技术等方式，不断强化金融监管力度；同时，家族内部也存在各种各样的问题。家族内外部因素相互影响、叠加，对家族财富安全造成重大影响。

1. 家族外部影响

（1）政府加强金融监管。习近平总书记强调，“金融安全是国家安全的重要组成部分，是经济平稳健康发展的重要基础”①。我国的金融监管不断强化，从金融宽松化、创新化，调整为金融严监管、强监管。2018 年 4 月，中国人民银行、中国银行保险监督管理委员会、中国证券监督管理委员会、国家外汇管理局联合印发《关于规范金融机构资产管理业务的指导意见》，各主要金融监管机构、司法机构，也相继出台有关政策文件及行政处罚、司法裁判方式，强调和固化金融严监管、强监管。

（2）与国际上大多数国家合作，共享税务信息。中国加入 CRS（Common

① 南方日报评论员：《金融安全是国家安全的重要组成部分》，人民网，http：//theory. people. com. cn/n1/2017/0428/c40531 –29244246. html。

Reporting Standard，共同申报准则）后，所有纳税主体自2018年起进行CRS申报，即与全世界大多数国家共享税务主体信息。只要在CRS体系国家中拥有货币资产信息，都会被共享，以实现金融监管的全球一体化。

（3）大数据技术的引入、企业的“金税三期”比对、个人的税收申报体系的建立，使企业的收入、成本、盈利及个人的收入等一目了然，将有效杜绝企业与个人的涉税违法违规行为。

2. 家族内部问题

（1）在我国，企业资产与家族资产的高度重合或者混同，在现在及未来的很长一段时间内，都将是常态。如果没有对企业资产和家族资产进行明确、合法的隔离，企业的风险将转化为家族的风险，导致家族成员面临重大的民事法律风险，甚至是行政、刑事法律风险。目前，企业的风险一般有如下几种。

一是经营风险，即企业在正常经营中，因经营决策或经营操作方式等使企业盈利水平发生变化，导致投资者预期收益下降的风险。

例如，2018年7月15日，国家药品监督管理局发布《关于长春长生生物科技有限责任公司违法违规生产冻干人用狂犬病疫苗的通告》（2018年第60号），发现长春长生生物科技有限责任公司（以下简称长生生物）冻干人用狂犬病疫苗生产存在记录造假等严重违反《药品生产质量管理规范》行为，责令长生生物停产并立案调查。2018年8月16日，中共中央政治局常务委员会召开会议，对包括吉林省副省长在内的4名干部予以免职或引咎辞职处理，并对35名干部进行问责，对原国家食品药品监督管理总局①副局长进行立案审查调查。2018年10月16日，吉林省食品药品监督管理局发布消息，对长生生物做出行政处罚，罚没款共计91亿元。②

纵观整个事件，问题疫苗的出现并非偶然，长生生物的经营管理出现了重大问题，高管人员仅关注生产规模和经济效益，忽视产品质量，在2016年百白破疫苗出现质量问题后，仍然不重视产品质量，2018年又出现了更为严

① 2018年3月，组建中华人民共和国国家市场监督管理总局，不再保留国家食品药品监督管理总局。

② 《吉林省食品药品监督管理局行政处罚决定书》吉食药监药行罚〔2018〕17号行政处罚决定书。

重的质量问题。长生生物实际控制人独揽大权等治理结构缺陷和内部控制的缺陷，最终导致经营决策失衡，进而危害了人民群众的生命安全。

二是市场风险，即企业在正常经营中，市场条件突然出现变化，导致企业蒙受损失的风险，如消费者需求变动，激烈的竞争，商品供应问题，利率、汇率和商品价格变化，市场替代品出现等事前未预测到的风险。

2008 年 10 月 25 日，《华夏时报》报道，中信泰富有限公司（以下简称中信泰富）外汇期权交易亏损超过 150 亿港元。中信泰富在澳大利亚西部经营一个磁铁矿，为此，公司需要以澳元购买设备和供应品。为了降低外汇波动的风险，从 2007 年起，中信泰富开始购买澳元的累计外汇期权合约进行对冲。2008 年 9 月和 10 月，澳大利亚储备银行连续两次降息，澳元大幅跳水、持续贬值，而中信泰富并未平仓，截至 2008 年 10 月 23 日，亏损已达 177 亿港元。①

可见，企业规避市场风险需要有相关的风险管理基本常识、高效的内控监管机制和风险控制能力，否则就可能泥足深陷，酿成巨亏。

三是政策风险，即国家或当地的政策突然发生变化导致市场波动，影响企业的战略实施，导致业务发展的不确定性。比如，人民币升值会致使出口减少，影响经济增长，从而增加失业问题；扩大进口会对地方产业产生冲击；国家出台去产能政策，会对于高污染、高耗能行业造成一定影响。

四是法律风险，即由于经营过程中未能遵守相关法律、行政法规、部门规章及其他规范性文件、经营规则、自律性组织的行业准则、行为守则和职业操守等，使企业遭受法律制裁或监管处罚的不确定性。法律风险存在于企业经营的各个管理环节，法律是贯穿企业经营活动始终的重要标尺和依据。

五是政商关系风险。企业家需要关心政治，但也应当与政治保持适当的距离。有些企业家为了低价获得核心、优质的资源，不惜与政府官员进行不正当、不合法的关系往来。随着我国反腐的常态化、持续化，不正当的政商

---

① 华夏时报：《中信泰富巨亏背后》，新浪财经，http：//finance. sina. com. cn/g/20081025/09305429691. shtml。

关系往往会给企业带来灭顶之灾。习近平总书记指出，“新型政商关系，概括起来说就是‘亲’‘清’两个字”①。领导干部与民营企业之间既要亲亲热热，也要清清白白。

六是税务风险。一方面是企业因故意或过失出现偷税或漏税等问题，从而面临补税、罚款、加收滞纳金、刑罚处罚以及声誉损害等风险；另一方面是企业经营行为没有充分运用税法有关优惠政策，多缴纳税款，承担了不必要的税收负担。

七是现金流断裂风险，即企业在经营过程中盲目进行投资扩张，特别是使用短债长投的方式，在债务到期时无法兑付，导致现金流断裂。

2018 年 5 月 2 日，金盾股份发布公告，对周建灿坠楼去世后相关情况做出说明。公告称，周建灿控制的金盾集团及相关企业已进入破产程序。经初步统计，周建灿、金盾集团及相关企业涉及的债务总额约为 98.99 亿元，其中金盾股份被牵涉的债务及担保金额约为 29.11 亿元。② 曾经辉煌的金盾集团因盲目扩张导致市场资金抽紧，企业不得不消耗大量自由资金，企业利润跟不上扩张的融资成本，最终出现严重的流动性困难，而一旦资金链断裂，债务危机就会凸显。

企业在扩张过程中会占用大量的资金，而资金不会很快回笼，因此要控制扩张节奏，不能盲目追求利润，要做到谨慎扩张、赊账有度、现金为王。为防止出现现金流断裂风险，企业应建立高效的公司治理机制，提高财务风险防控水平，强化外部的风险防御机制。

八是商誉风险，即企业发生特定的事件，比如操作上的失误、违反有关法规、经营管理不善、资产质量和财务状况恶化，或者错误的舆论导向和市场谣言等对其商誉造成的不良影响。

（2）家族内部争斗，也将影响企业的正常经营。

一是家族内部纠纷，引发相关家族成员的刑事风险。

---

① 2016 年 3 月 4 日，习近平总书记在民建、工商联委员联组会上的讲话。

② 浙江金盾风机股份有限公司：《关于周建灿去世以来相关情况的说明暨股票继续停牌的公告》。证券代码：300411。证券简称：金盾股份。公告编号：2018—084。

真功夫餐饮管理有限公司（以下简称真功夫）原董事长蔡达标与妻弟潘宇海的家族内部股权纠纷，不仅让真功夫陷入巨大危机，而且引发了相关家族成员的刑事风险。2013 年 12 月 12 日，广州市天河区人民法院认定蔡达标职务侵占和挪用资金两项罪名成立，判其有期徒刑 14 年，没收个人财产 100 万元。内斗让真功夫发展降速，融资不畅，上市遇挫，估值缩水，痛失好局。可以说，家族纠纷已经成为部分家族企业实现基业长青的最大绊脚石。

二是家族内部因突发事件或内外部原因出现重大变动，引发企业管理混乱，进而致使家族企业出现重大经济利益损失。

据《时代周报》报道：2003 年 1 月，山西海鑫钢铁集团（以下简称海鑫集团）原董事长李海仓被杀害于其办公室内。当时年仅 22 岁的李海仓之子李兆会从澳洲中断学业，回国接管了海鑫集团。李兆会将随其父创业的一班元老、亲属进行了重大调整，同时，外部大环境恶化、钢铁行业几乎跌入低谷，最终导致海鑫集团连年亏损，资金链断裂、负债累累，最终清盘重组。

三是家族成员的婚变、意外身故等，引发企业的管理权承继纠纷、股权纠纷，进而对企业正常发展造成不可逆转的损害。

据《第一财经日报》报道，2012 年 3 月 12 日，优酷网、土豆网宣布双方将以 100% 换股的方式合并，新公司名为“优酷土豆”。合并后，优酷网股东将拥有新公司约 71.5% 的股份，土豆网股东则持有 28.5% 的股份。[①] 土豆网比优酷网更早创立，早期曾处于领先地位，只是到了后来，土豆网的市场领导地位才被优酷网超越。值得一提的是，土豆网创始人王微的离婚案可以说是压倒土豆网的“最后一根稻草”。2010 年 11 月，就在土豆网酝酿多年准备赴美上市之际，王微前妻要求分割土豆网 38% 的股权，之后两人陷入漫长的“离婚大战”中。等到王微解决家事、重启 IPO 的时候，美国资本市场早已变冷。[②] 巴菲特和比尔·盖茨都认为，人生中最重要的决定，是跟什么人结婚，

---

① 徐洁云：《优酷土豆“冤家聚头”视频行业格局定调》，东方财富网，http：//finance.eastmoney.com/news/1345，20120313195940825.html。

② 大洋网—广州日报：《土豆被吞并因为一个女人婚姻问题导致王微落后》，搜狐财经，https：//business.sohu.com/20120314/n337655329.shtml。

而不是任何投资。从土豆网的例子也可以看出，不少企业挨过了数轮融资的洗礼、正处于高速发展的时期，却被婚姻破裂扼住咽喉，痛失发展良机。

（3）家族的固有风险。

一是法律风险。

法律风险包括业务法律风险、内部管理法律风险、投资经验法律风险、外部监管法律风险。

二是人身风险。

人生无常，难免遭遇意外情况。家族企业的创始人或者配偶，一旦遭遇人生不测，企业可能因无人承接股权、无人掌管企业的经营权而陷入混乱局面。

三是婚姻风险。

婚姻风险不仅包括企业家自身婚姻风险，也包括子女婚姻风险。婚姻一旦出现变故，夫妻共同财产就面临被分割。这需要区分公司是以个人资产，还是以家庭资产投资设立的。即使由企业家以个人资产投资设立的公司，婚后增值部分也属于夫妻共同财产，也将面临财产分割的局面。此外，企业家子女获得的股权，有可能也会变成其子女的夫妻共同财产，如果子女发生婚变，将会导致子女配偶要求分割企业的股权，会使家族企业面临极大危险。

四是资产代持风险。

在中国的民营企业中，股权代持的现象非常普遍，有时为了生产经营的需要，或者控股多家子公司，企业家可能请亲朋好友代持股权。但是，股权代持不可避免地会带来一系列风险，如代持协议可能会被认定为无效，权利人的股权不能被承认；代持人不转交收益，未经同意擅自处置资产；代持人资信问题导致资产被冻结、查封、划转；代持人离婚、去世导致财产被分割、继承；资产转让、股权分红时被双重征税的风险等。

五是投资理财风险。

投资理财每时每刻都面临着技术性风险、财务性风险、法律性风险以及道德性风险，如炒股失败、流动性破产、被恶意诈骗、轻信夸大宣传等。投资风险无处不在，且部分投资人具有盲目性与盲从性，因此，高净值客户应该有真正属于自己的顾问团队，包括财务顾问和法律顾问，通过团队协作，共同做好资产配置，在分散风险的同时提高收益。

六是国内外政策风险。

国内外政策风险包括以下几方面。

税收风险。税收是所有人都无法逃避的问题，尤其是对于高净值人群，他们的所得和财产很大一部分可能因为税收而在传承过程中有所减损，从而降低家族财富的盈利能力，若触犯相关税收法律，还会给家族及家族企业带来巨大的损害。随着相关法律法规的逐渐完善，高净值人群应该在了解全局的基础上，对家族企业税务进行合法合规的统筹安排，以实现资产保护、财富永续传承。

限制资产过户转让风险。由于各个地方房产调控等要求，对于房产持有要求有一定资格限制，比如社保、户籍等。这将导致资产无法顺利过户。

资金境外流动限制风险。国家外汇管理部门秉承扩流入、控流出、降逆差的监管态度，进行窗口指导，强化外汇管理，对于大额外汇出境都需要先去外汇局沟通。

境内外法律法规变动风险，特别是投资移民政策变动风险。如美国移民政策不断紧缩，削减亲属移民、取消移民抽签、提高技术移民、移民择优录取，加大限制非法偷渡移民；欧盟的一些国家对于投资移民、技术移民、婚姻移民等也都采取了相应的限制性措施。

综上所述，正是由于以上四方面原因，随着中国高净值、超高净值家族群体规模的逐渐加大，越来越多的高净值、超高净值家族需要通过设立或委托家族办公室，管理规模巨大，甚至是面临重大挑战的家族财富，这就是中国家族办公室必然要兴起的原因。

04　中国家族愿景之浅析

赵芳　张月明

愿景，即希望看到的情景。它与目标最大的区别在于，愿景包含了核心信仰与未来前景两个方面，在追求目标的同时关注了感性层面的因素。爱、喜悦、和平等充满正能量的词，可能是我们作为独立的个体都憧憬的，这与向日葵“践行”着“万物负阴而抱阳”是同一个道理。愿景也一样，它会给人们带来无穷的精神力量，推动着人们前进，并且时刻提醒人们前行的初衷。说到愿景最直接的力量，就不得不说，自从党的十八大提出实现中华民族伟大复兴的中国梦以来，中国人过往的那些对于家国的热爱、对于梦想的执着以及对于社会进步的期盼仿佛一下子被激发了出来，每个人都像是重新找到了自己的主心骨，在各自岗位上为国家做出属于自己的贡献，这也解释了为什么很多人都提出要将家族愿景引入中国家族治理中。

回首过去，展望将来，我们都是曾被期待的人、正在奋斗的人，可能在未来成为被追忆的人。一路走来，我们学会了什么是“我”，什么是“我们”，以及为什么“我们”比“我”更重要。我们为什么称呼自己和身边的人为“我们”？因为我们需要，自古以来都需要！上古时期人们衣不蔽体、食不果腹，拿着简陋的工具，要在恶劣的自然环境中繁衍生息，孤立的个体是无法生存的，于是，一个个家庭组成或大或小的部落，用一种我们今天称之为“抱团取暖”的方式生存下来。而在如今的信息化时代，人们虽然没有了生存危机，却产生了更恐怖的“精神绝症”：会抑郁、会孤独。而治愈和防止精神疾病的“药物”

之一，就是他人的爱与关怀。当然，正如司马迁所说的，我们聚在一起的本质也可能是“天下熙熙，皆为利来；天下攘攘，皆为利往”。

家族就是很多个“我”以血缘关系为纽带连接成的“我们”，法律也规定，我们要相亲相爱，携老扶幼。中国当代的大家族与过去相比，不论是在人口数量还是规模上都存在较大的差异，而造成这种差异的原因是多种多样的，其中亲属间来往渐少使得人心不齐是主要的问题之一。很多人都感觉现如今亲戚不亲了，也是因为来往少导致的。过去物质条件极差，一家人都在一个村落，每天低头不见抬头见，人们不得不去交际来往，久而久之价值观很容易趋同。现在的情况是人们为了追求更好的生活条件而各奔东西，亲人们很难频繁地见面，再加上每到一地就要习惯当地的传统，这也加速了思想转变，时间一长，原本趋同的价值观就会变成不同的。亲人们再相见时，不仅乡音改变，思想也发生沧海桑田的变化，这些变化让亲人之间失去了原来那种亲密的认同感。所以，家族治理的首要前提是保证每个人心中都存在那种亲密的认同感，只有保有这种认同感，大家才能长久地和睦相处，家族才不会出现分崩离析的局面。家族愿景，就是多数人选择作为维系家族成员之间最亲密的认同感的工具，其最大效用就是实现“君住长江头，我住长江尾，日日思君不见君，共饮长江水”的效果，帮助家族成员克服距离上的障碍，起到沟通心灵的作用。

那么，面对这种时移世易的状况，中国家族的愿景应该是什么样的？很多人选择将家族愿景“西化”，将“爱”“信心”“希望”等引人向善的词句组合成壮丽的诗篇，供家族成员朗读并寄托希冀。但是笔者认为，完全西化的表述是有缺陷的，家族的首要任务是家族成员的繁衍和家族人力资本的传承，“西化”后的家族愿景因为掺杂了太多的西方元素，忽略了西方与东方在家庭关系上的差异。就以对家庭成员的称呼为例，西方的家庭关系强调平等（基督教认为所有人都是神的孩子），所以他们可以直呼任何人的名字，而我们则认为生命来源于长辈，尊重和感恩的心态决定了我们必须用尊称（直呼其名是不礼貌的）。所以，我们要有一个清晰的认知，应根据中国的文化特征，制定适合中国家族的愿景，从而使家族成员内部关系更加亲密。

要想对中国家族愿景做出解释或者说明，没有比“团圆”二字更恰当的了。“团”形容大家的行为——抱成一团；“圆”形容大家的状态——彼此之间没有棱角，和谐相处。家族的每一辈人都希望富贵能够绵延，即使不能，也要尽可能保证子孙衣食无忧，尽享天伦之乐。而这样的追求离不开家族成员的团结与和谐相处。

家族治理需要愿景的另一个原因，是为了调解家族成员之间的关系。家族里有很多人，而每个人又都有着各自的想法，这可能会使家族因为某些事情而面临无休止的争执，怎样让家族成员把心放到一个点上去思考或者解决问题，是使每一个家族领导者头疼的问题。在这里，我们要说到的就是上文中提到的“圆”。众所周知，圆形是没有棱角的，老祖宗的智慧就体现在这里：如果人人都是一个圆，那么在家族这样一个充斥着亲密关系的框架里，相处起来就会和谐得多。因此，在家族愿景中，“圆”应该被大力提倡。因为每个人都有棱角，在与人相处的过程中收起自己的棱角何尝不是一种进步？面对最亲近的人不生恼怒，这不也是古人所强调的孝悌之道吗？践行孝悌之道，是不是离君子的标准又近了一些？古人智慧之高深，我辈弗如远甚！故，“团圆”二字，实为为中国家族治理量身打造的“神器”！

另外，团圆与希望、和平这些词相比，是非常接地气的，更容易被中国人接纳、理解、践行。我们的节假日和习俗，都是有纪念意义的，虽然纪念意义各有不同，但是我们做的从来都是一件事：团圆！在春节、元宵节、清明节、中秋节、重阳节等节日，可能我们吃的食物不同，但是我们要做的都是与家人团聚，共度佳节。从执行层面来讲，团圆更是具备无与伦比的优势。希望、和平、美德是无法考量的，因为自古以来就没有统一的标准，让每个家族成员去追求这些，往往看不到实际的效果。而且人与人之间免不了存在竞争关系，因此，家族成员不会去遵守这样“华而不实”的愿景，导致愿景失去公信力。与此相比，团圆着眼于家族成员之间的关系是否融洽，更低的标准则是家族成员间是否存在显著的矛盾。它要求每个家族成员要积极处理好家族关系，使家族更团结、更强大，不但没有设置太多的枷锁，而且家族成员实施后自身也能收获实际的利益，何乐而不为？

中国儒家经典《礼记·大学》提出的修身、齐家、治国、平天下这四个人生成长过程的先后顺序，被中国无数仁人志士传承至今，已经形成一套固定的规则模式。从国家层面来讲，团圆也是我国各民族和谐相处的重要联结点，团结统一永远是主旋律。

家族治理的起点，就是要处理好家族成员之间的关系问题。可能一代人的感情会比较亲密，可是到了下一代还会如此吗？有多少人知道自己五服以内的全部亲属？为什么明明有血缘关系，我们却连对方的身份都不知道？所以，在制定家族治理的规则或者愿景前，我们必须把维持家族成员关系的亲密状态作为重要目的，利用一种能把大家聚在一起的工具，使我们以及后代的家族成员间不会丧失这种与生俱来的亲近感，这个工具就是“团圆”。

想象一个画面：在未来的某个时间，我们的后代在某个地点聚在一起，而他们聚在一起的原因仅仅是思念。他们见面后亲切地打着招呼，愉快地谈论各自的发展、家庭与事业，规划未来。他们会在需要帮助的时刻及时获得家族成员的支持，他们会在迷茫时获得长辈的指引，他们会在痛苦时得到亲人最温暖的抚慰。这个画面很美好，而在现实中，这需要建立亲密的家族成员关系才能实现，就是每个家族成员都打心底里信仰这种亲密关系，信仰血脉情深，信仰团圆。

中国有中国特色的文化和国情，我们可以学习和借鉴西方的智慧，但中国家族的愿景不应完全等同于西方家族的愿景。我们用团圆战胜孤独、距离、时间，最终使我们的家族与历史长河并存。这是一种空想吗？不，孔子世家就是最真实的中国家族治理、传承的案例。一个兴盛上千年的家族还在修订《孔子世家谱》，为什么？就是因为这个纸质的载体可以把无数家族成员的心凝聚到一起，将“团圆”所代表的孝悌之道贯彻到底。这也给我们提示了一条新的家族传承之路：在家族财富之路上，要根植于中国文化，以团圆传家为根基，让家族物质财富与精神财富得以永续，让家族长盛不衰、基业长青！

05　我国私人财富管理发展现状及应对策略

尤爱霞

财富管理是一种具有信托特点的高端金融服务，它通过资产所有权转移的方式将客户与管理机构联系起来，建立信托责任关系。财富管理和传统的金融业务不同，具有跨行业、跨区域、跨市场、跨国界等特点，其目的是优化资源配置，实现财产保值、增值。私人财富管理主要是为高净值客户量身定制的服务，管理机构在管理财富的过程中，需要将客户资产的风险降到最低，满足客户不同阶段的需求。

一、私人财富管理发展现状

2016 年瑞士信贷银行研究院发布的《全球财富报告》显示，我国拥有百万美元净资产的人数已经超过 159 万，位列全球第六。预计到 2021 年，我国拥有百万美元净资产的人数将超过 275 万，位列全球第四。我国个人持有的净资产数额增长速度飞快，因此，高净值人士对财富管理的需求越来越显著。

目前，私人财富管理机构主要有保险公司、信托机构、银行、家族办公室、资产管理公司等。虽然私人财富管理机构的数量较多，但是管理机构的服务质量却达不到私人财富客户的要求，同客户预期有较大落差。财富管理机构帮助客户管理资产，使其资产增值，主要提供以客户为中心的持续性服务，并且能根据客户的投资喜好和风险承受能力选择合适的项目。但是部分管理机构和管理人员的专业素养和专业能力欠缺，可能较多地考虑自身利益，不能设身处地地为投资者考虑。

而个人投资者以中等收入群体为主，缺乏财富管理的经验。提到财富管理，他们对此的理解更多停留在银行存取款和贷款的层面上，缺乏投资意识。有些投资者深受我国传统文化影响，更希望将辛苦积累的财富留给自己的后代。近年来，投资者的投资偏好和方式发生变化，由激进过渡到稳健，这一变化说明投资者的投资心态和理念在变化。投资者由一味追求投资回报，到注重投资风险；投资结构由单一到优化资源配置，从而分散投资风险。

二、财富管理的发展趋势

2008 年金融危机后，在各国采取扩张性货币政策和财政刺激的措施下，各国经济不断复苏，新兴经济体发展迅速，财富管理业务在投资、需求、行业发展等方面出现新变化。

第一，高净值人士对财富管理的需求由激进到稳健。大部分投资者认可在控制风险的基础上获取收益。在产品和服务方面，由单一投资转变为多方面投资，单一投资已经不能满足投资者的需求，货币、衍生品、资本、艺术品、私募股权、房地产等多方面综合理财，受到客户青睐。在价值偏好方面，高净值人士的喜好发生变化，倾向于追求财富安全、重视子女继承、谋求高质量生活等方面。

第二，财富管理机构的盈利模式也在发生改变。以前，财富管理机构的盈利主要来自成交后的佣金，在这种模式下，客户和管理机构存在利益冲突，管理机构往往会为了成交量而忽视客户利益。现在，财富管理机构综合考虑客户的资产量和理财方案来收费，这种模式可以降低客户的投资风险。

第三，财富管理机构逐渐重视优化资源。在金融危机的影响下，很多传统财富管理机构不断整合资源，建立新的财富管理模式和管理机构。新兴的管理机构提供的服务内容更为多样化，集信用卡、个人养老账户、银行卡、基金于一体，更为方便、快捷。相比而言，高净值人士更喜欢这种简单快捷的投资方式。

三、我国私人财富管理的应对策略

（一）结合我国国情推进业务发展

国情是私人财富管理业务发展的基础，财富管理机构在发展业务时应根据我国国情制定一套完善的发展策略，可以根据实际情况，选择性地借鉴国外的管理模式。财富管理机构在推进业务发展前，对我国高净值人士的需求、市场发展的状况以及产品种类应有充分的认识，在此基础上，有重点地为其提供私人财富管理服务。比如，我国经济发展迅速，留学和移民成为一种趋势，高净值人士的投资需求不仅仅局限于国内，海外投资的需求也逐渐增多。财富管理机构应根据高净值人士的市场需求变化，及时调整发展布局，以便适应市场需要。

（二）提高财富管理机构风险内部管理能力

财富管理机构如果内部管理不善，将存在很多风险，如管理结构中的管理制度不健全，管理职能部门不能履行管理职责，导致机构在管理过程中存在很多风险因素。财富管理机构的工作人员要重视管理风险的严重性，深刻认识管理风险对于机构和工作人员的影响，不能只将注意力集中在产品的销售上，忽视了风险控制和风险预防；如果不能有效地监测风险、控制风险，可能会遭受较大的损失。

财富管理机构的工作内容风险性很高，这对其风险内部管理能力提出了更高的要求。财富管理机构要加强内部管理制度建设，建立风险管理方法，树立管理人员的风险意识，加强其风险防范能力。管理机构可以借鉴国外优秀管理机构的经验，将其与我国的管理现状相结合，建立一套完善的风险控制制度。

（三）提升财富管理人员专业素养和研发产品能力

在金融机构内，我国私人财富管理机构已经建立了客户服务团队，业务能力不断提高，但是非金融机构的服务团队的能力相对较弱。财富管理机构可以通过与国外专业机构合作的方式提升自身业务能力，提高管理人员的专业素质和专业能力。管理机构为高净值人士提供财富管理服务时的收费标准不能仅凭所销售的理财产品而定，而应根据客户的资产多少实现差异收费。在服务过程中，财富管理机构应始终将客户的利益放在首位，根据客户需要，帮助客户有针对性地制定理财方案和战略目标。

为了适应市场发展需求，财富管理机构不仅要提升管理人员专业素养，还要重视产品多元化，从而更好地满足客户需求。未来，财富管理机构要特别重视产品研发。目前的财富管理机构主要作为理财产品的销售渠道，销售的产品具有同类化特点，难以满足高净值人士的个性化服务需求，为此，财富管理机构不仅要建立专业化的服务团队，还要提高产品研发能力。

（四）优化服务理念

财富管理机构的服务人员为高净值人士提供服务的周期较长，需要逐渐积累优质的客户群体，使服务团队的规模和团队能力得到扩大和提高。如果财富管理机构的服务人员只注重眼前收益，而不重视长远发展，当市场发展不佳时则很可能会被淘汰。因此，财富管理机构的人员要具备各方面业务整合的能力，比如整合保险公司业务、信贷业务、商业银行业务、资产管理业务、证券公司业务、保险业务，并交叉运用所掌握的知识，结合当今和未来社会发展趋势，为客户资产提供长期的管理服务。

私人财富管理机构应该不断完善服务理念，从过去的以销售产品为主转变成以为客户提供优质的服务为宗旨。在管理过程中，财富管理机构应提高风险控制意识和预防风险的管理能力，要重视与合作方的沟通和交流，发现问题及时解决，处理好各方的利益关系，实现各方互利共赢。

06　长 L 型经济走势下中国家庭财富管理的新变化

曹旭

根据 2018 年 11 月 23 日胡润研究院与金原投资集团联合发布的《2018 中国新中产圈层白皮书》（China New Middle Class Report 2018），截至 2018 年 8 月，中国大陆中产家庭数量达 3320 万户，其中，家庭净资产在 300 万元以上的新中产达 1000 万户以上。很显然，以家庭作为对象的财富管理具有非常巨大的、潜在的需求。这句话有两个关键词汇，一个是巨大的，另一个潜在的。之所以说是巨大的，是因为前景广阔；之所以说是潜在的，是因为目前中国家庭关于财富管理的观念尚未成熟，大多数家庭仍以传统的理财方式或者个人操作为主，并没有认识到从专业角度进行家庭财富管理的必要性，市场的培育成型还需要时间。

通常我们谈到家庭财富管理，内容主要涉及婚姻、继承等家庭关系变动问题，股票股权等家庭拥有的公司财富，信托基金会、大额保单等满足特别需求的定制工具等。但是，家庭财富管理在中国有其特殊的含义，很多适用于国外的词汇和做法并不适合国内特定的场景；要全面理解中国家庭财富管理，不仅仅要从中国家庭财富管理所包含内容的内部结构去梳理，还要从宏观角度去观察中国家庭财富管理在整个历史进程中所处的位置，以及环境的变化对中国家庭财富管理造成的影响。这样我们才能够更好地理解为什么会出现现在的局面，将来可能会发生什么变化，会向哪些方向发展，以及有哪些潜在的机会。

本文从当前中国经济的长L型走势出发，结合国际形势变化，阐释税法、P2P和“现金贷”、私募基金、信托和家族办公室等中国家庭财富管理内容的发展趋势以及可能出现的新变化。

一、长L型

2016年5月9日，《人民日报》发表对权威人士的独家采访，称我国经济运行将呈“L型走势”，深层次的问题还将持续，也会出现新的挑战。之后，“L型”逐渐成为一个经常出现的词汇。2018年12月31日，许小年在接受钛媒体采访时说：“经济趋势将是一个长L型，不过我们并没有在L的底部，并且肯定没有微型反弹，也肯定没有U型回转。”2019年1月23日，泽平宏观刊文《周期通缩，政策对冲，拯救人口危机——全面解读12月经济金融数据》中称：“我们判断当前经济处于‘增速换挡’的‘L型’触底期，2019年中期将实现二次探底，下半年有望企稳。”

这里所谓的“L型”，是指以时间为横坐标轴、GDP（国内生产总值）增长率为纵坐标轴的图形形状，反映了一段时间内国内生产总值平均增速的变化。与之相对应的有“U型”“V型”“W型”等经济形态。据国家统计局发布的数据，我国的GDP增长率从2010年的10.6%下滑至2016年的6.8%。结合我国经济的潜在增速及转型成功国家的经验，预计未来很长时间将稳定在6%~7%，从形态上构成长L型。

从历史上看，L型未必是一件坏事，几乎所有的发达国家都经历过L型经济形态。根据世界银行的数据，美国的GDP增长率从1984年的11.11%下滑至1986年的5.55%，随后保持平滑发展，2016年进一步下滑至2.68%。国泰君安报告中记载：“德国、日本、韩国和中国台湾成功推动结构性改革，‘经济L型’之后经济增长依靠全要素生产率和创新驱动，产业结构升级，虽增速下台阶，但增长质量上台阶，股市普遍出现牛市，甚至长牛慢牛。”

但是，并不是每一个国家的经济在经过L型走势后都必然会进入发达国家的行列，更大的概率是会掉入“中等收入陷阱”（Middle Income Trap），无法出来。

“中等收入陷阱”是世界银行在《东亚经济发展报告（2006）》中提出的概念，其基本含义是：鲜有中等收入的经济体成功地跻身高收入国家，这些国家往往陷入经济增长的停滞期，既无法在人力成本方面与低收入国家竞争，又无法在尖端技术研制方面与高收入国家竞争。一个经济体从中等收入向高收入迈进的过程中，既不能重复又难以摆脱以往由低收入进入中等收入的发展模式，很容易出现经济增长的停滞和徘徊，人均国民收入难以突破1万美元。进入这个时期，经济快速发展积累的矛盾集中爆发，原有的增长机制和发展模式无法有效地应对由此形成的系统性风险，经济增长容易出现大幅波动或陷入停滞。大部分国家则长期在中等收入阶段徘徊，迟迟不能进入高收入国家的行列。

国际上公认的成功跨越“中等收入陷阱”的国家和地区有日本、以色列以及“亚洲四小龙”。但就比较大规模的经济体而言，仅有日本和韩国实现了由中等收入国家向高收入国家的转变。从中等收入国家跨入高收入国家，日本花了大约12年时间，韩国则用了8年。而拉美地区和东南亚一些国家的收入水平长期停滞不前，是陷入“中等收入陷阱”的典型代表，包括阿根廷、墨西哥、巴西、菲律宾、马来西亚等。

对于中国而言，许小年在2017年时曾撰文说，“从数据上看，中国已落入中等收入陷阱”。跨越“中等收入陷阱”的关键，在于将经济从依赖廉价劳动力和资本的资源驱动型增长，转型到基于高生产率和创新的增长。如果不能完成这种转型，相当于经济这辆车子新的“发动机”没有建造成功，而旧的“发动机”又逐渐熄火，就会掉入“中等收入陷阱”，从经济形态上也会呈现长期的L型。

国家统计局数据显示，中国的人均国内生产总值2010年达到3.08万元，迈入中高收入国家行列；2017年达到6.00万元，明显超过中高收入国家门槛值，但离高收入国家尚有差距。可以说，我国当前正处于由中高收入国家迈向高收入国家的关键时期。

可是，在这个关键时期，中美贸易摩擦爆发了。人们可能还没有直观地感受到中美贸易摩擦对日常生活的影响，但是其影响已经在扩散当中。下面我们就来看看中国家庭财富管理可能会受到什么样的波及和发生的变化。

二、税法

（一）国税地税征收合并

2018 年 7 月 20 日，中共中央办公厅、国务院办公厅印发了《国税地税征管体制改革方案》，之前由中央和地方分别征收的企业所得税，变成由中央统一征收，再进行中央和各个地方的平衡分配。

回顾税制历史，1994 年的分税制改革，将税种分为三类：中央税、地方税和共享税。中国税制有一个很重要的特点，它是以流转税为主体的，在 1994 年之前流转税占所有税种的 70% ~80%。流转税主要由增值税、营业税和消费税这三大税种构成，当时增值税大概占整个财政收入的半壁江山。所以分税制改革以后，增值税成为共享税，中央占 75%，地方占 25%；营业税作为地方税；消费税作为中央税。

在 2016 年的营业税改增值税中，原来由地税局征收的第一大税种营业税被取消，变成由国税局征收的增值税。税务征收的权力进一步向中央集中。之前地方可以通过税收优惠招商引资，但因为权力寻租，形成了很多恶性竞争和合谋避税的腐败现象。关于税收优惠，国家有严格的法律规定，中央税的税收减免权是由国务院决定的，地方税的税收减免权由省级政府来决定。除此之外的一些税收优惠，都是不合理、不合法的。国税地税合并之后，税制会更加统一，这些腐败现象就很难发生了。

（二）五险一金由税务局统一征收

《国税地税征管体制改革方案》的另一个重大影响是，明确了从 2019 年 1 月 1 日起，基本养老保险费、基本医疗保险费、失业保险费、工伤保险费、生育保险费等各项社会保险费由税务部门统一征收。

为什么要这么做呢？因为在此之前，中国社保采取的是申报制，由企业自行申报员工收入，确定社保缴费基数，大部分企业为了节省支出，不会按照真实的月平均工资来缴纳社保。打个比方，虽然职工的实际工资每月有1万元，但企业却按照5000元来给职工申报和缴纳社保。因为社保由人力资源部门监管，税务局只负责代收，管理比较宽松，所以这种情况持续了很多年。这样的后果一个是职工的长期利益受损，也就是退休后拿到的养老金会变少；另一个严重后果是社会统筹养老金账户出现很大的亏空，支付退休金越来越力不从心，甚至面临入不敷出的窘境。社保由税务局统一征收后，员工的收入无所遁形，企业无法像以前一样按照低标准缴纳社保，只能按照职工实际收入缴纳社保，否则就将面临处罚。

从结果上看，企业很难弄虚作假，负担的人力成本上升了，但社保，特别是养老保险的收入提高了。

（三）新的个人所得税法

新修改的《中华人民共和国个人所得税法》自2019年1月1日生效，结合同日生效的《中华人民共和国个人所得税法实施条例》《个人所得税专项附加扣除办法（试行）》，对个人所得税进行了较大的调整。

个人所得被分为“综合所得”“经营所得”和“利息、股息、红利所得，财产租赁所得，财产转让所得和偶然所得”三大块，分别适用不同的累进税率。其中，和民众最相关的“综合所得”，以每一纳税年度的收入额减除费用6万元以及专项扣除、专项附加扣除和依法确定的其他扣除后的余额，为应纳税所得额。综合所得按年计算个人所得税；有扣缴义务人的，由扣缴义务人按月或者按次预扣预缴税款。对于6项附加扣除，纳税人可在任职单位申报，在每月预扣预缴税款环节享受专项附加扣除政策；也可以自行申报，在年度汇算清缴环节享受专项附加扣除政策。通俗地说，对于一般的工薪阶层，每个月在5000元基础上，加缴纳的五险一金，再加专项附加扣除额，所得超出的部分才是个税的起征点。

虽然个税起征点提高了，但是应纳税的范围也广了，计算方式也有所变化。以“综合所得”为例，其应税范围包括：①工资、薪金所得；②劳务报酬所得；③稿酬所得；④特许权使用费所得。其中，劳务报酬所得是指个人从事劳务取得的所得，包括从事设计、装潢、安装、制图、化验、测试、医疗、法律、会计、咨询、讲学、翻译、审稿、书画、雕刻、影视、录音、录像、演出、表演、广告、展览、技术服务、介绍服务、经纪服务、代办服务以及其他劳务取得的所得。

计算方式也有所调整，比如“工资、薪金所得”部分中的年终奖金的计算，之前的依据是国家税务总局2005年印发的《国家税务总局关于调整个人取得全年一次性奖金等计算征收个人所得税方法问题的通知》（国税发〔2005〕9号），“纳税人取得全年一次性奖金，单独作为一个月工资、薪金所得计算纳税”，并“除以12个月，按其商数确定适用税率和速算扣除数”。按照新税法，全年一次性奖金不再分摊到各个月，而是计入年度综合所得，并与当年度的其他所得合并纳税。通俗地说，就是原来是以年终奖金除以12后的数字为基数计税，且不和每月的工资累计计算，新税法则是把当年度全部收入（包括工资薪金、年终奖金及其他）累计后按照年度综合所得的方式计税。

此外，还有一个重大改变是新的个人所得税法全面强化了个人申报制。因为“专项附加扣除”，个人要抵扣就要进行申报，不申报就享受不到这项优惠。之前要求的申报只有义务，新税法则将申报变成了一个常规动作。那么，一是在申报过程当中，不少之前税务部门无法掌握的信息会暴露出来，比如，住房租金专项附加扣除这一项，侧面反映了出租方的收入信息。二是既然要申报，就要保证申报信息的全面、准确。如果申报不全面，只报对自己有利的，不报对自己不利的，属于违规行为。

（四）《中华人民共和国电子商务法》的正式实施

《中华人民共和国电子商务法》（以下简称《电商法》）由中华人民共和国第十三届全国人民代表大会常务委员会第五次会议于2018年8月31日通过，自2019年1月1日起施行。作为我国电子商务领域的第一部法律，《电商法》的内容涉及电子商务的方方面面，但是其最重要的功能之一就是把之前大范围的处于纳税监管之外的网上商家并入税收范围。

根据 2019 年 1 月 21 日国家统计局公布的数据，2018 年，全国网上零售额突破 9 万亿元，比 2018 年增长 23.9%。其中，实物商品网上零售额达 7 万亿元，增长 25.4%，占社会消费品零售总额的比重为 18.4%。《电商法》出台之前，通过网上进行的交易，因为缺乏相应的执法依据，大量的交易形态和交易主体一直游离在纳税的监管之外。《电商法》第十条规定："电子商务经营者应当依法办理市场主体登记。但是，个人销售自产农副产品、家庭手工业产品，个人利用自己的技能从事依法无须取得许可的便民劳务活动和零星小额交易活动，以及依照法律、行政法规不需要进行登记的除外。"也就是说，除了例外情况，所有的网上经营者，包括自然人，都需要进行市场主体登记。第十一条规定："电子商务经营者应当依法履行纳税义务，并依法享受税收优惠。依照前条规定不需要办理市场主体登记的电子商务经营者在首次纳税义务发生后，应当依照税收征收管理法律、行政法规的规定申请办理税务登记，并如实申报纳税。"也就是说，不仅仅是登记的市场主体，按照前条不需要进行登记的主体，也要进行纳税申报。

不仅如此，《电商法》还将微商、微信代购、跨境电商等各种形式并入纳税范围。虽然在具体征税方式上还有待细化，但总的来说，这张大网已经慢慢成形了。

（五）趋势

可以看到，自 2019 年 1 月 1 日起，多部和税法有关的法律开始实施。

税法这张网，一方面在扩大覆盖面，将原来处于大网之外的方面纳入"捕捞"范围；另一方面在缩小网眼，将原来可以覆盖到但能以灰色手法逃脱的漏网之鱼"捉拿在手"。

2018 年的一个热点事件，是某明星因为采用"阴阳合同"偷税漏税而被江苏省税务局下达《税务处理决定书》和《税务行政处罚决定书》，要求补缴税款、滞纳金、罚款总额约 8.84 亿元。同时，国家要求影视行业人员对缴税问题自查自纠，在2018年12月31日以前补缴税款，否则将依法严肃处理。2019年2月13日，浙江横店影视基地所在的东阳市公布了2018年企业纳税榜百强企业，多名明星的工作室名列其中。

税法大网的收紧是一个必然的趋势，因为税收是对全民创造的财富进行再分配的一种方式，特别是在外部贸易环境趋紧的情况下尤为重要。和人们想象中不同的是，中国的税法大网看起来已经收紧了，但这还仅仅是一个开始，跟欧美国家的税法网络相比，中国税网的网眼要大得多。

欧美国家税网的网眼究竟有多小呢？以西班牙为例，西班牙在2007年房地产行业泡沫破裂之后陷入经济危机，一直到今天还没走出低谷。2012年，西班牙立法规定现金的交易额不能超过2500欧元，超过限额的部分必须通过银行转账的方式进行结算；2017年1月1日开始，更是进一步将交易限额从2500欧元降到1000欧元。同时，银行对于每一笔存款都会审查来源，存款人需要提供相应的收入证明或已经纳税的证明才能存入。这样，大量的未纳税收入无法存入银行，也无法消费，所以经常有人铤而走险，携带巨额现金"闯关"。和新闻报道的一样，此类行为一经发现，钱款将被全额没收。

虽然在具体运用的工具和方式上会有所不同，但发达国家税网的现状告诉我们，中国税网收紧的空间还非常巨大。笔者认为，编织成一张全部交易都需要经过，能完全覆盖各个层面、各个环节的税网，是未来的发展趋势。在这个动态的过程中，对于税法的研究和合理运用，不仅对企业来说至关重要，家庭和个人也需要对此足够重视。

三、P2P和"现金贷"

（一）P2P

花旗银行发布的《数字化颠覆——金融技术如何迫使传统银行到达临界点》这一报告显示，中国是P2P网贷平台数量最多的国家。P2P是英文peer to peer lending（或peer－to－peer）的缩写，即个人对个人（伙伴对伙伴），又称点对点网络借款，原意是一种将小额资金聚集起来借贷给有资金需求人群的民间小额借贷模式。我们所述的P2P，特指民间小额借贷借助互联网、移动互联网技术形成的网络借贷平台及相关理财行为、金融服务，是互联网金融（ITFIN）产品的一种。

P2P网贷模式的雏形，是理查德·杜瓦、詹姆斯·亚历山大、萨拉·马休斯和大卫·尼克尔森4位英国年轻人共同创造的。2005年3月，他们创办的全球第一家P2P网贷平台Zopa在伦敦上线运营。2007年网络借贷平台模式流入中国。2007年6月，中国第一家网贷平台成立。2014年年底，全国P2P网贷行业正常运营的平台约有1300家，2015年年底达到2595家；2016年6月，该数量下降至2349家，2017年10月底继续下降至1874家；截至2018年12月31日，全国在运营网贷平台有1609家。

P2P网贷诞生之后，在相当长的时间内处于“无门槛”“无规则”“无监管”的状态，搭建P2P网贷平台只需花费约10万元购买网络借贷系统模板，再租个办公室简单进行装修，然后去工商部门注册之后就可以上线。2014年，拍拍贷CEO张俊接受媒体采访时预估，未来P2P监管政策出台之后，90%以上的P2P公司会死掉，其中70%会因为不符合监管标准被“吃掉”，剩下20%会因为市场本身的机制被淘汰。据网贷天眼研究院不完全统计，截至2019年1月，上海地区累计网贷平台920家，其中问题平台712家，在运营平台208家，问题率达77%；全国范围内累计网贷平台6591家，其中问题平台4982家，在运营平台1609家，问题率达76%。

2015年7月18日，中国人民银行等十部门联合发布《关于促进互联网金融健康发展的指导意见》（银发〔2015〕221号），被业界称为互联网金融“基本法”。2015年12月3日，e租宝事件爆发。2016年3月25日，中国互联网金融协会在沪成立。2017年5月，中国人民银行等十七部门联合印发《关于进一步做好互联网金融风险专项整治清理整顿工作的通知》（银发〔2017〕119号），启动了互联网金融的专项整治，对清理整改工作进行了详细的进度安排，要求整改验收必须在2018年6月底前完成。2018年12月，互联网金融风险专项整治工作领导小组办公室、P2P网络借贷风险专项整治工作领导小组办公室联合发布了《关于做好网贷机构分类处置和风险防范工作的意见》（整治办函〔2018〕175号，又称“175号文”），2019年1月发布了《关于进一步做实P2P网络借贷合规检查及后续工作的通知》（整治办函〔2019〕1号，又称“1号文”），两个重磅文件中指出，坚持以机构退出为主要工作方向，除部分严格合规的在营机构外，其余机构能退尽退，应关尽关。

（二）“现金贷”

“现金贷”是小额现金贷款业务的简称，具有借款与还款方式方便灵活、实时审批、快速到账、额度小、期限短等特点。“现金贷”起源于20世纪90年代的美国，当时美国大约有20%的居民面临融资困难，有小额借款周转的需求，但又难以获得传统金融机构的服务，巨大的市场需求成了“现金贷”兴起的土壤。

“现金贷”和P2P不完全一样，最大的区别在于“现金贷”的资金主要来源于机构而非个人投资者。“现金贷”的资产端十分聚焦，是短期贷款产品；而P2P的资产端很复杂，业务不仅限于个人对个人，也可以对机构、企业，既有无抵押贷也有抵押贷。“现金贷”产品背后的资金来源，大多为小额贷款公司，例如“趣分期”背后对接的是“趣店”。P2P理财是以平台为中介，平台联合借贷双方并促使各自实现借贷需求，中介的收入来源主要是收取双方的服务费（包括提现手续费），或赚取中间息差。

不过，“现金贷”和P2P有着千丝万缕的关系。2007年成立的第一家P2P平台“拍拍贷”就是用P2P概念在线上运营“现金贷”。2017年11月21日国家互联网金融安全技术专家委员会发布的《“全国互联网金融阳光计划”第二十二周—我国现金贷发展情况报告》显示，截至2017年11月19日，通过网站从事“现金贷”业务的平台有1044家；有592家P2P网络借贷网站开展“现金贷”业务，约占P2P平台总数的15.8%；有812家其他网贷平台（从事网络借贷中介的非P2P平台）开展“现金贷”业务。该报告同时指出，“现金贷”平台存在借款利率偏高、多头借贷情况严重、暴力催收事件时有发生等问题。

2017 年 12 月 1 日，互联网金融风险专项整治工作领导小组办公室、P2P 网络借贷风险专项整治工作领导小组办公室正式下发《关于规范整顿“现金贷”业务的通知》（整治办函〔2017〕141 号），明确统筹监管，开展对网络小额贷款清理整顿工作。文件指出，“具有无场景依托、无指定用途、无客户群体限定、无抵押等特征的‘现金贷’业务快速发展，在满足部分群体正常消费信贷需求方面发挥了一定作用，但过度借贷、重复授信、不当催收、畸高利率、侵犯个人隐私等问题十分突出，存在着较大的金融风险和社会风险隐患”。《通知》要求“现金贷”平台持牌经营，年化利率不得高于 36%，无消费场景的“现金贷”暂停发放，禁止“现金贷”通过 P2P 网贷融入资金，并规定银行不得为无牌机构提供助贷资金等。

2018 年 5 月 30 日，互联网金融风险专项整治工作领导小组办公室又下发了《关于提请对部分“现金贷”平台加强监管的函》（整治办函〔2018〕59 号），详细列举了以手机回租形式放贷、强行搭售会员服务和商品变相抬高利率、故意致借款人逾期、虚假购物再转卖放贷四类违规情况。

不过，“现金贷”业务仅偃旗息鼓了一段时间，其规模、利润还在不断扩张。据聚投诉发布的“2018 互联网消费金融投诉排行榜”，2018 年互联网金融行业各月的有效投诉量整体呈现上升趋势，1 月的有效投诉为 9917 件，而 12 月的有效投诉为 36581 件。其中投诉最多的是与“现金贷”业务相关的暴力催收、砍头息、高逾期率、不退还会员费等问题。除了高额的利润外，在线借贷市场的发展和个人消费意识的觉醒也是 P2P 网贷和“现金贷”业务发展的推手，由于滋生了很多的乱象，该业务还需要在不断完善的监管中探索前行。

四、私募基金

在 19 世纪末 20 世纪初的美国，有不少富有的私人银行家通过律师、会计师的介绍和安排，将资金投资于风险较大的石油、钢铁、铁路等新兴产业，这类投资完全由投资者个人决策，没有专门的机构进行组织，这就是私募股权基金的雏形。1976 年，华尔街著名投资银行贝尔斯登的三名投资银行家合伙成立了一家投资公司 KKR（科尔伯格·克拉维斯），专门从事并购业务，这是最早的私募股权投资公司。发展至今，私募基金已经逐渐成为仅次于银行贷款和 IPO（首次公开募股）的重要融资手段。在全球金融行业的体系中，私募已经成为不可或缺的重要部分。

20 世纪 90 年代之后，大量的海外私募股权投资基金开始进入我国，从此在中国这个新兴经济体中掀起了私募股权投资的热浪。根据 2014 年 8 月 21 日发布的《私募投资基金监督管理暂行办法》，私募投资基金（简称私募基金）是指在中华人民共和国境内，以非公开方式向投资者募集资金设立的投资基金；而公募基金是指受中国政府主管部门监管的，向不特定投资人公开发行受益凭证的证券投资基金。简而言之，私募基金是向特定群体（合格投资者）非公开募集的资金，而公募基金是向社会大众公开募集的资金。公募基金只能投资股票和债券，而私募基金财产的投资包括买卖股票、股权、债券、期货、期权、基金份额及投资合同约定的其他投资标的。证券公司、基金管理公司、期货公司及其子公司也可以从事私募基金业务。

私募基金和公募基金的概念在应用中常常被混淆。有时候我们会将公募基金中的“公募”两字去掉，将其简称为“基金”。而私募基金所包含的类别则比较复杂，有多种划分方式，但都被简称为“私募基金”。不统一的称呼在不同的场合产生了不同的含义，容易让人分不清。

根据 2018 年 4 月 27 日中国人民银行等四部门联合印发的《关于规范金融机构资产管理业务的指导意见》（银发〔2018〕106 号），资产管理业务是指银行、信托、证券、基金、期货、保险资产管理机构、金融资产投资公司等金融机构接受投资者委托，对受托的投资者财产进行投资和管理的金融服务。资产管理业务是金融机构的表外业务，金融机构不得在表内开展资产管理业务。资产管理产品包括但不限于人民币或外币形式的银行非保本理财产品、资金信托、证券公司、证券公司子公司、基金管理公司、基金管理子公司、期货公司、期货公司子公司、保险资产管理机构、金融资产投资公司发行的资产管理产品等。资产管理产品按照募集方式的不同，分为公募产品和私募产品。公募产品面向不特定社会公众公开发行，公开发行的认定标准依照《中华人民共和国证券法》执行。私募产品面向合格投资者通过非公开方式发行。因此，整个资产管理业务的组成结构中，除了上述的公募基金和私募基金管理机构管理的私募基金外，还包括（公募）基金管理公司及其子公司、证券公司及其子公司、期货公司及其子公司的私募资产管理业务。这一类私募资产管理业务包括单一资产管理计划、集合资产管理计划、专项资产管理计划等。资产管理业务整体属于金融机构的表外业务。

根据中国证券投资基金业协会发布的《2018 年四季度资产管理业务统计数据》，截至 2018 年 12 月 31 日，基金管理公司及其子公司、证券公司、期货公司、私募基金管理机构的资产管理业务总规模约为 50. 36 万亿元，其中，公募基金管理机构管理的公募基金规模约为 13. 03 万亿元，基金管理公司及其子公司私募资产管理业务规模约为 11. 29 万亿元，证券公司及其子公司私募资产管理业务规模约为 13. 36 万亿元，期货公司及其子公司私募资产管理业务规模约为 1276 亿元，私募基金管理机构资产管理规模约为 12. 71 万亿元。就私募基金管理机构管理的私募基金而言，中国证券投资基金业协会发布的数据显示，截至 2019 年 1 月底，已登记私募基金管理人 24458 家，已备案私募基金 75178 只，管理基金规模 12. 74 万亿元，私募基金管理人员工总人数达 24. 43 万人。其中，私募证券投资基金 35843 只，基金规模 2. 13 万亿元；私募股权投资基金 27468 只，基金规模 7. 84 万亿元；创业投资基金 6667 只，基金规模 0. 92 万亿元；其他私募投资基金 5200 只，基金规模 1. 85 万亿元。

私募基金迅速发展，形成强烈的市场需求，有以下几点原因。一是随着中国经济的发展，高净值人群不断增多，居民投资理财意识不断增强，投资需求急速扩大；二是投资渠道并没有显著增加。近几年实体经济投资利润率偏低，资金转而投向房地产和金融领域，而政府出台政策限制房地产的过热发展，导致资金进一步集中涌向金融领域。三是中国经济经过近 40 年的高速发展，造就了大量的富裕群体和中产阶层，其更倾向于选择投资机构投资。四是技术的进步、自动化交易以及人工智能的兴起都为行业的发展提供了坚实的技术支持。《关于规范金融机构资产管理业务的指导意见》中特地对人工智能技术的运用进行了规范。金融机构应当向金融监督管理部门报备人工智能模型的主要参数以及资产配置的主要逻辑，为投资者单独设立智能管理账户，充分提示人工智能算法的固有缺陷和使用风险，明晰交易流程，强化留痕管理，严格监控智能管理账户的交易头寸、风险限额、交易种类、价格权限等。金融机构因违法违规或者管理不当造成投资者损失的，应当依法承担损害赔偿责任。金融机构应当根据不同产品投资策略研发对应的人工智能算法或者程序化交易，避免算法同质化加剧投资行为的顺周期性，并针对可能由此引发的市场波动风险制定应对预案。因算法同质化、编程设计错误、对数据利用深度不够等人工智能算法模型缺陷或者系统异常，导致羊群效应、影响金融市场稳定运行的，金融机构应当及时采取人工干预措施，强制调整或者终止人工智能业务。

私募基金在发展过程中也出现了很多问题，比如，私募基金与“非法集资”之间的界限很容易被跨越，两者的区别就是是否面向一般大众集资，资金所有权是否发生转移。如果募集人数超过 50 人，并将资金转移至个人账户，则将被认定为非法集资。非法集资是极严重的经济犯罪，涉案人员可被判死缓甚至死刑。此外，私募基金在运作中常常设置多种形式的“资金池”，投资结构层层嵌套，使违规资金流入私募或者使资金投向规定之外的范围；“刚性兑付”的问题也很严重。

针对出现的问题，2014 年 8 月 21 日发布的《私募投资基金监督管理暂行办法》中单独列了一章对合格投资者进行了规定。“合格投资者应该具备相应的风险识别能力以及风险承担能力。投资于单只私募基金的金额不能低于 100 万元。同时，如果是单位，净资产不能低于 1000 万元；如果是个人，金融资产不能低于 300 万元或者最近三年个人年均收入不能低于 50 万元。”可见，有别于“无门槛”的 P2P 和“现金贷”，私募基金针对的是达到一定条件的投资者，这是两类产品定位的本质不同。

根据 2015 年 11 月 23 日发布的《私募基金登记备案相关问题解答（七）》，“对于兼营民间借贷、民间融资、配资业务、小额理财、小额借贷、P2P/P2B（person - to - business，互联网融资服务平台）、众筹、保理、担保、房地产开发、交易平台等业务的申请机构，这些业务与私募基金的属性相冲突，容易误导投资者。为防范风险，中国证券投资基金业协会对从事与私募基金业务相冲突的上述机构将不予登记”。2018 年 12 月 7 日，《私募基金管理人登记须知》更新版再一次强调了“申请机构主要出资人、申请机构自身曾经从事过或目前仍兼营民间借贷、民间融资、融资租赁、配资业务、小额理财、小额借贷、P2P/P2B、众筹、保理、担保、房地产开发、交易平台等与私募基金业务相冲突业务的，不予办理登记”。所以，不论是 P2P、“现金贷”，还是私募基金，都要求专业化经营，两者之间不能混合操作，以控制风险。

2016 年 2 月 5 日发布的《关于进一步规范私募基金管理人登记若干事项的公告》中，取消了发放纸质私募基金管理人登记证书，对重大事项信息报送、审计报告提交、高管人员基金从业资格等做出了具体规定，同时要求“新申请私募基金管理人登记、已登记的私募基金管理人发生部分重大事项变更，需通过私募基金登记备案系统提交中国律师事务所出具的法律意见书”。

2018 年 4 月 27 日发布的《关于规范金融机构资产管理业务的指导意见》，对“资金池”业务明令禁止，同时结合穿透式管理的要求，此前银行理财等资金通过资管计划投资私募股权基金时通常采取的滚动发行、期限错配、分离定价等操作均不再可行。另外，之前资管产品的嵌套主要存在于以银行作为最终资金方的投资链条中。银行发行理财产品，目标投向监管灰色地带时，基金子公司就是实现这一资金链的通道之一。显然，通过这种方式实现的投资，规避了投资范围约束，增加了融资成本，加大了杠杆，不利于投资者和资产直接一一对应，扩大了业务风险，不利于资管业务的健康、合规发展，不符合服务实体经济、防控金融风险的要求。因此，该《指导意见》第二十二条明确规定不允许多层嵌套，资管产品可以再投资一层资管产品，但所投资的资管产品不得再投资公募证券投资基金以外的资管产品。

2018 年 1 月，中国证券投资基金业协会发布《私募证券投资基金管理人会员信用信息报告工作规则（试行）》，并于 2018 年 5 月在 AMBERS 系统（中国证券投资基金业协会资产管理业务综合报送平台）上线私募证券投资基金管理人会员信用信息报告功能，全面记录私募证券投资基金管理人会员信用信息。截至 2018 年年底，协会累计办理了 14561 家私募基金管理人的注销手续，累计已办理清算的私募基金 28697 只，其中 2018 年当年清算私募基金 13981 只。

目前，整个行业仍处于规范的过程之中。从长期来看，监管措施的不断完善，将为私募市场营造一个健康的环境。随着中国经济的持续发展与人们投资消费观念的升级，中国家庭资产中的存款比例将会下降，基金资产比例会相应上升。因此，私募基金行业还有非常巨大的发展空间。

五、信托和家族办公室

信托是一种理财方式，一种特殊的财产管理制度和法律行为，同时又是一种金融制度。信托与银行、保险、证券一起构成了现代金融体系。2001 年发布的《中华人民共和国信托法》（以下简称《信托法》）中，对信托的概念进行了定义：信托，是指委托人基于对受托人的信任，将其财产权委托给受托人，由受托人按委托人的意愿以自己的名义，为受益人的利益或为特定目的，进行管理或者处分的行为。

现代意义上的信托起源于英国，但美国开办了世界上第一家信托投资公司——1822 年成立的纽约农业火险放款公司，最初由保险公司经营，后更名为农民放款信托投资公司。可以说，现代信托公司源于保险，公司制的信托理财产品最早是通过保险业务员向大众销售的，最后又从保险业分离出来。美国是信托业最为发达的国家，无论是信托资产的规模，还是信托产品的丰富，抑或是监管体系的完善，美国信托业都处于领先的地位。在美国的金融体系中，信托机构与商业银行享有同等地位。从资产拥有情况来看，美国的信托资产、银行资产和保险资产三分天下。从发展模式上看，英美国家的信托主要以私人财产传承和税收规划、公益信托、财富管理（包括私人银行和家族信托等）、资产证券化（天然的 SPV，即特殊目的载体）四项业务为主（即个人事务和证券投资信托）。

我国在 1949—1978 年由于实行计划经济体制，没有发展信托业务。1979 年，信托业务恢复，同年 10 月，我国第一家信托机构（中国国际信托投资公司）成立，之后，信托公司纷纷成立，在1988年达到最高峰时甚至有1000多家。不过在21世纪之前，由于我国一直没有一部统一的信托法，信托业的发展一直比较混乱。

《信托法》于2001年发布，是我国第一部规范信托关系的基本法律。不过，个人信托并没有被写进《信托法》。《信托法》的主持制定者江平后来在采访中说："我们现在的信托，实际上都是商业信托，所谓商业信托都是由信托公司在那搞的，个人信托实际上是民事信托，民事信托我们没有实际操作经验。可以说，这是一个遗憾吧。"

2003年中国银行业监督管理委员会（以下简称银监会）[①] 接手信托公司的监管权后，重塑监管架构。2007年银监会发布新"两规"（指修订后的《信托公司管理办法》和《信托公司集合资金信托计划管理办法》，它们和《信托法》并称为"一法两规"），使信托公司的业务发展逐步迈入正轨。之后适逢2006—2007年的大牛市、2008年的金融危机以及2008—2009年的"4万亿元刺激计划"，银信合作得到空前发展，这期间由于银行信贷规模受到管控，表外业务需求急速增长，配资业务（两轮大牛市）、政信等基建业务和房地产业务（源于信贷规模管控等）、理财资金通过信托发放贷款等通道业务开始快速发展。当然，在业务不断发展的同时，风险和隐患也明显增加。2010年以来，银监会开始出台相关政策进行约束，但信托公司天然的业务优势总能为其打开新一轮的业务发展空间。2012年之后，中国证券监督管理委员会体系下的机构也复制信托的业务模式得以快速发展，中国保险监督管理委员会[①]也出台相关政策放开保险资管业务，券商、基金、保险等领域纷纷依照信托业的模式，放开监管。2012—2017年，影子银行业务快速发展，催生了各种业务类型，也导致金融强监管和去杠杆进程在2017年正式开始。[②]

所以，目前我国的信托业，基本上是配合银行等机构规避监管开展影子银行业务，作为通道并以赚取通道费为主，和欧美国家以私人财产传承、

---

① 2018年3月，组建中国银行保险监督管理委员会，不再保留中国银行业监督管理委员会和中国保险监督管理委员会。

② 任涛：《我国信托行业深度专题研究》，载博瞻智库。

财富管理和资产证券化为主业的信托行业有本质的区别。比如地方政府如果需要融资，出于监管需要无法从银行获得，便会找到信托公司，发一个集合资金信托计划募集资金。对于财产权信托同样如此，即商业银行将贷款类资产或其收益权直接转让给信托公司，由信托公司发行财产权计划进行接盘等。我国信托业的每一次快速发展都依托于和银行的合作，包括资本市场的配资、房地产与政信合作业务、理财合作业务、利用信托优势帮助银行规避监管等。

实际上，信托行业可以发挥的作用远远不止做通道。信托行业是经营范围最广的一个金融领域，可以开展信托贷款业务、投行业务、证券业务、基金业务、租赁业务、保管业务等。信托可以发起设立基金公司从事投资基金业务，可以从事重组、并购、项目融资、公司理财、财务顾问、证券承销等投行业务，也可以办理居间、咨询、资信调查、保管及保管箱、对外担保、外汇信托业务。信托财产既包括有形财产，如股票、债券、物品、土地、房屋和银行存款等，又包括无形财产，如保险单、专利权商标、信誉等，甚至包括一些自然权益（如人死前立下的遗嘱为受益人创造了一种自然权益）。具有风险隔离特性的信托是天然的特殊目的载体，信托的主业应集中于做高端财富管理、家族信托、慈善信托、资产证券化。

随着银行资金的压缩，资金获取能力将成为信托公司未来的核心竞争力之一。转型财富管理，对接高净值客户，拓展零售资金是信托公司主动管理转型的方向之一。财富管理转型要求信托公司要升级产品体系，提升资产配置能力，满足客户多元化的金融理财需求，从单纯的信托产品销售向综合的财富管理服务转变，为客户提供专业化的投资顾问建议和资产配置方案，回归受人之托、代人理财的业务本源。

根据兴业银行和波士顿咨询公司（BCG）发布的《中国私人银行报告2017：十年蝶变、十年展望》，过去10年，中国个人和高净值人士财富以约20%的年化增长率迅速积累，2016年，中国个人可投资金融资产的规模达126万亿元，位居世界第二；中国高净值家庭数量超过210万户，拥有的可投资金融资产总量占中国总体个人可投资金融资产总量的43%；预计到2021

年，中国高净值家庭数量将达到400万户，高净值家庭可投资金融资产总额将达111万亿元，财富管理市场空间巨大。在居民财富快速积累的大背景下，财富管理无疑迎来了大机遇。信托公司介入财富管理业务可以分享的市场蛋糕巨大。调查显示，有47%的高净值人群积极考虑将更多的资金交由非银金融机构管理，其中选择信托公司的占比为43%，信托公司是最受青睐的资产管理机构。① 除投资类产品之外，信托公司还可以利用制度优势，发展家族信托等产品，满足财富增值、财富传承、财富安全等全方位的需求。凭借灵活的制度优势、广泛的投资范围、较高的回报水平，信托公司有条件成为高净值客户财富管理的首选渠道，分享财富管理时代红利。

2018年8月17日，中国银行保险监督管理委员会信托监督管理部发布《信托部关于加强规范资产管理业务过渡期内信托监管工作的通知》（信托函〔2018〕37号，又称“37号文”），首次官方定义了“家族信托”。家族信托是指信托公司接受单一个人或者家庭的委托，以家庭财富的保护、传承和管理为主要信托目的，提供财产规划、风险隔离、资产配置、子女教育、家族治理、公益（慈善）事业等定制化事务管理和金融服务的信托业务。家族信托财产金额或价值不低于1000万元，受益人应包括委托人在内的家庭成员，但委托人不得为唯一受益人。单纯以追求信托财产保值增值为主要信托目的，具有专户理财性质和资产管理属性的信托业务不属于家族信托。“37号文”不但给家族信托进行了定义，还特别指出家族信托不适用《关于规范金融机构资产管理业务的指导意见》，这相当于为家族信托开了绿灯。很明显，国家意图引导和鼓励家族信托的发展。可以说，“37号文”以法律文件的形式开启了家族信托的大门。据统计，2017年年末，全国有近30家信托公司开展家族信托业务，管理资产规模合计超500亿元，多家信托公司建立了家族办公室。② 不过，不是只有信托公司可以设立家族办公室。国内的家族办公室基本

---

① 用益研究：《后资管新规时代信托业的挑战及信托公司发力布局方向解析》，2019年4月4日，http://www.sohu.com/a/306018129_739521。

② 用益研究：《资管新规下家族信托业务的发展趋势展望》，2018年9月21日，http://www.sohu.com/a/255246658_739521。

上都是近几年才成立的，主要有以下四类。

第一类是大型银行、信托公司等为更好地服务超高净值家庭，在集团下设私人银行、高端财富管理中心或成立家族办公室，提供量身定制的资产配置方案，以求使高净值家庭的资产长期留存。第二类是身价上亿的超级富豪们，出于家族资产安全、信息私密性的考虑，往往会自己组建家族办公室，管理自身家族财富，比如香港恒隆集团老总的陈氏家族基金、阿里巴巴核心创始人马云和蔡崇信成立的Blue Pool Capital（蓝池资本）、龙湖地产董事长吴亚军成立的吴氏家族基金等。第三类是金融从业者创办的以投资为主的家族办公室，核心业务为投资管理，运用不同策略为客户量身定制资产配置方案，帮助超高净值家庭实现财富的保值增值。第四类是律师们牵头创办的以事务为主的家族办公室，核心业务为法务事务管理，包括税务筹划、遗嘱设立、债务处理、婚姻财产处理等，专注于财富传承、家族治理涉及的相关事务的解决。

上海高级金融学院与惠裕全球家族智库发布的《中国本土家族办公室服务竞争力报告》显示，目前中国本土家族办公室中信托公司背景的占39%，商业银行和律师背景的各占25%。不过，目前大型金融机构下属的高端财富管理中心多为其他业务的补充，服务于金融机构整体，受制于金融机构自身的产品线，难以为客户提供全面、综合、独立的资产配置。而对新兴独立家族办公室来说，受限于我国投资顾问业务本身的发展瓶颈，高净值人士没有形成家族财富管理的意识，很多家族办公室依然采用销售金融产品赚佣金的模式，不能真正发挥家族办公室的特有作用。

有别于营业信托（商业信托），家族信托是以家庭、家族为核心，运用多种工具，实现多种功能的信托工具，风险隔离是其最大的特点，除此之外还有税务筹划、遗产规划、子女教育、家族治理、慈善事业等多方面的应用，通过合理的设计可以实现防止挥霍、灵活分配利益、保护私密性等目的，还可以通过设定触发条件实现各种复杂功能。为什么我国开始鼓励发展家族信托？笔者认为，结合国际形势的变化分析，我国对外汇的流出管控越来越严格，以往高净值人群通过海外信托进行家庭财富管理的途径受到了限制。在这种情况下，本土家族信托需求应运而生，需要尽快建立起本土家族信托体系，实现真正的家族信托功能，满足高净值人群家庭财富管理的需求。而在这种背景下成长起来的中国家族信托必然有其自身的特点和历史使命，很多适用于国外的词汇和做法并不能简单地套用在国内的特定场景中。

六、结语

长 L 型经济走势下，我国必须努力进行经济产业结构的升级改造，将经济从依赖廉价劳动力和资本的资源驱动型增长，升级到依靠全要素生产率和创新驱动的新型增长，从而迈过“中等收入陷阱”。恰恰在这个关键时期爆发的中美贸易摩擦和以往有本质的不同，最大的区别在于，美国第一次将中国视为最大的竞争对手。这将在未来很长一段时间内产生深远的影响。

在外部环境恶化和经济增长动力不足的双重压力下，国家一方面会不断地完善税网，通过内部挖潜弥补损失；另一方面将严控资金外流。这就为我国的家庭财富管理带来了需求和发展空间。

多年的经济增长使得人们手里的财富快速积累，但是投资渠道的缺乏以及急功近利的心态导致了一旦有新的投资渠道出现，资金就蜂拥进入的现象，造成很多乱象。P2P、“现金贷”的野蛮成长带来的诸多问题，一方面说明了监管及时跟进、松弛有度的必要性，另一方面也说明了人们手里的钱没有太多好的投资选择。规范、可靠、让人放心的投资渠道一旦建立起来，必将迎来蓬勃发展。私募基金经过了沉淀和整顿，将愈加规范；家族信托则在政策性的鼓励下，正在尝试和摸索的阶段，力争弥补市场空白。随着人们理财观念的不断成熟，两者都将有非常广阔的发展空间。

07　家族财富传承之道

——财富传承的三大根基

赵芳

改革开放40多年来，中国独特的商业环境为大量的企业家创造了前所未有的机遇，对于中国的富人家族来说，绝大多数的财富来自改革开放的政策红利和“创一代”辛勤的创业积累，而并非来自上一代或上两代人的传承，因此，他们的财富管理、财富传承意识落后，经验缺乏。

说到家族财富传承，首先我们要探讨，家族财富传承传承的究竟是什么，财富的内涵究竟是什么。大多数人所理解的金钱、房产、股票（股权）等物质性财产的传承，只是对于财富传承的狭义理解，实际上，财富传承还包括另外两个重要的内容，即家族人力资本的传承和家族价值观与精神传承。

一、物质财富传承是家族财富传承的基础

对于“创一代”来说，无论是其领导力、企业经营管理能力、沟通协调能力等都毋庸置疑，他们拥有杰出的“创富”能力，然而在守富和传承方面，他们及其后代常难以摆脱的思维定式和视觉盲点，让人扼腕叹息。

人往往容易自负，特别是对于创造了大量物质财富的企业家而言，作为企业中的领头人、家族中的灵魂人物，他们往往容易沉迷于自己的能力和成功，痴迷于自己曾经的成功经验，而忽视风险盲点。然而，财富从某种程度

上不是用金钱来衡量的，而是用风险来度量的。在这个瞬息万变的新时代，过去让他们成功的经验可能成为摧毁他们的致命因素。在日趋规范化的市场背景下，那些“创一代”所忽视的风险盲区往往成了颠覆家族财富和家族伟业的“杀手”。

家族领袖们必须了解却又被长期忽视的盲区有哪些呢？借助大数据的统计分析，吞噬家族财富的风险盲区主要有以下几种。

1. 资产没有合理配置

很多超高净值人群一直秉承和信奉“富贵险中求”“人无夜草不肥，人无横财不富”的理念，往往容易把创业时代的冒险精神运用于守业之中，一味追逐过高的投资回报率，而忽视了对风险的把控，忽视了对资产进行合理配置的重要性。

著名诺贝尔经济学奖得主詹姆士·托宾提出“鸡蛋不要放在同一个篮子里”，该条原理至今仍被奉为金融投资的重要法则。该法则的实质就是分散投资风险，进行资产合理配置，注重对冲整体性风险。在全球经济一体化格局之下，在家族财富管理与传承之路上，应特别注意币种风险、国别风险、政治风险、投资种类风险、市场风险、公司治理和企业经营风险、税务风险、极端事件风险等风险。在守富和传富的过程中，应加强风险意识，充分运用好各种金融工具，合理配置家族资产，做好投资模式和策略的合理设计。

2. 企业和个人、家庭财产混同

很多民营企业都存在公私不分，将企业财产与企业家个人、家庭财产混同的现象。在很多企业家心里，认为企业是自己的，所以企业所有的财产都是自己家的资产，没有做好必要的资产隔离措施。笔者在法律从业过程中，见过很多民营企业家将企业资产与家族资产混同，为了规避税收，大量通过私人账户接收和划转公司财产；随意从公司账上划转资金用于非公司的用途；在企业交易和融资的过程中，让个人和家族成员提供连带责任担保。以上种种情形，往往让财富家族一夜间倾家荡产，甚至让企业家陷入囹圄之灾，被追究偷税、职务侵占、资金挪用等法律责任。

3. 离婚、遗产分割规划欠缺

离婚、意外、遗产分割等很大程度上可以通过法律安排和资产筹划进行有效规划和避险，然而对于国人而言，往往觉得早早谈起离婚或者死亡事宜，似乎不吉利，或者觉得离婚和死亡离自己太遥远而不愿意直面这些风险。

对于财富家族来说，家族财产涉及现金、房产、公司股权、金融资产、境外资产，加之家族成员一般比较多且关系错综复杂，如果没有考虑到离婚或者身故后的处置，不仅会让家族财富大幅缩水，而且可能直接影响公司的正常经营，使股票下跌、家族矛盾激化。

4. 家族企业股权设计和公司治理混乱

对于一个企业而言，企业的股权顶层架构和有效的公司治理结构是关系到企业控制权、稳定发展的根基问题。在资本市场，上市的要求也是股权架构和公司治理结构必须完善，对于融资的标的企业而言，股权和公司治理架构很大程度上影响了企业的估值，是决定企业良性发展的关键因素。不少家族企业往往缺乏合理的架构设置，没有理性的考核、评价和退出机制，对接班人没有合理安排，任人唯亲，无法吸引和激励有才能的职业经理人，造成家族企业发展的瓶颈和局限。家族企业的领导者健在时，可能企业还不会出现大问题，一旦领头人无力掌控局面或者去世，家族利益分配的不均，错综复杂的家族关系会使得家族权力和财产争夺战一触即发。

5. 未合理利用财富保护与传承的法律和金融工具进行规划

改革开放为中国创造了一大批富豪，在中国经济发展的前几十年里，企业家们凭着果敢、勤劳和资源整合能力，借助廉价的劳动力成本，通过多种手段创造了巨额财富，但在这批高净值人群中，可能很多人都缺乏相关的法律、金融、财税知识和意识。然而在法治日趋完善、规则意识增强的新经济时代，企业家要想创富、守富和传富，仅仅靠之前的经验是远远不够的，还需要不断增强法律和规则意识，加强财商的学习，学习金融和理财知识。在家族财富传承中，需要运用遗嘱、婚前协议、税务规划、保险、家族信托、家族基金会、慈善、身份规划等来合理筹划，以隔离风险、合理避税，实现财富的保值增值和代际传承。

由此可见，家族物质财富的传承存在众多的风险盲区，要想实现家族财富的传承，需要强化风险意识，做好资产的合理配置和风险隔离措施，合理利用法律和金融等工具，对财富进行规划和传承安排。

二、人力资本传承是家族财富传承的核心

彼得·德鲁克在《管理的实践》一书中最早提出了“人力资源”的概念，德鲁克认为人力资源拥有其他资源所没有的素质，即“协调能力、融合能力、判断力和想象力”①。现在，人才的保有和培育已经是一个家庭、一个企业、一个社会乃至一个国家发展的最为重要的因素之一。在如今的金融投资界，资深的投资者已经把投资的第一关键核心放在了创始人和团队之上，投资即“投人”，如真格基金的徐小平的投资逻辑即“识人逻辑”。同样，对于一个家族来说，如果缺乏合理有效的人力资源培养体系和代际传承安排，不仅会影响家族的持续发展，而且会使家族失去新生的机会，给家族的传承带来巨大的危机。

对于“创一代”而言，他们一心扑在打拼事业上，往往忽视了对子女的陪伴和教育，只是花重金给子女最好的教育资源，却无暇顾及对子女财商、逆商、情商以及领导力的教育和系统性训练。如此培养出的子女，可能对家族企业的继承毫无兴趣或者无力担起领导家族企业以及整个家族的重担。

鉴于此，代际传承已经成了家族财富传承中十分突出的问题。要实现家族财富的永续传承，在人力资本的传承上需要关注以下几方面并加以改进。

1. 更新意识形态，循序渐进地培养

对于家族的掌门人来说，把自己辛苦打下的江山留给子女继承无可厚非，但当子女表现出对继承家业没有兴趣时，“创一代”家长往往毫不顾及子女的真实想法，强制子女按照自己的意愿行事，安排子女的事业蓝图。殊不知，这样更容易引起子女的叛逆情绪，不利于家业的传承。

① 彼得·德鲁克：《管理的实践》，齐若兰译，机械工业出版社，2006。

因此，“创一代”家长需要改变对孩子的教育方式，应该充分听取子女的真实想法，给予二代接班人多一些时间和耐心，可以让子女先参与到公司的运营中来，在参与中慢慢培养其对家族的责任感和对家业的热情，同时认真全面地了解二代接班人的想法和处事能力，进而有针对性地进行辅导和培养。

2. 重视对子女的教育规划

教育是贯穿传承始终的，“创一代”家长应重视教育的力量。第一，家长应该每年留出一定的时间和教育基金，用于让子女系统性学习有关金融、法律、财税、企业经营管理方面的知识。家长可以聘请专家顾问和中介机构对子女进行针对性的教练型辅导，还应该让子女在学习的同时，参与家族企业的运营管理，学以致用，教学相长，让二代接班人在接管企业之前就做好足够的智力和能力储备。

第二，一些在财富家族中成长的孩子，无法理解金钱的真正价值，无法体会父辈们创业的艰辛，很容易养成奢侈浪费、不思进取、挥霍败坏的习性。导致这种情况的原因在于缺乏对子女的财商教育。

财商指个人、集体认识、创造和管理财富的能力，包括观念、知识、行为三个方面。财商是人作为经济人在经济社会中的生存能力，包括两方面的能力：一是创造财富及认识财富倍增规律的能力（即价值观），二是驾驭财富及应用财富的能力。① 财商需要通过系统的培训和教育，通过精神世界与商业悟性的养育、熏陶和历练来养成。家长通过对子女财商的培养，让其树立正确的金钱观、价值观与人生观。

第三，二代接班人需要历练创造财富和驾驭财富的能力，而投资是创造和驾驭财富、让财富倍增的有效途径，财富家族有必要培养子女的投资理财能力，引导子女掌握有关股票、私募股权、基金、黄金、债券、保险、不动产等投资理财知识，培养子女掌握投资策略、市场需求、法律、财务知识，让子女学会多元化的投资方式和资产配置，了解金融投资风险，对于市场保

① 李保华：《财商时代　精英也贫困》，中国工商银行网站，http：//www.icbc.com.cn/icbc/原创舞台/专家榜/专家专栏6/财商时代%20精英也贫困.htm，访问日期：2013年12月2日。

有敬畏之心。在财富创造和财富守护的路上，财富家族应增强风险意识，尊重专业的力量，学会寻求专业律师、税务师、金融顾问的支持。

二代接班人对金钱的态度、获取和管理金钱的能力、其在面对金钱时所表现的金钱观和价值观，关系到二代对于家族财富的驾驭和管理能力。《纽约时报》个人理财专栏作家、一位犹太裔父亲荣·利伯说："孩子会不会被宠坏，与穷养还是富养无关，其根本在于孩子是否树立了健康的金钱观；这跟钱的多少也无关，而关乎钱背后的价值观和品格；最重要的是，将孩子与钱隔离，会让孩子失去学习健康的金钱观的机会。"① 因此，从小培养子女树立正确的金钱观和价值观，注重财商教育尤为重要。

3. 注重领导力和企业家精神的培养

家族财富传承，不仅仅是所有权的传承和规划，更需要领导力的传承与移交。在没有一套有效且可操作的领导力传承方案的情况下，所有权的传承简直就是本末倒置。② 正如股神沃伦·巴菲特所说："盲目把家业交给孩子来管理就像'将2000年奥林匹克运动会金牌获得者的长子组队参加2020年奥林匹克运动会'一样荒谬。"

虽然子承父业天经地义，但如果子女缺乏领导力，一代家长是不能轻易向他们交付家业的。要想家业能永续传承，一代家长需要倾注精力，制订循序渐进的培养计划，培育后代的学习力、决策力、组织力、领导力、执行力和感召力，并定期对子女的领导力进行评估和考量，适时调整培养计划，让子女真正成为拥有领导能力、能传承家族财富的接班人。

4. 引入竞争和激励机制，激发后代的家族荣誉感和责任感

一个社会和企业的发展需要竞争，同样，要保持家族企业的稳定发展，让家族财富持续增值和永续传承，需要设置竞争机制、考评机制和退出机制，让二代接班人有危机感和紧迫感，从而激发其潜力，否则，二代接班人会想

---

① Ron Lieber, *The Opposite of Spoiled*: *Raising Kids Who Are Grounded*, *Generous*, *and Smart About Money* (New York: HarperCollins, 2015).

② Ronald P. Smyser, *Family Business*: *Practical Leadership Succession Planning* (Bloomington: Abbott Press, 2014) p. 13.

当然地认为家族企业及家族其他资产都是自己的。

人的潜力是可以被无限激发的。在管理企业的过程中，我们会对员工，特别是高管和核心人员进行激励，会采取绩效激励和股权激励等多种方式，然而对于家族内部成员来说，很多“创一代”却忽视了对他们的激励。其实，“创一代”应制定适合家族发展的目标，同时设置良性的激励机制，不仅要给予下一代物质激励，更要注重赋予其责任和权力，激发他们的家族荣誉感、责任感，从而增强家族的凝聚力。

三、价值观和精神传承是家族财富传承的灵魂

褚时健曾说，“人生总有起落，精神终可传承”。家族财富的传承表面上是财富和权力的传承，实质是价值观与精神的传承。众多家族的没落，源于没有形成统一的家族核心价值观和家族精神，没有进行家族文化和企业家精神的传承，没有形成家族荣耀感、责任感和凝聚力。当家族面临挑战和危机时，家族成员不是团结面对，而是争权夺利、分崩离析，导致家族的没落。

家族的领导者需要深入思考家族的精神、信仰和价值观是什么，并加以提炼和倡导，同时，需要设置能体现其精神和文化内核的“家族宪法”。“家族宪法”背后的智慧与灵魂，是制度的精神、治理的框架以及用制度和规则去独立思考的方法。[①] 将家族的价值观、精神与信仰传承下去，需要借助制度和规则，要在制度和规则的设置中贯穿家族价值观，使价值观能够被考核和评价，如此才是悟到了西方财富家族管理和财富传承之精髓。而只有家族的价值观和企业家精神得以传承，才能实现家族代际传承、基业长青。

① 龚乐凡：《私人财富管理与传承》，中信出版集团，2016。

08 教育是家族传承的源头

刘英明

李嘉诚说："一个人事业上再大的成功，也弥补不了教育子女失败的缺憾!"据不完全统计，在全球范围内，能延续至第二代的家族企业占总数的39%，而能延续至第三代的家族企业仅占15%。范博宏教授在香港中文大学进行的一项对近20年来中国香港、中国台湾、新加坡200宗家族企业传承案例的研究显示，家族企业在继承过程中都面临着巨大的财产损失，在继承年度（新旧董事长交接完成的一年，通常此交接伴随控制权交接）及此前5年、此后3年的累计股票超额收益率平均高达-60%。①"富不过三代"似乎是一个难以逃脱的魔咒，然而一个辛勤创下基业的家族总希望基业永存。因此，寻找突破家族企业传承瓶颈、续写百年传承之梦，是摆在很多企业家面前的重大课题。

一、家族传承和教育的简要介绍

家族传承一般特指家族企业的传承，其意为企业经营管理权及所有权过渡、转交至下一代家族成员的过程，此过程可能同时包括对家庭资产的过渡转交。企业所进行的传承一般包括三方面的内容：财富的传承、无形资产的传承以及企业管理控制权的传承。财富的传承一般包括对企业资产转移以及

① 范博宏：《关键世代——走出华人家族企业传承之困》，东方出版社，2013，第10页。

家族其他财富（房地产、其他企业股权等）转移两方面内容的传承。家族无形资产的传承一般包括家族关系、家族能力以及家族精神三个方面的传承，其中，家族关系的传承是指家族成员间运用其特有的血缘亲缘关系对社会关系网络的继承；家族能力的继承通常通过对子女的教育和培养来完成，包括但不完全是指对家族企业的管理能力；家族精神传承包括对家族创始人的创业精神、理念、风范、价值观、视野、信誉等方面的有效承接，其中特别是对企业家的奋斗、冒险和拼搏等精神遗产的传承。企业控制权的传承，包括企业股权和企业经营管理权的传承。[①]

从家族企业的长远发展来看，只有将创业者的能力传承下去，才能维系家族的稳定和繁荣。家族能力的传承，是家族传承中最重要、最困难也是风险最高的部分。家族能力的传承主要通过对子女的教育和培养来完成。

“教育”一词最早见于《孟子·尽心上》，“得天下英才而教育之”，“教育”的本义为引出。广义的教育，泛指一切有目的地增进人的知识和技能、发展人的智力与体力、影响人的思想观念的活动，包括家庭教育、学校教育、社会教育和自我教育。狭义的教育专指学校教育，即由专职人员和专门教育机构根据一定的社会要求，有计划、有目的、有组织地对受教育者的身心施加影响，促使他们朝着期望方向变化的活动。旅美教育学专家黄全愈认为，教育是四位一体的，包括了家庭教育、学校教育、社会教育、自我教育；前三者相互渗透、相互作用形成一个“面”，自我教育是这个面上凸显的一个“点”。[②] 我们必须对家庭教育、学校教育、社会教育进行全面关注，但最终落脚点还在自我教育。

二、教育对家族传承至关重要

教育对家族企业的传承至关重要，甚至可以说，教育是家族企业传承的源头。下面通过两个家族企业传承成败的例子及其背后教育因素的影响来说

① 何顺文、陈晓云：《中国家族企业传承报告（澳门特区）》，载中国民营经济研究会家族企业委员会编《中国家族企业传承报告（2015）》，中信出版集团，2015，第52页。

② 黄全愈：《素质教育在美国》，长江文艺出版社，2017，代总序第12页。

明，如果没有对接班人提早进行良好的教育和培养，财富对于子女人生发展的影响往往是负面的，家族企业传承也迟早会遇到困难。

与香港不少富豪家族企业传承中纠纷不断相比，香港首富李嘉诚家族的财富传承波澜不惊。2018 年 3 月 16 日，90 岁的李嘉诚宣布退休。在新闻发布会上，李嘉诚宣布他把公司交给大儿子李泽钜管理，把现金拿出来支持李泽楷去独立发展事业。对于这种安排，李泽钜在发布会上表示“爸爸的安排我们永远都 OK”，李嘉诚表示，李泽楷也喜欢这种安排。其实这一安排早在 2012 年就已披露。李嘉诚在 2012 年首次宣布分身家的时候，就表示将他的长江实业集团有限公司（以下简称“长实集团”）及和记黄浦有限公司 40% 的股份、22 家上市公司，市值逾 8500 亿港元，以及名下上市资产逾 2900 亿港元，全部给长子李泽钜，日后由他打理。次子李泽楷则将获得李嘉诚对其生意上的资金支持。

香港媒体认为，李泽钜、李泽楷这对兄弟继承了李嘉诚优秀的商业基因，是香港中青代中优秀的商人代表。其实，这对兄弟成功的关键在于李嘉诚的教育方法。在他们八九岁时，李嘉诚就正式让他们坐在公司会议室角落里的一张小椅子上参加董事会议，让他们目睹和学习如何与其他商人打交道。通过这种潜移默化的教育方式，两个儿子不仅对商业产生了兴趣，而且接受了早期的商业启蒙。李泽钜和李泽楷都以优异的成绩从美国斯坦福大学毕业后，来到加拿大，白手起家，一切从零做起。磕磕绊绊之后，终于有所成就，李泽钜成功经营了一家房地产开发公司，李泽楷则成了多伦多投资银行最年轻的合伙人。在他们的创业过程中，李嘉诚冷酷得不近人情，什么都不管不问，任凭兄弟俩在商海里挣扎拼搏。

在这对“龙兄虎弟”中，哥哥李泽钜行事低调。有一段时间，他只是作为李嘉诚的长子或李泽楷的哥哥出现。然而，在 1996 年长江基建集团有限公司拆分上市时，李泽钜 25 倍的认购额让业内人士感到震惊。他一举登上了李嘉诚家族的权力榜。即使是一向谦虚含蓄的李嘉诚，在谈到这件事时也掩饰不住自己的得意。他说李泽钜此举可以打 90 多分，如果他不是自己的孩子，他会给他满分。1998 年以后，李嘉诚逐渐将长实集团的管理权移交给李泽钜，自己逐渐淡出。进入 21 世纪，李泽钜的商业表现更加成熟。2003 年，李泽钜通过一家私人控股公司，以38亿港元成功收购了加拿大航空31%的股份，成为该公司最大的单一股东。这是李泽钜的首次私人投资，也是李嘉诚家族首次大规模参与航空业。现在看来，这项投资非常成功。

与低调的李泽钜相比，弟弟李泽楷无疑非常张扬和高调。李泽楷很早就在香港商界出了名。1993年，他以9.5亿美元的价格将自己的卫星电视卖给了传媒大亨默多克，从而获得了第一桶金。从此，他声名鹊起，这为他与哥哥李泽钜的分离创业奠定了良好的基础。2000年2月29日，李泽楷的盈科数码动力有限公司在与新加坡电信有限公司的较量中胜出，一举收购了香港电讯有限公司，创造了亚洲有史以来最大的并购案，李泽楷的声誉达到顶峰。两个极其成功的商业运作为他赢得了“小超人”的美誉。

更值得一提的是，李嘉诚退任，儿子这一辈接手之后，李嘉诚随即开始培养孙子辈的接班人。这个孙子辈指的就是李泽钜的女儿李思德。2018年5月，李思德担任了由爷爷捐款建造的慈善寺董事，该寺庙占地约4.7万平方米；之后的12月，李思德又上任兆丰地产董事长一职，也算是正式参与家族的房地产事业。这些动作，都表明李嘉诚这是在给自己的儿子培养下一代掌门人。

另一个例子则相反。山西海鑫钢铁集团（以下简称“海鑫集团”）兴起于李海仓的奋斗，到2003年海鑫集团已经发展成为资产规模超过40亿元的地方支柱企业。2003年农历新年在即，李海仓在办公室突遭枪杀，在李海仓父亲的主持下，对接班没有丝毫准备的李兆会从海外被召回，受命于危难之际，成为海鑫集团的董事长。2014年11月16日，运城市中级人民法院宣布，正式裁定受理海鑫集团4家债权人对该集团的重整申请，标志着海鑫集团破产重整进入法律程序。

对海鑫集团家企传承的评价与分析众说纷纭。有学者认为，海鑫集团的破产及李海仓家企传承的失败，本质上是接班人的培养出了问题。当地不少企业界人士感叹，如果当初海鑫集团传给李海仓的兄弟而不是涉世不深的儿子，企业命运也许会被改写。

海鑫集团曾是一家资产规模40亿元、人员规模近万人的地方大型民营企业，要想经营好这样一家企业，要做好方方面面的工作：与政府方面的沟通要顺畅；公司骨干要笼络得住，让大家觉得舒心、有奔头；对基层员工也要亲近，让整个团队鱼水一家、有凝聚力。而李兆会的做法与这些原则背道而驰。

李兆会上任后，海鑫集团与当地政府的关系便开始疏离，他每年露面的次数屈指可数。

在对待企业高管方面，李兆会赶走五叔李天虎，又调走辛存海。这无异于向世人昭告：李兆会容不下任何人。接下来，李兆会又把六叔李文杰请来当帮手，而这个人并不是钢铁行业的行家里手，在企业运营和业务开拓上并无所长。但可能这就是李兆会选他的最重要理由——没有能力的人也就没有威胁。

正是因为这样的心态，他不可能像人们期待的那样海纳百川，对于他而言，所有能人都是威胁。他也不可能像人们期望的那样坚守实业，因为坚守实业的人必须对自己、对行业有信心，而他对自己和行业都没有信心，当行业出了大危机后，他的第一反应是赶紧找一个能弥补盈利下降的办法，而炒股最符合他的这种心理。

李兆会接班后最初两年的盈利可视作他父亲李海仓的余荫，他比较好地继承了父亲的人脉，在经营上没有偏离主航道。但是，他也从来没有建立起自己的盈利项目，故在行业陷入衰退期后变得束手无策。至于他在炒股上赚钱，一方面是享受了形势红利，另一方面是享用了父辈的关系。而他自己投资的儿童体验城项目，没有明显的成功报道，主业就更是一塌糊涂。2007 年，李兆会下令淘汰 60 万吨落后产能，同时上马新建产能达 230 万吨的新产业园，该项工程总投资约 60 亿元。然而，当他把 10 多亿元投入新建板材厂后，却遭遇价格下跌，于是他最终又放弃了该项目。

有媒体总结道："从根本上讲，李兆会从来就不是一个企业家，他的所有行为都更像是一个守财者。对于他而言，父亲留给他的不是一个欣欣向荣的事业，而是一大堆需要处理的麻烦和一个必须保住的数字；父亲传承给他的也不是榜样的力量，而是巨大阴影下的自卑，以及无法摆脱的对失去财产和生命的恐惧。一家大型企业，选择一个活在自卑中的人做掌门人，其命运已不言自明。"①

① 迟玉德：《80 后少帅败光山西最大民企，一个经典的接班失败案例》，载华商韬略微信公众号。

三、对家族企业接班人教育与培养的五项建议

在财富积累阶段和企业发展阶段，工作上的繁忙使企业家往往没有办法抽出较长时间来陪伴家人孩子，更不用说为子女成长过程中的教育把关了。虽说事业忙碌，企业家难以花费太多的时间亲自教育子女，但他们对子女接受教育的重视程度丝毫不亚于普通家庭。根据胡润研究院所做的调查，中国富豪们对子女的教育花费呈逐年增长态势，2012 年子女教育支出已经约占富豪日常消费的 1/4。为了使自己的子女受到更好的教育，约 85% 的富豪将自己的子女送到国外学习，这已经成为高净值人士对下一代最主要的教育方式，且子女出国学习的年龄也向低龄化发展。但是，教育孩子绝不是把孩子送到国外私立学校并给一张信用卡这么简单。这些年幼的孩子在还没有形成独立成熟的人生观的时候便早早离开家人去异国他乡求学，他们很可能相较于普通家庭的孩子更缺乏对挫折的承受力，在金钱上也没有养成良好的节约习惯，很容易受到外部不良影响而挥霍无度、沉迷享乐。

在此，我们就家族企业接班人的教育和培养提出以下五项基本建议。

1. 正确看待学校教育

绝大多数普通人认为受教育的目的是谋生，良好的教育是谋生的主要手段。对“富二代”来说，他们家庭条件优越，缺乏通过接受良好教育以谋求更好生活的需求；他们中的有些人甚至认为，不少人没有受过多少教育，也同样取得了成功。其实，无论一个人的经济条件如何，良好的教育对于一个人的未来都起着关键性的作用。良好的学校教育能在以下三个方面帮助孩子：第一，良好的学校教育能帮助孩子养成自律（包括自我控制和做出正确选择的能力）的习惯，这是他们长大后获取成功的必备条件之一；第二，良好的学校教育能锻炼头脑，帮孩子养成精密思维的习惯，挖掘丰富的想象力，形成真正的创造力；第三，良好的学校教育有助于孩子开阔眼界、形成正确的价值观。

2. 高度重视家庭教育

家庭教育对于培养孩子的良好品德和健康心理非常重要。家庭教育是指

父母或者家中长辈对年轻一代或者家庭成员进行教育，而且这种教育是在有目的、有意识的前提下进行的。相对于社会教育与学校教育，家庭教育有其有利条件与独特优势。在孩子的出生与成长过程中，父母可谓无时无刻不相伴左右，孩子同父母接触的机会最多，相处的时间也最长，因此父母能够全方位地“读懂”自己的孩子。将心比心，孩子因为信任父母，在父母面前更能毫无保留地表达个性，这也让家长能够全面地了解孩子。因此，家庭教育应凸显它独有的优势：实事求是、对症下药、有的放矢、因材施教，从而进行专一性的教育。家庭教育的目标应是：在孩子进入社会接受学校教育之前保证孩子身心健康地发展，为接受幼儿园、学校的教育打好基础；在孩子入园、入校后，配合幼儿园、学校使其德、智、体、美、劳诸方面得到全面发展。家庭教育的重点是以品德教育为主，培养孩子良好的道德品质和养成良好行为习惯，教会孩子如何做人。

3. 善于利用社会教育

在今天的社会，我们的孩子不会经历父辈的苦难和艰辛，而艰难困苦的磨炼又是一个人成长的重要经历。所以，有研究者建议高净值人士给自己的孩子选择两条社会教育路径：一是花钱买“难受”，让孩子参加一些训练营，去学习武术，去跋山涉水，骑行、登山、攀岩、露营、赈灾，到贫困山区体验生活……通过参加这种活动，孩子的意志力可以得到磨炼；二是花钱开眼界，就是让孩子接触上流社会的一些正能量的活动，比如音乐、舞蹈、礼仪、西餐、红酒，甚至马术、私人飞机、游艇、高尔夫……让孩子去接触、感知和享受健康而正常的物质生活，从而保持积极的心态。[①]

4. 积极拓展家族教育

家族教育是家族领导人为家族企业传承而特别设计实施的教育。家族教育是家族企业顺利传承不可或缺的有力工具。如果做得好，它将带来诸多益处：让家庭成员做好相应准备，适应未来将扮演的角色，承担企业与家族中

① 周坤：《从家族企业到百年老店——家族企业如何做大做强做长》，广东旅游出版社，2016，第119页。

的责任；家庭成员互相关心，彼此忠诚，能更好地适应企业拥有者这一身份，守护好家庭财富；长期一起学习，分享生活经验与兴趣爱好，有利于加强兄弟姐妹、亲戚间的感情。有研究者指出，家族教育中有五个主题值得重温和强化：不动产规划、怎么看财务报表、沟通技巧、股东分红和赎买政策、税务筹划策略。①

5. 鼓励但不得强迫子女参与家族企业经营

在教育方面，父母的首要目标应该是协助子女开发特有才能和兴趣。父母可以鼓励子女参与家族企业经营，并将其作为提供有趣的职业机会、支持家族传承和价值观延续的可能机会，但不可以强迫子女参与家族企业经营。

附录：洛克菲勒家族——百年不衰的独门传承秘籍②

洛克菲勒家族慈善之所以能传承至今，一百多年经久不衰，很重要的原因在于家族有一套自己的文化传承方式。

洛克菲勒家族用六条家训告诉世人，财富对所有人都是公平的。

1. 没有权利当穷人

作为家中长子，约翰·D. 洛克菲勒16岁时挑起养家的担子。但在他少年的发财梦中，金钱不仅可以让自己变得更有力量，让家人过上富足无忧、有尊严的生活，还能让生命、爱情、亲情更加厚重和更有价值。因此，他主张在方法正当的前提下，人人都该努力挣钱。

他写信教育儿子小洛克菲勒，“我应该是富翁，我没有权利当穷人”，鼓励儿子追求财富。他告诫小洛克菲勒，苦行僧的生活不可取，“财富是神的赐予，我们只能去信任并接受它，而不能置之不理”，但不能在有违上帝的情况下赚钱，必须抵挡财富的诱惑，才能获得创富的成功。

2. 财富来源于勤奋

财富要靠个人的勤奋获得是洛克菲勒家族的信条，也是家族教育的核心。

---

① 艾米·M. 舒曼、约翰·L. 沃德：《家族教育》，王骏铭、李国彦译，电子工业出版社，2014，第122页。

② 摘自慧谷家族文章：http：//www. sohu. com/a/38051239_ 241316。

洛克菲勒家族素有让孩子通过给家里“打工”来赚取零花钱的传统。约翰·D. 洛克菲勒的父亲威廉·洛克菲勒虽然对家庭不够负责，但他对儿子的金钱教育却相当严格。威廉从不白给约翰零花钱，而是要他做家庭的雇工，靠劳动挣取零用钱，如干农活、挤牛奶。

约翰·D. 洛克菲勒有一个专门的记账本，每天干完活，把自己的工作量化后，按每小时 0.37 美元计算入账，然后与父亲结算。约翰·D. 洛克菲勒继承父亲的财富教育传统，让小洛克菲勒从小就要靠自己的劳动积累和管理财富，在家里打工赚取零花钱，并教给他分类记账的方法。

小洛克菲勒将这套家族的财富教育传统彻底地传承了下去，规定孩子们必须用劳动挣钱。通过背柴火、锄地、拔草、擦皮鞋，甚至打苍蝇、捉老鼠，孩子们都能得到不等的报酬。小洛克菲勒在洛克菲勒三世 14 岁时，为他制订了 14 条零花钱协议。这一协议后来成为家族每代人的准则，且所有人必须定期接受检查，否则，谁也别想得到一分钱。

3. 节俭

节俭是洛克菲勒家族创造财富神话的重要基石。

家族节俭的因子来源于约翰·D. 洛克菲勒的母亲阿莱扎这位勤俭持家的女性。在母亲的熏陶下，约翰从小养成了节约的良好习惯。从不向母亲索要零花钱的他，在 12 岁时却攒了 24.7 美元的“私房钱”，这笔钱在当时相当于一个五口之家半月的生活开支。

阿莱扎还教给了洛克菲勒一个节俭的秘诀：该花的一分不能少，不该花的每一分都要让它待在能产生效益的地方。在母亲的引导下，洛克菲勒将这笔钱中的 8.2 美元从市场上购买了小鸡，悉心喂养，最后赚回 12 美元。

4. 亲父子明算账

洛克菲勒家族在这方面一向如此，子女向父母借贷都需要有清晰的计算，以此培养孩子的商业素养。

16 岁时，约翰·D. 洛克菲勒因父亲不再资助其上学而承担起养家重担，他决定上商业培训学校学习记账，于是写信向父亲借了 40 美元培训费，并附上借款合同。两个星期以后，他收到了父亲寄来的 40 美元以及贷款合同。在约翰工作三年后，他决定与克拉克合开公司，父亲表示可以借给他1000美元，但必须付10%的利息，当时银行利息才不到7%。而后来约翰借钱给自己女儿和儿子的时候，也收取6%的利息。

5. **富人职责是授人以渔**

洛克菲勒家族的慈善传统与慈善教育同样可以追溯到约翰的母亲阿莱扎。阿莱扎是一位虔诚的浸会教徒，常常教育她的孩子按基督教义行事。她一生捐出了自己10%的收入资助教会及与教会相关的活动，还要求自己的孩子也这么做。毫不夸张地说，洛克菲勒家族的慈善基因来源于这位伟大母亲的教诲与感染。

约翰提倡创富，但他深信富人只是财富的托管者。巨大的财富意味着巨大的责任。他认为只有投身公益事业、造福社会才能使富人的财富实现真正的价值。他写信告诫小洛克菲勒，必须小心处理自己所拥有的一切，在任何时候都不该肆意花钱，并正确地运用财富造福众人。这样，财富才能成为幸福之源。

6. **家族传承的责任**

从约翰开始，家族本身的传承一直深受重视。家族的延续是培养对待财富的态度、勤奋、节约的品质的最终目标之一。

约翰知道富裕家庭的孩子受到的诱惑比普通人家孩子更多，富裕家庭的财富败起来也更快。在他看来，无论是家族的创业者还是家族的守业者，要想拥有巨大财富且保持其总量不缩水，都必须拥有高度的责任感。

约翰的妻子劳拉向小洛克菲勒灌输了大部分宗教知识，培养他正直无私的强烈道德感，并告诉他要肩负掌管家族巨额财富的重任。这些理念后来被小洛克菲勒整理出来，成为著名的洛克菲勒家族十大信条。

（1）世界上没有一样东西可取代毅力，才干也不可以，怀才不遇者比比皆是，一事无成的天才很普遍；教育也不可以，世界上充满了学而无用的人。只有毅力和决心无往不利。

（2）热爱工作是一种信念。怀着这个信念，我们能把绝望的大山凿成一块希望的磐石。如果你视工作为一种乐趣，人生就是天堂；如果你视工作为一种义务，人生就是地狱。

(3) 收入只是你工作的副产品，做好你该做的事，出色完成你该完成的工作，理想的薪金必然会来。而更为重要的是，我们劳苦的最高报酬，不在于我们所获得的，而在于我们会因此成为什么。

(4) 借钱不是件坏事，它不会让你破产，只要你不把它看成像救生圈一样，只在危机的时候使用，而把它看成是一种有力的工具，你就可以用它来开创机会。

(5) 建立在生意上的友谊远胜于建立在友谊上的生意。往上爬的时候对别人好一点，因为你下坡的时候会碰到他们。

(6) 要管理和运用金钱，你必须乐于亲自动手、亲自管理数字，不能只是空谈管理和策略。上帝表现在细节之中。

(7) 不靠天赐的运气活着，但靠策划运气发达。好的计划会左右运气，甚至在任何情况下，都能成功地影响运气。

(8) 一旦避免失败变成你做事的动机，你就走上了怠惰无力的路。

(9) 借口把绝大多数的人挡在了成功的大门外，百分之九十九的失败都是因为人们惯于找寻借口。

(10) 无论是要赢得财富，还是要赢得人生，优秀的人在竞技中想的不是输了我会怎样，而是要成为胜利者我应该做什么。

·第二部分·

从历史文化吸取资产保护智慧

01 古人的财富思想

赵继承

虽然在上千年儒家思想的影响下，传统社会掌握着主流话语权的社会精英们似乎都讳谈金钱之利，但落实到社会管理层面，经济问题终究是人们不得不去面对的。因此，随着社会经济的发展，尤其是商品经济的日益发达，中国古代哲人在应对社会财富的管理及分配乃至商业运营等各种经济问题的过程中，仍然提出、总结了丰富的财富思想。

一、古代的财富伦理观：君子爱财，取之有道

儒家思想作为古代社会的主流思想，对传统社会财富观的形成发挥了主导性的影响。而谈及儒家的财富观念，很多人首先想到的可能是“君子喻于义，小人喻于利”“不义而富且贵，于我如浮云”这类言论，并由此形成了对儒家财富观念断章取义式的曲解。

事实上，儒家思想的奠基者孔子并没有否定人类对财富的追求。《论语·述而》记载孔子之言曰：“富而可求也，虽执鞭之士，吾亦为之。”执鞭之士，一般释为贱役，孔子的意思是说：如果财富合乎于道，就可以去追求，即使去做像执鞭之士这样的人我也愿意。这可以说是孔子对自己财富观念最坦率的表述。《论语》中诸如认为人天性喜爱富贵、厌恶贫贱之类的言论还有很多，也就是说，在孔子看来，趋利避害正是人类的本能，所以追求财富利益

也是人性的一部分，无论是知识精英还是普通百姓皆如此。

“小人喻于利”，体现了对于普通百姓的趋利行为，儒家不但认同了它的正当性，而且还基于此提出了“先富后教”的治国思想。

> 子适卫，冉有仆。子曰：“庶矣哉！”冉有曰：“既庶矣，又何加焉？”曰：“富之。”曰：“既富矣，又何加焉？”曰：“教之。”（《论语·子路》）

在孔子与冉有的一问一答中，孔子表述了自己完整的治国思路，即在人口发展的基础上发展经济，让百姓过上富裕的生活，在此基础上，再推行礼乐教化。也就是说，自孔子以来，儒家思想始终认为社会的文明开化是以经济发展为前提的，只有生存的需求得到了满足，才可能将百姓引向文明教化。这与管仲“仓廪实则知礼节，衣食足则知荣辱”所表达的经济思想是一致的。后来，司马迁在《史记·货殖列传》（以下简称《货殖列传》）中也表达了同样的观念：“礼生于有而废于无。故君子富，好行其德；小人富，以适其力。渊深而鱼生之，山深而兽往之，人富而仁义附焉。”他认为如同水越深的地方鱼越多一样，社会道德是会伴随着社会财富的增长而提高的。虽然“富则有德”的说法过于理想化，忽视了文明教化的作用，但是对于社会财富与社会道德间密切联系的揭示还是颇具眼光和见识的。这就说明儒家思想并非一味讲求形而上的德行、伦理，从社会治理的角度也同样奉行实际，尊重人性的本能需求和经济先行的社会发展规律。

与“小人喻于利”相对应的一句话是“君子喻于义”，尤其是之后孟子又有“无恒产而有恒心者，惟士为能”之语，这似乎坚定了一种认识，就是作为知识精英的士阶层是应该视钱财如粪土的。但实际上，《论语》中孔子的本意并非如此，就像孔子坦承自己也有着同样的追求财富之心一样，孔子认为士也是凡人，也有着对财富的本能向往。

> 子曰：“君子谋道不谋食。耕也，馁在其中矣；学也，禄在其中矣。君子忧道不忧贫。”（《论语·卫灵公》）

君子所以“谋道不谋食”“忧道不忧贫”，并非对于食禄或者贫富之事毫不在意，而是他们认识到只要努力实现其政治理想，自然可以获得权力和财富，而无须刻意追求，为之殚精竭虑。

那么“君子喻于义，小人喻于利”一语所揭示的君子与小人的差别究竟在哪儿呢？严格说是认识程度的差别。普通百姓是把利益放在第一位的，只能看到狭窄的一己之利，因此为了扩张自己的利益会竭尽所能，会不择手段。而君子的长处在于他们能从个人利益甚至是某个集团的利益中超脱出来，认清道德与财富的关系。他们不仅看到了经济发展对于社会道德发展的推动作用，同样认识到了健全的社会道德体系对于财富增长和经济发展的保障作用，因此站在社会经济整体发展的角度，高屋建瓴地提出“君子爱财，取之有道”的指导思想，从而以其道德教化的同化力引导社会经济的健康发展。

“君子爱财，取之有道”出自《增广贤文》，它其实是对《论语》中孔子的相关表述加以提炼的产物。孔子说，“富与贵，是人之所欲也；不以其道得之，不处也。贫与贱，是人之所恶也；不以其道得之，不去也”，又说“不义而富且贵，于我如浮云”，这两句话都在强调追求财富的过程必须遵从道德约束。早在几千年前，孔子就已经认识到，个人或社会集团无限制、不择手段的利益扩张最终只会带来社会成员间或社会集团间的相互戕害，从而导致经济的畸形发展，这样的最终结果是每个人的利益都将在相互争夺中受损。因此，经济的健康发展有赖于道德对于个人财富追求的约束和引导，避免相互倾轧、相互算计、相互损害所造成的利益损失，从而使社会成员能在有序的环境中合理、适度地扩张自己的经济利益。

当然，儒家所处的时代注定它还无法赋予取财之“道”以具体、明确的内涵，也无法认识到经济领域的道德不能完全等同于广泛意义上的社会道德。但是它对道德与财富关系的揭示对我们今天的财富管理仍旧大有启发。当今时代，诸多行业和企业的短视行为正在毒害社会，与此同时也戕害着其自身的发展。在这种情况下，重提财富的伦理观，重新审视财富生长与道德的关系变得至关重要。

二、古人的财富分配观：均无贫

中国古代的财富分配思想也深受儒家思想影响，而儒家的财富分配思想则是基于其社会等级观念及当时的社会制度提出的，即一种等级化、阶梯式的财富分配思想。

孔子极度推崇西周以来的社会财富分配制度："公食贡，大夫食邑，士食田，庶人食力，工商食官，皂隶食职，官宰食加。"这段话表面来看说的是财富分配的方式，即王公依靠贡赋生活，大夫收取租税，士接受禄田，普通百姓通过自己的劳动获得财物，工商从业者则通过为政府服务从政府处领取报酬，皂隶按职务领取口粮，而家臣的食用取自大夫的加田。但是，这其中暗含着财富分配的等级差异，贡赋的财富数量要远远超过一般百姓的劳动所得，而工商从业者及皂隶等也是依据其级别及贡献而在财富占有上有所差异。

但是，我们并不能因此就判定儒家的财富分配思想完全支持当时王公贵族聚敛财富的行为，而无视社会财富分配的公平和公正性。"公食贡"一段话见于《国语·晋语》，这段话叙述了晋文公归国后的各项治国措施以及最后政平民阜的治国成就，其中一段谈及"救乏振滞，匡困资无"，说明这种财富分配的等级差异制度，仍旧强调了相对均衡，对弱势群体予以帮扶。而孔子对社会财富分配不公平的危害同样有着深刻的认识。

> 丘也闻有国有家者，不患寡而患不均，不患贫而患不安。盖均无贫，和无寡，安无倾。（《论语·季氏》）

在提出财富分配的等级差异之后，孔子并不认为可以理所当然地不断扩大财富分配的等级差异，反而提出了均无贫的思想。一方面，均无贫是保证同一等级制度内的财富分配要均等，避免因为分配不均导致阶层内部发生冲突；另一方面，均无贫也要求保持财富分配等级差异的相对均衡，避免某一阶层，尤其是统治阶级的财富过度膨胀，令贫富差距超越社会发展许可的范畴，最终妨碍经济发展，造成社会的动荡不安。因此，孔子的均无贫观念既不能理解为完全的平均主义思想，也不能仅仅强调其要求阶层内分配均等而忽略其呼吁社会财富分配在差异中保持平衡的一面。

孔子是从社会管理的层面提出了财富的均衡问题，而古代的许多成功商人则是从个体角度认识到了财富相对均衡对于经济发展包括自身财富增长的重要性。《货殖列传》记载了范蠡在经商成功后的善举，他一生曾三次在创业成功后把财富分给朋友和关系较为疏远的兄弟，然后自己再重新创业。对于范蠡的举动，儒家一般将其归结为仁德善心："仁者以财发身，不仁者以身发财"。范蠡的举动体现了一个仁德之人的追求和信仰，就是他并不把获取财富作为人生的最终目标，而是将之视为实现自我、回馈社会的途径和资本。不过，从社会的角度考虑，范蠡的举动也不失为一个成功商人的明智之举，当周围环境已不足以支撑个人的财富增长时，应该懂得以回馈社会的方式改善周边经济环境，从而保证自己财富积累的平稳延续。

三、古人的经商之道：人弃我取，人取我与

司马迁在《货殖列传》中记叙了汉代以前从事"货殖"活动的杰出人物的商业活动，借助对他们事迹和言论的记录，传达出极其丰富的经济思想和商业经营理念。

《货殖列传》中提出了市场自我调节的问题。"夫山西饶材、竹、榖、纑、旄、玉石；山东多鱼、盐、漆、丝、声色；江南出楠、梓、姜、桂、金、锡、连、丹沙、犀、玳瑁、珠玑、齿革；龙门、碣石北多马、牛、羊、旃裘、筋角……"，书中指出各地物产不同，而生活需求却有某些一致性，但是这些物产的流通不需要政府下命令才有人去执行，只要市场有需求，自然就有人出于谋利的目的，自发地将某地盛产之物贩运到此物稀缺的地方。"人各任其能，竭其力，以得所欲。故物贱之征贵，贵之征贱，各劝其业，乐其事，若水之趋下，日夜无休时，不召而自来，不求而民出之"，将市场商品的流通比喻为水向低处流，是自然而然就会发生的事，根本无须人为干预。这可以说是古人对市场流通的基本认识和最为朴素的表述，认为市场本身就具有极强

的自我调节能力，可以实现资源的优化配置，使人尽其才、物尽其用。

《货殖列传》还完整记述了春秋时代著名的谋士计然的经济思想。计然是范蠡的老师，同范蠡一起追随越王勾践，帮助勾践在短时间内实现了富国强兵，最终完成了消灭吴国的复仇大计。《货殖列传》所叙计然的经济思想包含丰富的内容，体现了计然对经济规律的深刻洞察。计然认为商业成功的关键在于准确判断市场需求。一方面，计然指出要了解什么样的货物在什么时候为人所需，比如要打仗了就要积存战备物资，总是能紧紧抓住市场需求才是经商的制胜之道；另一方面，计然又提出要掌握市场变化的基本规律，即认识到市场需求是不断变化的，成功的商人应该能够根据经济规律对市场需求加以预判。不是战争打响之后才想到去积存战备物资，也不是在饥荒之年才想到准备粮食，相反，应该是“旱则资舟，水则资车”，即在大旱之年就预料到将来会遭遇洪水，所以在闲置舟船数量丰富时就提前储存起来；在发大水的时候则预料到洪水终将退去，所以将之前的舟船放出而开始储藏车辆。这就是说，成功的商人必须把握住社会经济以及市场需求的变化规律，从而对市场需求的未来变化进行准确预判，在商业运营上占据先机，方能制胜。

另外，文中记载了计然对市场物价涨跌规律认识的言论：“论其有余不足，则知贵贱。贵上极则反贱，贱下极则反贵。贵出如粪土，贱取如珠玉。”物价的涨跌是与市场供需紧密相连的，要能根据有余或不足来判断商品价格的未来走势。同时，物价的涨跌都是有一定限度的，总是围绕商品实际价值上下浮动，涨到极限就会下滑，下跌到一定程度就会上涨。成功的商人应洞察到这一规律，“贵出”“贱取”，当一类商品在价格上涨到一定程度时应该果断地卖出去，而不要贪得无厌，错失卖出良机；而当一类商品价格大跌、人人弃之唯恐不及的时候反而应该买入，等待商机到来。之后的著名商人白圭也曾表达了同样的观念——“人弃我取，人取我与”，这说明商机往往就存在于对大众市场行为的反其道而行之的运用中。

总之，在漫长的社会经济活动中，古人积累了丰富的商业经营及经济管理思想，这些思想作为古人留给我们的丰富历史资产的一部分，对我们今天的财富规划与管理以及社会经济问题的应对解决，仍旧具有一定的启发意义。

02　从古今中外看法律对财富管理的重要性

蔡绍辉　王书田

所谓法律，是指调整社会关系和社会秩序的规范的总和，属于上层建筑的范畴。我们常说经济基础决定上层建筑，因此，法律并不是凭空产生的，它取决于并反映客观社会的本质特征。同时，我们也不能忽略上层建筑对经济基础的反作用，这是指法律的制定和实施影响人与人之间、人与物之间的关系，从宏观上也会对社会生产力和生产关系产生一定的作用。从法律对社会千丝万缕的影响中，我们发现不同时代、不同国家的法律无一不引导着人们的财富管理行为。接下来就从以下几个方面探讨一下法律对财富管理的重要性。

一、法律是社会基本财产制度的保障

（一）社会基本财产制度通过法律得以固定

原始社会是人类历史上的第一个社会形态，也是截至目前人类历史上最长的社会发展阶段，长达二三百万年，究其原因就在于原始社会的生产力水平极其低下。在这个阶段，人们最大的威胁来自大自然，因此需要“抱团取暖”。人们按照年龄和性别实行自然分工，生产资料由族群共同占有，劳动所得实行平均分配。在这样的社会里，没有私人财产，没有剥削，没有阶级，更没有国家，因此人们不需要法律。

随着生产力水平的提高，产品出现了剩余。于是，社会开始产生贫富差距，私有制出现，原先的共同分配、共同劳动的关系被剥削与被剥削的关系所代替。这时，社会出现阶级分化，人与人之间的关系日趋复杂，统治阶级开始制定法律以巩固自己的利益，其中很重要的内容就是确立财产制度。以我国商朝为例，当时的主要财产是土地，而商朝的土地实行国家所有制，国土都归王所有。但王并没有精力管理这么多土地，只好将土地使用权赏赐给贵族，这些贵族可以占有、使用土地，但不得买卖，代价是每年缴纳贡赋。除了土地之外的财产，例如房屋、牲畜等，则以户为单位，归家庭所有。家庭成员并不享有财产所有权，家庭财产的管理和处分权由家长行使。另外，这个时代还有一项特殊的财产——奴隶。奴隶是奴隶主的私人财产，奴隶主可对其任意处置。

土地、牲畜、生产工具、奴隶，这些就是商朝的主要财产形式，其中全国土地的所有权都归王，大部分土地的使用权被授予贵族，其他财产的所有权则属于各家庭，这就是商朝法律规定下的基本财产制度。那些拥有土地使用权的王公贵族们占有了绝大多数的生产资料，他们的财富管理行为体现在对土地、奴隶的利用以及对贡赋的控制上。相较而言，大部分平民百姓的财富管理行为则更多体现在对生存所需物质的保有和互易上。

（二）法律能够适应生产力水平，促进财产制度的转化

在宋朝的基本法典《宋刑统》中，关于民商关系的规定已经比较丰富，内容涉及所有权、债、财产继承、婚姻嫁娶等。宋朝的民事主体制度也发生很大变化，客户①、雇工、人力、女使②等在此前被称为“贱民”的人成为民事权利的主体。在家庭内部，妇女、卑幼的私人财产权利也有所扩大。这些法律上的变化使更多的人开始拥有私人财产。

宋代的财产形式上分为财物和产业。凡是现在我们称之为动产的有体物，

① 指流亡他乡或者以租佃为生的人家。

② 女仆。

在当时都是财物；而不可移动的房屋、田地等，在当时都是产业，也就是我们现在讲的不动产。对于各类财产的取得、交易行为，宋代法律进行了十分详尽的规定。例如，宋太宗时规定“垦田即为永业”，即承认新垦荒田的所有权。另外，《宋刑统》还规定不动产的交易需要得到官府的认可并且纳税，以官府出具的“红契”（又称“税契”）作为凭证，日后如果出现纠纷，即以红契为依据。当时，也有人为了避税而选择私下签订契约，被称为“白契”。动产方面，宋代法律适时地迎合了彼时商品经济繁荣的社会现实，不仅承认生产、先占、孳息等原始动产物权取得形式，也认可买卖、互易、赠与等动产的继受取得，对于各类契约也有规定。除了财物和产业外，宋代甚至还出现了版权保护的案例，不过仅限于类似今天著作人身权的保护，不涉及财产性权利。

商品经济的繁荣让宋代人民的物质生活大幅提升，而法律对这种现实的回应也对人们的行为产生了很大影响。越来越多的人依法成为民事权利主体，法律对于财产制度、交易制度的规定越来越详尽，重农抑商的思想开始松动。此时，财产不再只是生存的工具，也是生产的资本。拥有超出生存需要的财产的人们开始进行经商、典当等财产增值行为，拥有产业的人们在交易时产生“避税”的成本控制行为。这些财富管理行为建立在社会基本财产制度的基础之上，而社会基本财产制度需要法律的保障。

如今，《中华人民共和国宪法》明确规定，公民的合法的私有财产不受侵犯，从国家根本大法的高度保障了私人财产权利。我国法律还从不同方面切实保障个人的财产不受侵犯，例如《中华人民共和国刑法》中关于财产犯罪的规定，《中华人民共和国民法总则》中有关物权、债权的规定，《中华人民共和国行政处罚法》中关于国家征收的规定等。所有这些规则，是社会主体进行财富管理最基础、最重要的前提条件。

二、法律引导财富的代际传承

创造财富考验的是广大人民群众的智慧，而社会财富的流转和再分配则体现了法律的引导作用。以继承为例，法律关于遗产的定义、继承人的范围、继承顺序、继承方式的规定，深刻影响着财富代际传承的走向，也引导着人们在遗产继承方面的行为。

（一）明朝法律使财富传承局限于宗族之内

明朝时期，《大明令·户令》对继承顺序和继承人的范围有明确的规定：第一顺位的继承人是亲生子和在室女①，亲生子包括妻生子、妾生子、婢生子和奸生子；第二顺位的继承人为拟制血亲的嗣子②；第三顺位的继承人为已出嫁的女儿。关于继承份额，《大明令·户令》规定："凡嫡庶子男，……其分析家财田产不问妻、妾、婢生，止以子数均分。"如果三类顺位的继承人都没有，则为绝户，财产悉数充公。

可以看出，明朝法定继承人通常限于子女一辈，兄弟姐妹是没有继承权的，绝户导致财产充公的现象不无可能。为了避免这种情况，人们可将立嗣制度与遗嘱结合，通过选定嗣子的方式达到财产传承的效果。不过，明朝的继承制度不仅在于继承财产，更在于身份的继承，因此在嗣子的选定方面格外严格。《大明令·户令》规定："凡无子者，许令同宗昭穆相当之侄承继，先尽同父周亲，次及大功、小功、缌麻。如俱无，方许择立远房及同姓为嗣；……并不许乞养异姓为嗣，以乱宗族。"同时，《大明律》还规定："其乞养异姓义子以乱宗族者，杖六十。若以子与异姓为嗣者，罪同，其子归宗。"在这样的法律规定之下，家族财富的代际传承是十分局限的，家长在继承人选择上几乎没有自主的空间，与其说是财富传承，倒不如称作封建文化的继承。

（二）现代法律赋予财富传承更多自由

反观我国现代继承法律制度，法定继承人范围上要大许多，配偶、子女、父母均为第一顺位继承人，第二顺位继承人包括兄弟姐妹、祖父母、外祖父母。其中子女包括婚生子女、非婚生子女、继子女、养子女，父母包括生父

① 未出嫁的女儿。

② 男子无子者可以选定同宗辈分相当的男性为嗣子，以传宗接代、承继祖业。

母、继父母、养父母。

除法定继承以外，遗嘱继承也是重要的继承方式，指被继承人根据自己的意愿在法定继承人范围内分配遗产的行为，其效力高于法定继承。遗嘱形式多种多样，包括自书遗嘱、代书遗嘱、录音遗嘱、口头遗嘱等，借助公证机关的公信力，还可以立公证遗嘱。法律并不过分干涉遗嘱的内容，只要是被继承人的合法财产且不违反法律规定和善良风俗即可。

若没有中意的人选，被继承人也可在法定继承人之外的人中确定合适的继承人，谓之遗赠。与遗嘱继承和法定继承不同，受遗赠人并不会自动获得继承权，而是要在得知受遗赠后两个月内做出接受或者放弃受赠的表示，到期未表示的视为放弃受赠。被继承人甚至可以与他人签订遗赠扶养协议，为受赠人继承财产附加对被继承人的生养死葬的义务。

当法律提供丰富的财富传承工具并给予其极高的自由度时，家庭财富的代际传承可以呈现出十分多元的形态。以遗嘱内容为例，遗嘱人为了达到自己的目的，可以在遗嘱内容上做很多文章。例如某位企业家在其遗嘱中分配给妻子的遗产数额是根据二人婚姻关系存续的时间而浮动的，婚姻关系存续时间每多一年，妻子的继承数额就增加 100 万元，上限为 2000 万元。设立这样的遗嘱，在一定程度上可以起到维护婚姻关系的作用。

对比古今继承法律制度就会发现，古代社会中财富的代际传承是线性的，财富通常只在同姓家族中流转，如同一头秀发，每根发丝都彼此独立且互不打扰，虽然偶尔有分叉，但仍来自同一个毛囊。现代社会中的财富代际传承则是纷繁复杂的，如同树上的枝丫，任何方向都有可能长出新叶。这样的差异体现为如今人们在财富传承的方向和手段上的丰富，人们能够越来越多地发挥主观能动性，让财富按照自己的意愿流转。而带来这种变化的，正是法律的变迁。

三、法律提供财富管理新思路

（一）公司——促进财富积累的法律拟制人格

如今，通过设立并经营公司来管理家族财富似乎是一种理所当然的选择。

之所以选择公司，是因为股东只需以出资为限承担责任，这大大减少了经营风险，让股东可以无后顾之忧地扩大投资规模，迅速积累财富。而公司制度的产生，很大程度上要归功于法律确立的有限责任制度和对公司独立人格的认可。

人类最初的交易发生在个体、家庭之间，人们以个人或者家庭所有的全部财产作为交易的担保。随着交易规模的扩大，个人财产的规模和抗风险能力远低于现实的需求，于是在商业繁荣的地中海地区出现了“合伙”。合伙只是集合了各合伙人的财产，大家共同经营、共担风险，并且仍以自己所有的全部财产对合伙债务承担无限责任。虽然规模有所扩大，但合伙过于依赖合伙人之间的信任，合伙份额的转让、退出都十分困难，任何人员的变动都可能导致合伙面临解散风险。

欧洲中世纪后期，随着经营活动范围和规模的扩大，合伙的经营风险不断增加，于是人们开始探索新的经营模式以规避风险。在意大利的一些城市中，出现了名为“Commenda”（康孟达，又译“康曼达”）的组织，这种组织的成员包括两部分，一部分负责出资，另一部分负责经营。出资人不能要求归还出资，也很少干预组织的经营，但在出现经营亏损时，仅以出资为限承担责任，而接受出资承担经营任务的人，则仍然承担无限责任。这种模式，后来发展成为现在的有限合伙。

Commenda 的规模仍然有限，因为企业经营者背负无限责任，使其不愿意进行超过其承受能力的经营行为。为了完成更大规模的商业运作，一些大资本家开始从各个小的出资人手中归集资金，然后再向企业出资。大资本家组成董事集团支配着企业经营，并拒绝那些实际出资的群体参与进来，当然与之相对应的是大资本家需要承担无限责任，而出资者群体只需承担有限责任。

终于，在 17 世纪，来自欧洲的两大海上贸易大国开始了有限责任的探索。1602 年，荷兰联邦会议赋予荷兰东印度公司所有股东有限责任；1662 年，英国国王查理二世颁布条例规定英国东印度公司、非洲公司的成员全部承担有限责任。当然，这些公司仅仅是基于议会和国王的特许才获得了有限责任的许可，其他大部分公司的股东原则上仍然需要承担无限责任。至 18 世纪后期，人们开始普遍在开办特许公司的申请中明确表达获得有限责任保护的强烈愿望，股东承担有限责任的特许公司开始大量出现。到19世纪，随着英国《有限责任法案》的通过，公司股东对公司债务承担有限责任的制度最终得以确立。与此同时，这些成员只需承担有限责任的社团，成为得到法律认可、可以自己的名义实施法律行为、拥有法律利益、可以行使诉讼权利的，独立于其成员的组织，即法人。

有限责任与法人制度的结合使得公司成为隔离家庭财富与公司财产的一道无形屏障，人们在通过公司进行生产、经营活动创造财富的过程中，不必担心家庭财富受到波及。在这样一种制度下，企业家们可以无后顾之忧地扩大经营规模，迅速积累财富。

（二）信托——用于管理财富的法律安排

信托作为如今财富管理中的一个重要的工具，同样是在法律的推动和引导下发扬光大的。最早的信托要追溯到公元前500年的古罗马，那时它同样产生于财富管理的需求，但还不是一种法律上的安排，相反，那时信托的出现是为了规避法律规定。按照当时的法律，只有贵族和罗马市民有资格继承遗产，外来人、奴隶等都被排除在继承人之外。为了规避这样的规定，罗马人会将财产交给自己信任的第三人，要求第三人为妻子或者子女的利益对财产进行管理和处分，这便是信托的雏形。

13世纪的英国，土地被国王分封给贵族和大臣，贵族和大臣成为土地领主。领主将土地再层层分封给更小的封臣直至最终的佃户。根据当时的封建制度，领主可以在土地上设定种种负担，例如当土地被传给年满法定年龄的继承人时，领主有权收取一笔继承金；当土地被传给未满法定年龄的继承人时，领主对继承人有监护权，并且可以决定其成年后的婚姻。为了规避这种负担，人们选择将土地转让给他人，自己则仍然保留占有和使用土地的权利。

这种方式在教会中同样受到欢迎。由于宗教盛行，当时很多人选择将土地赠与教会，以便死后能够进入“天堂”。于是教会便拥有了大量土地，而按照当时的英国法律，教会的土地是不用纳税的。可以想象，如果土地都转移到教会名下，王室的收入将大打折扣，因此英王亨利三世颁布法令禁止教会拥有土地。自然而然地，教会选择利用信托来规避王室的禁令。

佃户也好，教会也罢，他们采用的信托实际上是一种基于信任的民间设计，不受法律的保护。这种信托的核心在于找到一位值得信任的受托人，受托人凭良心为委托人或者委托人指定的受益人的利益持有和管理受托财产。而一旦受托人死亡或者背弃信义，委托人和受益人很难有向其主张权利的依据。

信托传入美国后，早期的信托仍以传统的私人信托为主。当时的富裕家庭为了保全财产不被外人侵占，同时又为了逃避税负和其他法律约束，将财产转移至受托人（通常是亲人或者挚友）名下，要求受托人为受益人的利益妥善管理财产。此时信托的内容得到了极大的丰富，委托人可以对受益人接受信托收益设定附加条件，这样委托人可以通过信托对后代的生活做出安排，不会因为死亡而丧失对财产的处置权。当然，这种信托通常都是无偿的，受托人接受财产不必支付相应对价，也不会因为管理财产而收取劳务费。

信托在美国得到充分发展的一个显著表现是法律承认公司作为受托人的资格，这为商事信托的发展打下了基础。1836 年，纽约农业火险放款公司改名为农民放款信托投资公司，开始以营利为目的专营信托业务，它被认为是美国第一家信托公司。这时，信托从由委托人主导逐渐转为由受托人主导。美国南北战争结束后，美国经济迅速发展，一方面，社会财富显著增加；另一方面，重整经济产生了大量的融资需求。这时，信托成为首选的筹措资金的手段，信托业得到迅猛发展，信托公司甚至开始兼营银行业务。到 1913 年，《联邦储备法》规定，国民银行可以依法兼营信托业务。随后各州相继修改法律，允许州立银行兼营信托业务，美国信托业愈发繁荣。

为了规范信托业的发展，许多针对信托的法律规则出现，如投资信托的重要规则——“谨慎投资人规则”。由于美国为普通法系，很多规则散见于判例之中。谨慎投资人规则源于 1830 年马萨诸塞州的“哈佛大学诉阿莫里案”，这一规则后来逐渐被大多数州采用。成文法方面，各州关于信托法的法典已经基本成体系。而美国国会则在联邦层面先后出台了四部与信托相关的成文法典，包括《信托公司准备法》《统一信托收据法》《投资公司法》和《信托契约法》。在这些成文法典和判例的基础上，美国统一州法委员会用七年时间编制了《统一信托法典》，对信托的定义、原则、规则、程序等进行了详细的规定，同时阐明，该法允许当事人任意设定信托合同条款而不必遵循该法的规定。

对于中国人来说，提起信托，我们想到的通常都是“信托公司”“信托基金”等这类与金融有关的词汇，用到信托的也往往是超级富豪家族，信托似乎是一个和普通人无关的东西。而在信托的发源地，信托却是一个再普通不过的财富管理工具，与人们的日常生活息息相关。在美国的法学院，如果想要学习信托法的知识，你可能需要到遗嘱和遗产继承相关的课程中去寻找。

实际上，根据我国2001年颁布的《中华人民共和国信托法》（以下简称《信托法》），信托与普通人的距离远比我们想象得要近。该法第二条规定：“本法所称信托，是指委托人基于对受托人的信任，将其财产权委托给受托人，由受托人按委托人的意愿以自己的名义，为受益人的利益或者特定目的，进行管理或者处分的行为。”第八条规定：“设立信托，应当采取书面形式。书面形式包括信托合同、遗嘱或者法律、行政法规规定的其他书面文件等。”

根据我国《信托法》的规定，信托的定义是比较宽泛的，它并不是信托公司、投资银行等金融公司的专利。那么，除了那些富豪家族与信托公司之间形成的信托关系之外，我国是否存在民间的传统信托呢？其实是有的，只不过它披上了民间委托理财合同的外衣，不易被人察觉罢了。在甘肃省永昌县法院审理的一起民间委托理财合同纠纷中，被告李某因承接某土方工程资金紧张，便邀请原告刘某投资30万元，并承诺其年终收益12万元。双方签订了投资协议，协议对投资期限、李某的勤勉义务、刘某的监督权利进行了约定。后因李某仅返还刘某本金30万元和收益1.3万元，产生纠纷。法院最终根据《信托法》和《中华人民共和国合同法》的相关规定，判决李某支付剩余收益10.7万元。[①]

可见，基于《信托法》的规定，即便当事人签订的是名为“投资协议”

① 参见甘肃省永昌县人民法院（2017）甘0321民初2917号民事判决书。

的书面合同，但只要其符合信托的定义，就可以被认定为信托法律关系，合同各方应当受到《信托法》的约束。这时你会发现，在当事人自己都不知道其所处的法律关系为何时，法律已经为他做好了安排。

四、小结

如果将财富管理的概念定得尽量宽泛一些，从古时候人们对粮食、牲畜的管理，到对现在对房产、股权、金融资产的管理，或许都可以算作财富管理。在这个意义上来讲，财富管理几乎是人们的本能行为。而法律，则是用方方面面的原则和规则去约束人们的本能，调整人们的关系，进而引导人们的行为。它反映一个时代的根本特征，也推动人们去逐渐改变时代。因此，可以说是人类的财富管理本能铸造了与财富管理有关的法律，而正是这些法律引领着人们去创造新的财富及其管理手段。这也许就是法律对财富管理的重要性。

03 家族文化的培育与发扬

李泽

家族文化是家族发展的精神内核，内涵丰富、复杂且不断发展。总体而言，其受儒家传统文化影响颇深。家族文化在传统社会中发挥着重要作用，包括维系家族成员的团结、促进家族和谐与稳定地发展、承担基层治理的职能等。在现代社会发展中，家族文化尽管一定程度上被消解，但仍具有较强的弹性，能够实现与现代文明发展的平衡，在与现代文明的互动中不断成长与转型，对于个人、家族与国家的发展仍然具有十分重要的作用。

家族文化可以理解为家族的“思想”，其形成与发展是一个动态过程，唯有依靠“实践”才能得以延续。而家族文化的培育与发扬正是一种“实践”，将家族的“思想”具体化、特殊化并予以实施，使之得以传承和延续，实现文化立家、教育立家的目标。

一、家族和家族文化的简要介绍

（一）家族与家族文化

家族是我国传统社会中的一种基本社会组织，是以血缘关系为基础，利用亲属的伦常制度组合社群，经营各种事业，长期绵续，不因个人的长成而分裂，不因个人的死亡而结束。[①] 现代社会，家族作为一种社会组织仍然存在。

① 费孝通：《乡土中国生育制度》，北京大学出版社，1998。

家族文化是一种基于血缘关系形成的文化，主要包括调整家族成员之间相互关系的伦理道德规范、家族成员的行为规范、家族成员的家族观念及对自身、社会与家族关系的认识等内容。家族文化是相对家族制度而言的，是家族制度事项之间的有机联系以及家族制度事项中不易被感知的内在本质。[①]

从古至今的家族组织，“具有十分丰富的内容和极为多变的外观，没有一成不变的固定模式”[②]。因此，家族文化的内涵也极为丰富和复杂且不断演化、发展。另外，近代以来，家族文化的变革经历了“文化适应”“文化改造”“文化革命”[③] 到现代的“文化复苏”等不同阶段，其地位与功能也在不断变化。但是，有些内容作为其底蕴一直在传承，如“闯荡四海，离家万里也要落叶归根；遭遇磨难，举家族之力予护佑；传承有序，忠孝礼让是为做人之本”等。

（二）家族文化的内涵

总体而言，家族文化的“底蕴”受儒家伦理传统影响颇深[④]，主要包括以下一些内容：“孝”，即尊敬、善待父母及长辈族亲；“友”，即善待兄弟姐妹，与同辈互敬互助；“礼”，即遵守规矩，遵守典章制度、道德规范等；“义”，即公正、合理地做事；“和”，即和睦相处，以和治家，和谐发展；“敬祖”，即尊敬祖先，定期祭祀；“公平”，即公平、公正地管理家庭事务，不偏不倚，赏罚分明；“重教”，即重视教育，重教向学，培养人才[⑤]；“勤

---

① 家族制度是指家族外现的能被感知的具体事项，它处于一种相对的静止状态，如族谱、族田、族长、族规、祠堂等。家族文化包含家族制度，反映家族制度发展变化的机制及其功效。参见梁景和：《中国传统家族文化的特征》，《松辽学刊》1997 年第 4 期。

② 郑振满：《中国家族史研究——历史学与人类学的不同视野》，《厦门大学学报（哲学社会科学版）》，1991 年第 4 期。

③ 王沪宁：《当代中国村落家族文化——对中国社会现代化的一项探索》，上海人民出版社，1991。

④ 诸多家族的家族文化的内涵均体现儒家伦理的基本思想，如颍川陈氏家族的《家训》中明确规定“孝、悌、忠、信、礼、义、廉、耻”等内容；《颜氏家训》共二十五篇，范围相当广泛，但主要是以传统儒家思想教育子弟，涉及如何修身、治家、处世、为学等内容；《朱子家训》是一篇家教名篇，以修身、齐家为宗旨，阐述儒家为人处世的道理，劝人勤俭持家、安分守己等。

⑤ 如广西桂林江头洲周氏家族，自家族形成初期便有“好学”的传统，为“科举之家”，明、清两朝，科第联辉。周家经过世世代代的发展，一直将“重知识”作为家族精神来践行和延续。参见赵华晔：《江头洲周氏家族家风的现代传承研究》，广西师范大学 2018 年硕士论文。

俭”，即勤苦耐劳，俭朴持家[①]；“向善”，即对家族以外的人在其遇到困难时提供帮助等。

当然，随着时代的发展与变迁，家族文化的底蕴与内涵也会不断发展，以适应新时代的需求、反映新的社会关系、体现新的价值观念。

二、家族文化培育的必要性

要了解家族文化的培育不能仅局限于家族文化本身，需将之与当今社会的发展与变化相联系，在社会背景下了解家族文化发展的特殊性，阐明培育家族文化的必要性。

（一）培育家族文化遇到的问题

在传统社会中，家族文化的培育与发扬对于家族的和谐、稳定与发展而言具有十分重要的意义。如家族文化的培育与传承使得某些家族发展兴旺，多代同居共财，甚至形成特殊的社会现象——“义门”，被当时朝廷旌表闾里、封赏赐爵、减免赋税等[②]。同时，家族文化的培育与传承在基层社会治理中也发挥着重要作用。传统社会的基本特征是“多种生产方式长期并存”的多元结构，而家族构成该多元结构的基本单位，协调多种生产方式，维护社会秩序。[③]

现代社会与传统社会有着显著的差异性。在这种背景下，公民文化兴起，而家族文化在一定程度上消解；另外，家族文化也有其不可避免的弊端，如

① 如曾国藩在经营家族的过程中竭力提倡勤苦耐劳，俭朴持家，除惰怠，戒奢侈。在给其弟曾国荃的信中说：“余在外无他虑，总怕子侄习于骄奢佚三字。家败离不得个奢字，人败离不开个佚字，讨人嫌离不开个骄字，弟切戒之。”参见曾国藩：《曾国藩治家全书》，岳麓书社，1996。

② 如浦江县的“义门郑”和德安县的“义门陈”在历史上影响较大。“义门郑”家族曾受到过宋、元、明三朝皇帝的表彰，家族事迹都记载于《宋史・孝义传》《元史・孝友传》和《明史・孝义传》中；“义门陈”家族也受到唐、宋多位皇帝的多次旌表，家族事迹多记载于《宋史・孝义传》。参见黄宝权：《家族教育与文化传承——江州“义门陈”家族的教育活动》，华中科技大学出版社，2016。

③ 郑振满：《乡族与国家——多元视野中的闽台传统社会》，生活・读书・新知三联书店，2009。

农耕性、封闭性、排他性、等级性等。因此，有人质疑家族文化在现代社会培育与发展的必要性。① 培育家族文化是否还有必要？其在传统社会中的重要作用是否能够发挥？

不言而喻的是，现代社会的发展导致家族文化培育与传承遇到一些困难与障碍。如由传统农业社会向现代社会的转型，打破了传统家族组织存在的主要生产方式；熟人社会向陌生人社会的转变，打破了传统家族组织存在的社会结构；城市化进程导致农村地区人口大量流动，打破了传统家族组织赖以存在的家族结构及聚居的方式；文化与价值观的转变，凸显个人的独立、平等、个性自由的发展，与传统家族文化中为家族而活的人生观相悖，对传统家族文化的重要内涵形成强大的冲击与挑战。

（二）培育家族文化的必要性

尽管遇到了一些问题与障碍，但是在家族组织依然存在的地区，家族文化发展也出现新的特征，如“群体性由血缘关系转向社团关系，居住方式由聚居性转向流动性，组织结构由等级性转向平等性，调节手段由礼俗性转向法制性，经济形式由农耕性转向工业性，资源渠道由自给性转向交易性，生活方式由封闭性转向开放性，历史走向由稳定性转向创新性”②。因此，家族文化具有较强的弹性，能够适应现代社会的发展，可以在传统与现代的互动中成长，进而在现代化过程中实现家族文化与社会发展之间的平衡，发挥家族文化的潜能与作用。

近年来，我国大力提倡传统家族文化的传承，充分肯定在社会主义文化建设中家族文化建设的重要作用。③ 现代社会中家族文化的培育与传承，对于个人、家族和国家的发展都是非常重要的。

---

① 刘晓钢：《传统家族文化的当代去从》，《南京政治学院学报》，2004 年第 6 期。

② 林尚立：《村落家族文化与中国社会现代化——评〈当代中国村落家族文化——对中国社会现代化的一项探索〉》，《复旦大学学报（社会科学版）》，1992 年第 3 期。

③ 参见《中共中央国务院举行春节团拜会，习近平发表重要讲话》，新华网，http：//news. xinhuanet. com/politics/2015 －02/17/c_ 1114401705. htm；《教育部关于加强家庭教育工作的指导意见》，中华人民共和国教育部网站，http：//www. moe. edu. cn/srcsite/A06/s7053/201510/t20151020 _ 214366. html；《中共中央办公厅　国务院办公厅印发〈关于实施中华优秀传统文化传承发展工程的意见〉》，中国政府网，http：//www. gov. cn/zhengce/2017 －01/25/content_ 5163472. htm。

1. 对于个人发展的重要性

培育家族文化，对于家族成员个人发展而言，无疑具有重要的作用。如眉山苏氏家族文化中崇尚名节道德、重视教育，提倡“耕读相兼”，培养出“苏氏三杰”，即苏洵、苏轼、苏辙等进士及第，以文学政事通显的科宦族人等；再如曾国藩、贝聿铭等，均在家族文化培育下取得举世瞩目的成就。

2. 对于家族发展的重要性

通过培育家族文化，培养家族的优秀人才，传承家族财富，团结家族成员，维持家族可持续发展。例如，江西“义门陈”家族在长期发展过程中形成特殊的家族文化，高度重视家族教育并取得丰硕成果，使家族得到历代统治者和社会名流的认可和推崇，成为“聚族三千口天下第一，合爨五百年世上无双”的“天下第一家”，也是我国家族教育史上的典范和表率之一。① 又如甘肃焦氏家族在漫长的兴衰与变迁过程中，始终传承着孝敬老人、本分做人、诚实劳动、亲友和睦等家族文化，使得这个家族从周朝开始一直延续至今。②

3. 对于国家发展的重要性

通过家族文化的培育，将家事与国事联系在一起，由家及国，即家族文化不再局限于家庭和家族内部，而是与国家建设与发展紧密联系在一起。

（1）有利于社会的和谐与稳定。家族是一个通过血缘关系维系的社会组织，家族文化的内涵中非常重要的一项内容是“和”，也就是和谐。同一个祖先的后代团结在一起，和睦相处，使家族和谐发展。同时，家族和睦相处，会对周边人产生影响，起到良好的示范作用，家族所在地区及周边的人也可能和睦共处。可见，家族的稳定与和谐成为社会稳定与和谐的前提。如曾氏家族文化的影响涉及整个荷叶塘及湘乡周边地区，以致湘中地区居民大都邻里和善，俭朴谦让。③

---

① 据统计，“义门陈”家族在古代社会共培养出 3 名宰相、18 位朝官、29 位地方官、58 位进士、403 名举人以及“九才子”“八文龙”“五马”。据考证，近现代社会的风云人物，如陈独秀、陈毅、陈赓、陈锡联、陈宝箴、陈寅恪、陈三立、陈诚、陈布雷等都是“义门陈”家族的后裔。参见黄宝权：《家族教育与文化传——江州“义门陈”家族的教育活动》，华中科技大学出版社，2016。

② 王欢：《记忆与生活——焦氏家族文化传播研究》，兰州大学 2015 年硕士学位论文。

③ 范大平、刘建海：《耕读文化——曾国藩家族经营的基本文化理念》，《湖南人文科技学院学报》，2011 年第 4 期。

（2）在地方基层治理中发挥作用。家族作为地方的一种社会组织，成为国家治理结构中的组成部分。而家族文化的培养使得家族和睦稳定、家族事务得以有效管理，并对周边人事产生影响，形成并维持一定的秩序，从而在地方基层治理中发挥着间接但却重要的作用。如现代农村家族文化具有为农村社会提供稳定、秩序和安全的政治价值，发挥着政治补充功能。①

（3）有利于增强国家的凝聚力。“家族文化是形成民族国家凝聚力的一种文化因素。”传统的家族文化中的某些内容，如对国家的认同和维护、对伦理的强调和践行等，对于现代社会培育爱国主义精神、增强国家凝聚力、推进社会主义伦理建设等都具有不可忽视的重要作用。如传统家族文化中“孝”与“忠”交织在一起，反映家族与国家的基本关系和深切联系，即对国家的认同和维护；传统家族文化中注重道德伦理建设，建立良好的家教门风、反对恶风弊俗等。②

三、发扬家族文化的具体措施

现代社会发展过程中，家族文化的转型是大势所趋。一个家族如何在大趋势下通过适当的机制或措施发扬家族文化、充分发挥其作用，是较为突出且实际的问题。

相对于家族文化的精神内核，家族文化的发扬是“实践”层面的措施与活动，可以理解为以促进家族文化的传承与发展为目的的各种具体措施与活动，是家族文化的传承者与受教育者以各种方式共同参与教育过程并进行互动的方式。这些措施与活动是影响家族成员及家族整体发展的重要因素③，既是接受家族文化的途径，也是改造家族文化的方式。这些措施与活动多种多

① 疏仁华：《论现代化进程中农村家族文化的变异与社会趋同》，《江淮论坛》2007 年第 5 期。

② 冯尔康：《中国传统家族文化的当代意义》，《江海学刊》2003 年第 6 期。

③ 如江苏仪征地区，近、现代的 100 多年中形成了一个个文化世家，主要有刘氏、陈氏、张氏、金氏、毕氏、柳氏、李氏、洪氏、吴氏、崔氏十家。从这些世家的形成来看，家族文化的传承发挥了重要作用，而传承的手段主要靠家族的熏陶、言传身教以及各种教育手段。参见党明德、张婷：《中国家庭教育的特点》，《齐鲁学刊》2007 年第 6 期。

样，既包括制度性措施，也包括非制度性措施，以不同形式和功能共同发扬家族文化。

（一）制度性措施

制度性措施主要是通过固定的形式或运作模式传承与发扬家族文化，是发扬家族文化的重要途径。当然，制度性措施要注重灵活性、时代性，不能囿于传统社会的模式及途径，须兼具传统性与现代性。

1. 提供家族教育的场所

家族教育的场所或机构是家族文化传承的重要途径。家族教育的重点在于“蒙学教育”，即对家族成员进行教育启蒙。在传统社会中，蒙学教育几乎都是由家族教育机构负责的，并对家族所有成员开放，主要体现为家族的家塾、族塾、义学、书馆、书堂、书院等。① 如“义门陈”家族创办的东佳书院，是历史上最早具有完备体制和较大规模的学校。由于家族的大力支持以及历代族人的共同努力，陈氏家族人才辈出，家族兴盛，家族文化也得以发扬光大。② 江头洲周氏家族先后兴办爱莲读书院、进化学校、保粹学校等，为其家族成员及其周边子弟提供教育场所，使得家族文化得以传承。③

现代社会中，家族教育在家族仍然存在的地区依旧可以发挥启蒙教育的作用。另外，随着网络科技的发展，家族教育的场所既可以实体化，也可以网络化，如建立网络教育平台或网络社群，通过定期在线学习和互动，使家族教育更为便捷。

2. 定期举办丰富多样的家族活动

通过定期举办家族活动，促使家族成员之间相互配合、形成整体，增强家族成员对家族的认同感和归属感，提高家族的凝聚力，形成共同的家族意识，传承家族文化，并对外展示家族形象。

---

① 党明德、张婷：《中国家族教育的特点》，《齐鲁学刊》2007 年第 6 期。

② 黄宝权：《家族教育与文化传承——江州“义门陈”家族的教育活动》，华中科技大学出版社，2016。

③ 赵华晔：《江头洲周氏家族家风的现代传承研究》，广西师范大学 2018 年硕士论文。

（1）修订、延续家谱。

家谱作为家族象征，是一种以表、谱形式记载一个以血缘为主体的家族世系及重要人物事迹的特殊图书形态，凝聚着一个家族的历史与文化，是特有的家族文化的载体和传播媒介，发挥着尊祖敬宗、和睦家族、凝聚人心、教育族人、发展家族的重要作用。

修订与延续家谱不仅在传统社会中发挥重要作用，在现代社会发展中仍然具有重要作用。且自 20 世纪 80 年代开始，国家档案局、教育部、文化部①就明确了家谱的重要价值，开始编著《中国家谱综合目录》。可见，修订、延续家谱，对于增强家族凝聚力、激励和教育族人、传承与发扬家族文化，甚至传承我国的传统文化都具有重要的意义和价值。

（2）举办家族祭祀活动。

祭祀是一种敬祖活动，是家族中特殊的重大活动，具有仪式感，成为传承与发扬家族文化的重要途径与形式。通过具有鲜明仪式感的祭祀敬祖活动，传递家族文化中的内涵与意义，影响家族成员对家族的认同感和归属感，形成共同的家族意识。

（3）建立宗祠。

宗祠是家族中的重要场所，在家族管理与发展中承担着重要的功能，如祭祀祖先、教化族人、族内议事、执行族规、传承家风、举办族宴等。我国现代化发展过程中，很多乡村地区重建宗祠，通过宗祠凝聚家族成员、发扬家族文化。②

3. 设立并实施家法族规、重视家风族风

制定家法族规，以公平、公正为原则，规范和引导家族成员的言行以及彼此之间的关系，重视家风、族风建设，进而有效管理家族事务，实现家族

---

① 2018 年 3 月，根据第十三届全国人民代表大会第一次会议批准的国务院机构改革方案，组建中华人民共和国文化和旅游部。

② 重建宗祠象征着血缘和地缘的感召力正在存继和发展，宗祠在昔日作为家族与外界交流的重要工具，在新时期也承继了民间社交网络的作用，家族正朝着现代化所要求的方向转变。参见阮云星：《义序——昔日宗族乡村的民俗节庆化》，《广西民族大学学报（哲学社会科学版）》2000 年第 3 期。

的稳定团结与持续发展。①

家法族规的内容非常丰富且复杂，涉及家族事务的方方面面，如家族教育、家族管理、家族生产与日常生活等，而家族文化的精神内涵就渗透在家法族规的内容中。因此，在贯彻与实施家法族规的过程中，应促使家族成员深刻理解家族文化的内涵并养成自觉遵守的习惯，如此形成良好的家风、族风，实现家族文化的世代相传。

4. 合理、有效地解决家族纠纷

在日常生产和生活中，家族内部成员之间也会发生纠纷和冲突，有些小纠纷运用法律来解决并不合适，而由族长或有权威的家族成员运用族规来解决更具有优势，能够缓解纠纷双方的矛盾与对立，也能够更方便快捷地处理纠纷，还有利于维护彼此将来的关系。解决家族内部纠纷的过程也有助于家族成员理解家族文化的内涵与价值，从而进一步内化家族文化的实质精神。

（二）非制度性措施

相对于制度性措施，非制度性措施不具有固定的形式或运作模式，系通过口耳相传，发挥“无形的塑造”功能，对于传承与发扬家族文化同样起着非常重要的作用，尤其是在无法依托家族发展的地域而传承家族文化的情况下。非制度性措施主要包括以下两方面内容。

1. 宣传优秀家族成员的生活、人格或事迹等

通过宣传优秀家族成员的生活、人格或事迹等措施，进一步明确家族文化的内涵及其重要性，从而将其植根于家族成员的内心，使之得以代代相传。如陈氏家族中的时任族长陈兢受到宋仁宗的赏赐（一只梨和一只鸽子）时，陈兢当场将梨吃掉，意味着“义门陈氏不分梨（离）”，而将鸽子带回家，“碎鸽和酒”，分给全族人共尝，体现了陈氏家族崇义尚义的家族文化。② 类

① 如《义门陈乐家法三十三条》，家法的初衷和指导思想体现为“均等”“和同”“一公无私”等。在这种家法族规的管理下，陈氏家族累世同居共财15代，持续300多年。当然，家法族规只是个统称，包括各项管理家族的规则和制度，涉及家族管理的方方面面，表现为家法、家范、家训、家诫、祭祀规则等不同形式。

② 黄宝权：《家族教育与文化传承——江州“义门陈”家族的教育活动》，华中科技大学出版社，2016。

似的事迹还有很多，通过宣传，使家族文化在家族成员心中刻下深刻的烙印，并得以不断传承与发扬。

现代社会注重网络的力量，在家族内部宣传优秀成员的生活、人格或事迹，应当充分利用网络。如甘肃焦氏家族中，电脑和手机已经成为家族成员之间沟通的主要媒介，他们利用电脑储存、传播、分享家族照片和资料，利用手机和社交软件实现家族成员之间的联络和沟通。即便家族成员身处外地，也能够与其他成员们联络和交往，交流甚至变得更为迅速和便捷。[①]

2. 日常生活中的言传身教

家族文化的精神内核嵌入家族成员的日常生活中，体现在他们的日常观念与行为中，并通过他们的智慧与创造力使之得以传承与发扬。因此，家族成员（如家长）在日常生活中的言语、行为、形象、喜好、追求、品质等都渗透着家族文化，使家族文化更直观、具体、鲜活，这是一种无言的教育，也是最基本、最直接、最经常使用的教育方式，对后代的成长能产生深刻且全方位的影响。如曾国藩在生活中常与父母、兄弟、子辈保持通信，信中谈及孝敬长辈、关爱晚辈、爱护同辈、帮助族人友人、为官与治家之道、为人与为学之本等[②]，均体现着曾氏家族的文化，于细微处见家族文化的力量，对曾氏家族的影响非常深远。[③]

当然，除了上述家族本身采取的制度性与非制度性措施外，家族文化的发扬还需要国家的重视、引导与扶持，同时需要社会的认可以及个人的积极参与。

① 王欢：《记忆与生活——焦氏家族文化传播研究》，兰州大学 2015 年硕士学位论文。

② 曾国藩：《曾国藩治家全书》，岳麓书社，1996。

③ 曾国藩去世后，除子侄辈做过一些官外，从第三代起曾氏家族大都未入仕途从政为官，而是从事农耕、文化、教育、科技等事业。后人中人才辈出，长盛不衰，这在很大程度上得益于曾国藩耕读文化和家教思想的积极影响。参见范大平、刘建海：《耕读文化——曾国藩家族经营的基本文化理念》，《湖南人文科技学院学报》2011 年第 4 期。

04 以家规实现家族传承的典范

——山西闻喜裴氏

李晓玲

家规是一个家庭乃至家族所制定的行为规范的总和，对全体家族成员具有约束作用，广义的家规包括修身、治家、处世、为学、立志、气节、为政等方面，既有总体的原则，也有具体的规范和违反家规的惩戒办法。我国拥有悠久和丰富的“家国”传统，治国从治家开始，家规在家族传承中发挥精神主线的重要作用，家规中的优秀因素至今仍值得大力提倡和研究。在得益于家规而实现持久传承的中国家族中，山西闻喜裴氏堪称后世典范。

一、闻喜裴氏家族的起源与发展

据史料的记载，裴姓是4000多年以前舜之时贤士伯益的后裔。伯益是颛顼帝的子孙，善于调驯鸟兽，被虞赐姓为嬴，后又佐禹治水，建立大功。在距今两千多年的周朝时，伯益的后裔出现了一位裴陵，因立功被周封为解邑君，他的家族从原封地非乡（非的原字为上非下邑）搬到解邑，故去掉邑旁，以衣旁为裴，改姓为裴。①

此后，裴氏先人以解邑为中心，往其他地方搬迁，分布于各地。裴氏家

① 沈荣金：《始祖郡望堂号》，华南理工大学出版社，2015，第226页。

族原分为三支，世居河东闻喜者为中眷裴，居西凉者为西眷裴，居京燕准襄者为东眷裴，后又有洗马裴与南来吴裴之分。因为全国各地之裴氏裔皆为河东裴氏闻喜所析出，故有“天下无二裴”之称。①

河东裴氏闻喜发祥于现山西省运城市闻喜县礼元镇的裴柏村。闻喜裴氏家族自秦汉魏晋，历六朝而盛，至隋唐而盛极，五代以后，余芳犹存。被列入正史列传或载列者600余人，名垂后世者不下千余人，七品以上官员多达3000余人。历数期间，裴家先后出过宰相59人、大将军59人、中书侍郎14人、尚书55人、侍郎44人、常侍11人、御史11人、刺史211人、太守77人，郡守以下则不计其数。裴家还多次与皇族联姻，出过皇后3人、太子妃2人、驸马21人。②

在学术或科学以及其他领域有成就的裴氏家族后人更是灿若群星，不胜枚举。①裴秀，魏晋时期政治家、地图学家，世界科学绘图的创始人，与欧洲学者托勒密并称为“世界古代地图史上，东西方相辉映的两颗灿烂明星”。②裴度，历任唐四朝宰相，他平藩镇，恢复唐中央集权制，军功连最，使已经衰败的唐王朝出现了“元和中兴”局面，被誉为“中兴贤相”。③裴政，著名政治家、法学家、书法家，隋文帝即位后，他参考《周律》主持修编了《开皇律》，废除了严刑苛法，促进了政治、经济的发展。④裴矩，历官民部尚书、内史侍郎、吏部侍郎，著有《西域图记三卷》，详细记述西域四十四国之事，其所开列的中道与南道，即著名的“丝绸之路”。⑤裴宽，中唐时人，历官御史中丞、兵部侍郎、礼部尚书等，居官清廉，刚正不阿，为民请命，不徇私情，政绩卓著。⑥裴旻，唐代人，其剑术与同时期的李白的诗歌、张旭的草书，合称为“三绝”。

裴氏家族的出现是中国历史上的奇观。毛泽东主席在1958年与山西省原省委书记陶鲁笳的一次谈话中对裴氏丞相之多赞不绝口；胡耀邦同志也曾说过“研究中国封建社会要研究南林北裴”。③ 2015年，中央纪委监察部网站

① 李晋杰：《运城市教育志第1卷》，山西人民出版社，2009，第23—24页。

② 淡伦编：《趣味知识百科全书》，吉林文史出版社，2008，第353页。

③ 张英俊：《闻喜的裴氏家族》，载山西省运城市政协教科文卫体委员会编，《河东文史第1辑》，山西省运城出版社，2004，第181—187页。

（后更名为中央纪委国家监委网站）推出“中国传统中的家规”栏目，山西闻喜裴氏赫然在榜，成为优秀家规家国文化的代表。

二、闻喜裴氏家族家规及其发挥的作用

穿越历史风云，回眸名门贤达，裴氏家族为何能于2000年冠裳不绝、名声显赫？要追溯裴氏家族经久兴隆的原因，裴氏的家规是最根本的文化符号。“重教守训、崇文尚武、德业并举、廉洁自律”是裴氏家风的主要特征。裴氏家规作为其家风的载体，传承千年，激励着裴氏家族一代又一代修心正身、积极进取。通过对裴氏家规的研究和解读，可找到裴氏家族繁盛不息的密钥。[①]

在裴氏家规体系中，《河东裴氏族训》作为纲领性文件造福后世：“推诚为应物之先、强学为立身之本；节俭为持家之基、清廉为从政之道”[②]。家族第78代后人裴建民说：“裴氏家族没有为子孙后代留下深宅大院和万贯家财，而留下了自强不息的精神力量和修身自重的道德规范；裴伯村村民和裴氏后裔以不读书为耻，和当前唯金钱论形成鲜明对比。”在裴柏村，还有一个挂旗的习俗，谁家生了孩子，大门上都要挂上写着诸如“自强不息”“耕读传家”“崇文尚武”等词语的门匾，表示铭记祖训。

河东裴氏还以家训、家戒，构成一个庞大的氏族修身立命的规则体系。北朝名臣裴良奉公之余，着手整理祖上口碑相传遗训，动笔撰写了《宗制》十卷。隋唐时期，河东裴氏发展到鼎盛阶段，其家规的打造和修炼亦日臻完善。历经漫长的历史沿革和传承实践，现存的裴氏家规最终修订于清末民初，有《河东裴氏家训》和《河东裴氏家戒》两大部分。

其中，《河东裴氏家训》有十二条432字，是每一名裴氏子弟都必须做到

① 《“中国传统中的家规”之十山西闻喜裴氏：〈家训〉润无声　〈家戒〉醒后人》，中央纪委国家监委网站，http：//v. ccdi. gov. cn/zgctjg/zgctzdjgsxwxpsPAGE1439378050956722/index. shtml，2015年9月1日。

② 赵琦：《强化廉洁意识筑牢思想防线》，中国言实出版社，2016，第196页。

的，包括敬奉祖先、孝顺父母、友爱兄弟、协和宗族、敦睦邻里、立身谨厚、居家勤俭、严教子孙、读书明德、淳厚戚朋、慎重言语、讲求公德等方面内容。前五条强调的是忠孝仁义，后七条则是处世之道，涵盖了对后人“德、能、勤、绩、廉”等方面的要求。

而《河东裴氏家戒》共十条637字，规定了每一名裴氏子弟都不能做的事情，即毋忤尊亲、毋辱祖先、毋重男轻女、毋事赌博、毋为盗窃、毋贪色淫、毋吸烟毒、毋酗酒好斗、毋忘本崇洋、毋入帮派。这十个“毋”戒律严明，不容逾越，恰似黄钟大吕，振聋发聩，鞭策着每个家族成员应做堂堂正正之人。①

除了河东裴氏的家规，广布于安徽、湖北、江苏、江西等15个省的裴氏后裔也都有自己的家规，但万变不离其宗，都与河东裴氏的家训和家戒一脉相承。据介绍，相比其他家规，河东裴氏家规具备三大明显特点：①随着历史进程逐渐形成，与时俱进，不断丰富和完善；②效力和影响囊括整个氏族，而不是单个家庭；③分为“训”和“戒”两部分，相互依存。②

三、传统家规给当代家族传承的启示

家族传承除了财富管理等“硬件”外，家风建设等“软件”是易被忽视却极为重要的方面。当代家族传承是在市场经济和法治环境的大背景下展开的。因此对于传统家规，应发扬其优势，弥补其不足，将其“升级”为适应当代家族传承需要的“家族宪法”。

就规范本身而言，短期维持靠约束，需要可操作的惩戒规定。而传统家规一般旨在精神教化，重训导、轻操作，很少明确赏罚、财产分割等敏感问题，即使有，也多为不成文的规定。③ 而裴氏家规之所以值得后世研究借鉴，在于其有可操作的成文规则和有长期影响力的案例。为了激励后代上进，裴

① 向亚云、景扬、王溪明：《弘扬中华文化建设良好家风》，企业管理出版社，2017，第6－8页。

② 木易：《千年宰相村的传世家风》，《农家书屋》，2016年第4期。

③ 谢玲丽、张钧：《中国家族办公室　家族企业保护、管理与传承》，广东人民出版社，2013，第66页。

氏家规中有苛刻的规定："子孙考不中秀才者，不准进入宗祠大门，谨遵玉不琢，不成器；人不教，不知义。""凡贪官污吏，死后均不得葬入祖坟。"如果违反家规中设定的条件，则不能享受一定的待遇，这颇有当代家族信托条款的意味。又如，在《裴氏世谱》的《列传》《列女传》中，我们看到裴炎在弘文馆就读时，"每逢休假，他生或出游，炎读书不废"；而裴植的母亲夏侯氏管教子女时，"小有罪过，必束带伏阁，经五、三日仍引见之，督以严训"。[①] 这些家族典籍的记载，好比英美国家的判例法，一直为后世所沿用和效仿，实际上也成为家规的一部分。

为了使家规的影响长期持续，需要靠文化传承的力量，而组织是文化沉淀的载体。传统家规中，家族长老们拥有的大事决议权、纠纷调停权、进入祖庙的批准权和修订族谱等权力，对家族成员具有极大的影响力，但这种组织规则却很少直接体现在家规中。现代社会中，家族成员的散居和社会观念的多元化，使传统家族组织受到冲击而瓦解，这也是家族影响力普遍减弱的重要原因。但这种现实，并不意味着家族传承不再需要家族组织的力量。我们可以在"家族宪法"的规定下建立家族议会，作为最基本的议事单位，主要讨论家族及企业重大决策问题，所有成年的家族成员均可参与；而对于家族议会的事务，家族委员会有决定权。[②] 家族委员会主要由家族议会成员选出，但也允许非家族成员的中立人士参与表决，比如家族企业的高管等。裴氏家族可以在现有的裴氏研究会和宗亲会等组织交流中，尝试建立这种家族组织，将家族内各家庭更紧密、更有机地联系成整体，面向未来，打造家族发展传承的命运共同体，发挥集体力量，为家族、国家乃至中华民族成就更大的事业。

① 木易：《千年宰相村的传世家风》，《农家书屋》，2016 年第 4 期。

② 范博宏：《交托之重——范博宏论家族企业传承 01》，东方出版社，2014，第 184 - 185 页。

05 家族宪章设计基本要义

赵光

《左传·昭公十六年》中有句话说，“列邦立宪之大义始基”，这反映了中国古代政治和社会生活中，早有规则这样一种价值理念。另外，《尚书》《春秋》中“盟”“誓”二字不绝于书，春秋争霸时诸侯之盟也史不绝书，它们在一定程度上反映了古代社会的这种基于较高价值观体系而产生的权力约束。

从一定意义上讲，家族宪章就像前文所描述的“盟”“誓”一样，规定了家族的最基本问题，设计了家族成员之间的权利义务约束，确保了家族的基本治理结构和传承等一系列问题。

家族宪章规定了家族传承的最基本问题，是家族治理的基本法，其至少应当包含以下内容。

1. 家族历史

一个家族的文化形成，往往需要几代人的共同奋斗和积淀，形成富有特色的家族精神和家族历史，使之在整个社会群体中散发出独特的光辉。

这是家族财富和文化永续传承的家族宪章责任。只有讲好自己和家族的故事（包括家族掌管家族企业的历史沿革），才能让家族成员产生强烈的家族荣誉感，这是维系家族整体观念的一个重要纽带。在此过程中，家族成员与家族的“连接感”空前加强，家族成员、后代子孙也更加珍惜彼此之间的缘分。同时，追寻家族历史的过程，本身也是一种“爱国主义教育”。

2. 家族使命

使命，就是知道自己在做什么以及这样做的意义。仔细研究那些世界著名的家族，我们会发现，任何一个名门望族都不是以获取金钱为自己的最高使命，它们大多以服务社会、造福人类、改变生活之类的崇高使命作为其家族文化的核心。古代那些想要弘扬光明正大品德的人均以“修身，齐家，治国，平天下”作为自己的使命。这种使命随着事业、家族的繁盛，而最终内化为家族的使命。

因此，家族使命是一个家族对其天生属性和社会属性的寻找与实现，是中华文化圈社会最核心的价值观。崇高的使命感是家族发展内在的、永恒的核心动力。一个家族的使命感越强烈，家族成员对生活的激情、热情和责任感就会越强烈，并且这种强烈的使命感会驱使家族成员为了家族和家族企业的辉煌发展而努力，从而实现家族成员的责任与义务。

3. 家族宗旨

家族宗旨不仅要陈述家族未来的任务，而且要阐明为什么要完成这个任务，以及完成任务的行为规范是什么。也就是说，尽管家族的宗旨陈述千差万别，但它要回答两个基本问题：其一，我们这个家族是谁，维系家族关系的原则是什么；其二，我们这个家族应该树立什么样的社会形象以区别于其他家族。因此，家族宗旨强调的是一种行动思想，例如为全体家族成员服务等。

4. 家族价值观

家族价值观包括家族精神、创业精神、对自然和社会的总体观念、对个体的尊重以及对社会的回馈等。它是一个家族独有的行为模式以及价值取向，是整个家族追求和努力秉持的原则，它会影响家族的存续，并且是家族处在生活困境时的关键精神支柱。家族中的这种价值观主要体现在：①家族成员如何对待彼此；②怎样看待世界和人生；③作为家族成员应该怎样利用自己的资源和工作来为其他家族成员服务；④家族如何回报社会，实现家族的家国情怀等。

5. **家族成员**

家族成员包括因血缘关系、拟血缘关系（如姻亲、过继、入赘等）及其他亲缘关系产生的身份关系。这里所讲的家族成员的标准应该是家族“公民”标准，即家族成员成为家族大会成员和家族理事会成员的标准，其中，可能更重要的是家族成员在何时、何种条件下可以拥有投票权，投票权是否受到限制，以及在什么情况下会丧失投票权等。因此，对家族成员的权利义务的设计是重中之重，以期通过这种设定来考虑如何满足家族成员的大多数生理、心理需求，如何实现经济、安全、教育、社会化、信仰等功能，并进行物质、人口、精神财富的分配。

6. **家族大会和家族理事会**

家族大会是指全体成年家族成员的大会，是家族名义上的最高决策机构。家族大会的主要功能是家族成员的沟通和信息共享平台及决策工具。同时，它也提供了解决家族纠纷的平台。

家族理事会则是实质上的权力机关，它的体系主要包括家族理事会的组织架构、家族事务和家族公益事业的决策机制（包括旨在拓展家族事业，推动家族实体建设，提高族人文化素养和家族生活条件的改善和发展，构建和谐家族成员关系等机制）、参与家族企业决策的决策机制、处理家族成员之间分歧的路径等。

同时，家族理事会的运作原则也要重点设计，应当明确界定家族理事会工作范围、决策权的行使以及家族理事会成员遴选规则等。此外，我们还要注意理事会的领导者如何选举产生、领导者的权力、理事会决策的程序，以及家族理事会与家族企业的工作衔接机制等。

7. **家族企业独立董事会**

若家族存在内外有别的伦理关系就会造成企业组织内部的小团队意识和组织内耗，就会产生效率低下的状况。因此，家族可以对家族企业控股，但是产权要放开，经营管理应向现代企业制度看齐。

在这种情况下，家族企业独立董事会的设立就显得尤为重要。独立董事会的设立、权利义务和运作需要有详细的规范细则。董事会直接向家族企业股东会负责，其职责是承担家族企业的战略发展及日常运营工作。董事会成员的组成和任职限制、任职回避等都要进行精细化设计。

另外，为了弥补家族企业在视野与技能方面的缺陷，可以设计成立专门委员会，作为董事会的附属机构，决定家族企业的投资方向、政策咨询、资产配置及流程等，并且帮助家族企业明确其中长期需要关注的战略目标等。

同时需要强调的是，我们还要厘清家族理事会和家族企业董事会的关系，以避免家族理事会和家族企业理事会混同所产生的风险。

8. 对家族企业的标准管理

目标、流程、标准，这是家族标准管理的三要素。流程是用来实现目标的，标准是用来规范流程的。只有标准出现以后才可以进行考核，考核是对目标的管理、对流程的管理、对标准的关注。

家族企业应当设计家族企业管理的目标、流程、标准，同时，针对标准化管理的两种主要模式，即职业化或者继承制，设计出不同的选定条件、被选定者的权利义务、退出机制和激励机制等。

9. 家族成员参与家族企业事务的程度

进入家族企业工作的标准：为家族成员担任公司员工制定明确的条件（包括年龄、品德、学历、工作经历等），实行和非家族成员员工无差别化原则。

程序设定要求：应当包括家族大会推举、家族理事会表决和家族企业董事会表决三道程序，同时规定一般任职和特殊任职须达到的表决权比例。

评价家族成员业绩的方式方法以及奖惩制度：主要从品德、勤奋度、能力和成绩四个方面设计考核指标，设置奖惩标准和晋升机制。

家族成员在企业中的角色定位：区分战略伙伴关系、战略关系的支持者、员工关系的协调者、后勤服务者和变革的推动者等不同的角色定位及每种定位的意义。

10. 家族企业股票的所有权

家族企业股票所有权涉及企业所有权、控制权、经营权及收益权的配置，具体包括家族成员拥有股票的条件及拥有比例、表决权的设置、分红制度、股票传承，以及对于在企业工作的和不在企业工作的家族成员的不同权利分配、基于家族企业上市以后的股票所有权设置等。同时，在所有权结构的配置过程中，不仅要注重权利机制、激励机制、约束机制与责任机制四个核心机制的配置，还要注意调整机制和退出机制这两个安全阀的安排。另外，管控结构、功能结构、交易结构及保护结构的安排也是非常重要的。

最后，我们特别强调还要注意权益保护、控制及传承三个核心诉求的平衡机制的设计。

11. 家族企业继承

家族企业继承是指将企业所有权或控制权从创始人（所有人）移交给继任者的过程。家族企业继承可以相应地划分为两个维度：所有权继承和管理权继承。

在信用缺失重建过程的经济环境中，如何在非常有限的范围内挑选接班人是目前“创一代”们非常棘手而又必须直面的问题。

我们认为，解决问题的关键在于改变目前中国家族企业“人治”为主的情形，形成“法治”为主的管理体系。家族董事会事先制定继承人遴选办法和程序规定，根据企业的需要设定若干条件，应当包括选择企业下一代管理人的标准、权力过渡办法、继承人的更换以及上一代所有人退休后的权利义务等。一旦创始人（或所有人）退位或者去世，则立即成立一个继承人遴选小组（当然也可以在家族创始人在位的时候成立），从企业内外选贤择能，作为企业管理权的继承人。无论这个人是家族成员或非家族成员，依照完善的管理制度对其进行制约，解聘条件成就时就可以依照程序进行解聘。

12. 家族理事会和企业董事会的协定

这是家族理事会和企业董事会的功能划分和部分权力划分。在涉及家族和企业的这些关系问题时，可以采取单独制定协议的方式解决问题。

（1）结婚和离婚协定。

这是针对家族成员在嫁、娶过程中发生家族管理系统变化而制定的协定，它的主要作用是保证家族成员婚姻关系的变化不会影响企业的稳定和安全。同时，它还可以限定家族成员的配偶在企业工作所需要的条件，包括配偶对企业的所有权限制，以及专门针对姻亲继承权的规定。

（2）家族雇佣协定。

鉴于中国式家族企业的特点，可以根据家族成员的品德、学历、工作经验和年龄构成等，制定适用于全体家族成员的雇佣预期条件。可以规定雇佣家族成员的条件限制，雇佣程序、工作安排和晋升标准等，从而在血脉和价值观层面保障家族企业的传承。

（3）补偿政策协定。

这其实是如何安置创业元老和解决不参与家族企业管理的家族成员的福利待遇的问题。为逐渐老去的创业元老设计一个合理的退休待遇，将会激发在职员工的工作热情，也可以保证企业团队的稳定。对于不参与家族企业管理的家族成员，如何平衡和参与管理的家族成员之间的收入差距，也是家族和家族企业发展中绕不过的一个问题。因此，可以在充分考虑各方意见的基础上，通过协商制定补偿协定，当然这种补偿可以是物质的和非物质的。

（4）角色协定。

股东兼任高管、投资者、继承者、家族守护者，这是家族企业成员常见的角色。角色协定首先要考虑各个家族成员股东本身的角色及其代表的利益，同时，还要预测在未来若干年中，下一代成员有可能在家族企业中所承担的角色。这种角色协定可以避免家族成员角色冲突或者过分单一化，例如，若家族成员都是继承者，而没有看护者和高管，可能导致几代以后家族企业和家族成员之间关系难以维系。

（5）防止挥霍协定。

防止挥霍协定可以选择在适当的时间，通过适当的方式，灵活地分配家族财产或者财产性权益。这不但有利于防止家族成员肆意挥霍财富，还能够起到保护与隔离的作用。具体地，可以直接制定附条件协议或者在信托条款中规定受益权不可转让；通过家族信托来实现防止挥霍；通过受托人和保护人灵活的财产分配来防止挥霍等。

13. 家族成员的健康、养老、教育和发展

家族成员的健康、养老和子女教育是家族三大核心需求，加上下一代的事业发展问题，构成了家族成员的四大基本需求。家族可以通过保险、信托、慈善基金会或者其他创新模式进行策划和定制，创设制度来解决该问题。

14. 泛家族关系的规范

中国传统下的家族虽然可以很大，但拘于血缘与亲缘关系，其规模受到一定限制，家族和家族企业的发展还需要家族之外的社群维系，这形成了泛家族主义的社会基础。泛家族化将家族中的伦理关系概化到家族以外，将泛家族组织成员家人化，将家族成员间的关系人伦化。通俗地说，就是引入外部人力资本及物质资本以后，如何进行规范的问题。除了创设权利义务以外，可以将中国传统社会的基本规范"孝悌忠信"等优秀传统伦理道德引入，作为泛家族关系的基本规范。

15. 家族宪章的修订规则

家族宪章的修订涉及实体和程序两个方面。从实体角度而言，家族宪章应该保持稳定，因为它是家族的"根本大法"，涉及的是宏观问题，一般没有必要经常修改。如果确实需要修改，比如家族企业治理架构、家族继承制度发生了根本的改变，可以依据事先制定的程序规定启动修改。从程序上来看，家族宪章的修改，应由家族理事会或者五分之一以上的家族成员代表提议，并由家族大会以全体代表的三分之二以上的多数通过，才能修改。

16. 家族宪章的生效和解释权

为了确保家族宪章的权威性，家族宪章应当交由家族大会充分讨论，然后经过家族大会以全体代表的三分之二以上的多数通过方可生效。同时，为了解决在施行过程中的家族宪章文本理解冲突，可以就一般性问题赋予家族理事会解释权。

06　印度“敌国财产法案”针对的是谁

刘介名

印度共和国（简称印度）位于南亚，人口超过13亿人，是世界第二人口大国。古印度是四大文明古国之一。印度有着丰富的文化遗产和旅游资源，是一个和中国有着相似近代史的国家。作为亚洲地区有影响力的两个国家，中国和印度的关系走向也受到人们的广泛关注。近年来，印度经济发展迅速，GDP增长速度加快，外国投资增加，正在进入经济发展的“快车道”。

一、什么是“敌国财产法案”

第二次世界大战结束后，印度和巴基斯坦两国发生多次战争冲突，两国政府均决定在本国境内收缴“逃往”对方国家公民的财产。

1962年的中印边境自卫反击战和1965年、1971年的印巴战争之后，许多人从印度迁移到了巴基斯坦和中国。那些迁移到巴基斯坦和中国的人在印度留下的财产怎么处理？当时的印度政府接管了他们的财产。从惯例来看，两国交战祸不及平民百姓，有冻结敌国政府财产的，但鲜有冻结敌国公民财产的做法。[①] 1968年，印度政府颁布“敌国财产法案”（以下简称1968年“法案”），后来分别于1997年、2017年3月进行了两次修订。

---

① The Enemy Property Act, 1968, https://indiankanoon.org/doc/1510187/.

1. **“法案”适用范围**

该“法案”规定，它适用于整个印度，并且也适用于印度境外的所有印度公民，以及在印度注册的公司或法人团体的分支机构。也就是说，在印度设立的、公司的股东是外国公司或法人团体的分支机构，其公司股东也受该法案的约束。

2. **如何定义“敌人”**

1968 年“法案”中对“敌人”的定义是属于“敌人”“敌方主体”或“敌方公司”的个人或国家（视情况而定），但不包括印度公民。也就是说，印度政府可根据本国的政治需求来决定谁是“敌人”“敌方主体”及“敌方公司”。1968 年“法案”将印度公民排除在“敌人”的定义之外，从而为那些迁移到巴基斯坦和中国的印度公民的继承人提供了法律保护。

然而，2017 年修订的“法案”扩大了“敌人”的定义：包括“敌国”公民的任何继承人或法律代表，即使他们是印度公民或其他非“敌人”国家的公民（“敌国”的国民将其国籍改为另一国的国籍）。也就是说，如果祖先迁移到巴基斯坦或中国，被留在印度的后代就是印度的“敌人”。印度政府将没收他们的土地并将他们赶出家门，他们甚至被禁止出售自己的物业，因为这些物业的转让行为将被视为无效，最重要的是他们无法向法院提起诉讼。该修订“法案”之所以将部分印度公民视为其土地上的外国人，是因为他们是不得不迁移到“敌国”的人的继承人。

3. **“敌方财产”的定义**

1968 年“法案”中将“敌方财产”定义为暂时属于或代表“敌人”“敌方主体”或“敌方公司”管理的任何财产。但如果个别“敌方主体”在该“法案”延伸的领土内死亡，在全部主体死亡前，属于其持有或代表其管理的财产，仍被视为“敌方财产”。该财产范围包括动产、不动产、储物柜、保险箱以及所有可转让的票据，如期票、股票、债券和其他商业债券，甚至还包括通过证券获得的收益、利息等财产。

1968 年“法案”中还规定，管理人暂时持有“敌方财产”，法院有权审理 1968 年“法案”规定的案件，管理人的职责是保护、管理和控制财产，除非在无法缴纳税款、维护或保护财产等特殊情况下，管理人不得转让财产。“法案”第十八条专门规定剥离管理人财产的依据。印度最高法院认为，在“敌人”死亡时，“敌人”的财产应该由他们的合法继承人继承，相继交给印度公民的财产将不再被视为“敌方财产”。该“法案”允许政府归还所有属于巴基斯坦和中国公民的财产。印度最高法院在 2005 年澄清，印度政府指定的“敌方财产”管理人的作用仅仅是管理者，财产的所有权归所有者，因此在“敌人”死亡后，“敌人”的财产应该由他们的合法继承人继承。

而在 2017 年，印度政府对该“法案”进一步修订，意图加大“敌方财产”管理人的权利，不仅扩大了“敌人”的定义，还将继承法予以排除，合法继承人无法继承“敌方财产”，这些财产归属印度的“敌方财产”管理人，将永远被留在政府。即使“敌方主体”死亡后，“敌方财产”仍将继续归属于“敌方财产”管理人。印度政府还宣布，根据该“法案”，“敌人”转移“敌方财产”的行为是无效的，这适用于 1968 年之前及之后发生的转移。同时，该“法案”禁止民事法院和其他当局处理与“敌方财产”有关的纠纷，民事法院的管辖权被禁止，任何法院对“敌方财产”的判决都是无效的，且没有任何的救济途径。据《印度时报》报道，印度政府计划拍卖价值达 1 万亿卢比（约合人民币 1000 亿元）的“敌国资产”。这些“敌国资产”有 9400 多处，全部是巴基斯坦和中国公民留下的①。印度政府通过出售上述资产可以获得大笔财政资金，极大地改善印度福利计划。

二、“敌国财产法案”对中国投资企业的影响

1. 跨国公司的政治风险

经济全球化发展催生了大量的跨国公司，各国之间经济竞争与依赖并存。跨国公司的政治风险一般指的是东道国政治环境的不连续性或其与母国（或

---

① 人民网：《印度计划拍卖没收中国等国家的“敌国资产”》，2018 年 1 月 15 日，http：//world. people. com. cn/n1/2018/0115/c1002 -29765236. html。

第三国）的政治、经济、安全关系发生难以预料的变化而对公司的经营造成不利影响的可能性。政治风险分为财产剥夺和限制性经济政策，其中最主要的就是财产剥夺——东道国对外国投资公司实行征收、没收或国有化的风险。

政治风险是企业在跨境投资中面临的最重要风险之一，我国企业在对他国政治风险进行预判前一定要做尽职调查。最近几年，在我国企业进行的跨境投资失败案例中，大部分的原因就是对政治风险预判不足，合同被废止，设备厂房等资产被国有化。

2. “敌国财产法案”对中国投资企业的影响

中国和印度都属于金砖国家，两个国家又都是全球发展最快的新兴经济体。在“一带一路”倡议带动下，中国很多国有企业和大型民营企业进入印度投资，比如华为、小米、阿里巴巴、腾讯等公司。从投资领域来看，重点在通信产品、能源、机械制造、钢铁、基础设施等领域。

虽然近年来，中国和印度的贸易量很大，呈逐年上升趋势，但中国企业对印度的投资不可盲目乐观。印度政府缺乏廉政建设，政务工作不透明，办事程序冗繁，行政机构工作人员办事效率低下，加之严重的地区保护主义，都使中国企业在印度投资的政治风险大大增加。

“敌国财产法案”一直未被废止，反而不断地修订重新颁布。该“法案”不仅违反印度宪法与相关法律的内容与精神，也与当今世界发展的潮流背道而驰，严重损害其国际声誉。由于快速的人口增长、宽松的经济政策，印度有望成为中国之后的下一个“世界工厂”，大量的中国资本到印度开设工厂、设立企业。但印度的政策和法令变动频繁，该“法案”的修订颁布无异成为中资企业在印度投资经营的一颗定时炸弹，中资企业要提高警惕，力求在可能发生的冲突中全身而退。

07 资产管理重振诺贝尔基金

贺煌

1896年，瑞典化学家、工程师、发明家诺贝尔辞世并立下了一份伟大的遗嘱："请将我的财产变作基金，每年用这个基金的利息作为奖金，奖励那些在前一年度为人类做出卓越贡献的人。"可见，诺贝尔奖项设置的"初心"立意就很高，是为了全人类的共同发展和美好未来。纵观百余年来历届诺贝尔奖项的评选和颁布，它无愧于"初心"，诺贝尔奖无疑成为近现代史上影响面最广、影响力最大的科学奖项，为人类发展做出了杰出贡献，而以诺贝尔的遗产变现作为原始投入的诺贝尔基金，则为诺贝尔奖的发展提供了强有力的物质支持。

一、诺贝尔基金概述

1. 诺贝尔奖

诺贝尔奖最初设计的五个奖项分别是化学奖、物理学奖、生理学或医学奖、文学奖以及和平奖，1969年新增经济学奖。撇开容易引起争议的和平奖不谈，诺贝尔奖的颁奖历史几乎就是人类百年发展史，20世纪的诺贝尔化学奖、物理学奖、生理学或医学奖及后来新增的经济学奖囊括了这些领域里的伟大发现、最高学术成就和绝大部分的顶尖人物。例如1901年因发现X射线而获物理学奖的伦琴，1921年因提出光子假设、成功解释了光电效应而获物理学奖的爱因斯坦，1933 年因发现染色体在遗传中的作用而获生理学或医学奖的摩尔根，1944 年因发现原子核裂变而获化学奖的哈恩等。

2012 年获得诺贝尔文学奖的莫言、2015 年获得诺贝尔生理学或医学奖的屠呦呦，以及此前获得诺贝尔物理学奖的李政道、杨振宁，这些顶尖专家学者，在世界科学人文发展史上留下了浓墨重彩的篇章，成为中国人的骄傲。

这些人类历史上伟大科学家、文学家、经济学家的成就为诺贝尔奖增辉，而诺贝尔奖也提高了杰出科学家、文学家、经济学家的社会声望和地位，同时，诺贝尔奖的巨额奖金也为这些杰出人士的物质生活、科研或创作提供了保障。

诺贝尔奖设置巨额奖金的真正初衷，即诺贝尔先生本人的遗愿，是希望获得殊荣的杰出人士能够依靠巨额奖金，在无其他收入的情况下，仍能坚持 20 年在自己的研究领域持续地钻研或创作。因此，最初的年度奖金也是按照当时一位教授 20 年的年薪设置的。遗产变现后的利息收入能够等同 5 位顶尖教授 20 年年薪的收入，这或许是诺贝尔本人按照当年利息政策进行测算的结果。

2. **诺贝尔基金的设立和发展**

诺贝尔基金的设立并非一帆风顺，毕竟这是一个伟大的创举。诺贝尔遗嘱在 1896 年公布于世之初，得到的并不是一片赞美，而是瑞典国内舆论的一片谴责，甚至有人因为诺贝尔没有把巨额遗产捐给本国而给其贴上“不爱国”的标签，可见民粹主义在任何时代都有大量的拥趸。好在瑞典国王最终还是宣布这项旨在为全人类进步做贡献的遗嘱生效，瑞典国会也通过了《诺贝尔基金会章程》。1901 年 12 月 10 日，在诺贝尔逝世 5 周年的纪念日，首笔诺贝尔奖奖金得以颁发。

诺贝尔基金的初期规模大约为 3100 万瑞典克朗（按当时汇率约为 920 万美元），而第一年单笔诺贝尔奖奖金的金额约为 15 万瑞典克朗，的确相当于当时一位教授 20 年的年薪。但此后，每年的奖金实际现金价值伴随着瑞典克朗的数次贬值和通货膨胀等因素逐年下降。直到 1991 年，诺贝尔奖的单项奖金达到 600 万瑞典克朗，超越了 1901 年首笔奖金的实际价值，到 2001 年诺贝尔奖百年华诞时，奖金高达1000万瑞典克朗。自2012年开始，单项奖金降低为800万瑞典克朗，2017年度又调整为900万瑞典克朗（约合人民币740万元）。而诺贝尔基金会2016年公布的数字显示，其资产规模也从最初的3100万瑞典克朗增加到了42亿瑞典克朗。

人们普遍认为，诺贝尔基金生存与发展的重大转折点出现在1953年，当年除了获得在美国投资的免税待遇以外，基金会还被允许投资股市和不动产，投资策略从保守转向积极。此前，诺贝尔基金的投资策略在金融领域相当保守，遗嘱规定只能投资“安全证券”，如银行存款和债券，导致利息跑不赢通胀，再加上战争、政府加税等因素，基金会的财务状况一度堪忧。

在1953年之后的几十年里，伴随全球股市、楼市价格的不断上涨，基金会资产随之水涨船高。基金会在股票投资、固定收益资产以及另类资产（如不动产、对冲基金）等不同类型的投资领域之间选择合适的投资产品，并不断调整各投资品种所占的资金比例。虽然基金会的资产也曾因金融危机和全球股票市场震荡而受到冲击，但总体来讲，由于投资策略得当，以及在税收优惠和高额捐赠收入等因素的共同作用下，扣除百余年高额奖金支出，基金会的总体资产依旧得到了较大幅度的增值。

二、诺贝尔基金增值带来的启示

1. 公益性基金在财产增值保值方面存在天然的优势

诺贝尔的遗嘱无疑是伟大的，他将毕生积累的巨额财富中的绝大部分贡献给了全人类，这是绝大多数人做不到的。普通人积累巨额财富，总是想着传给自己的子孙后代，这是人之常情。然而，人生短短百年，在物质财富积累到一定程度的时候，难免会产生在精神层面给后人留下点什么的想法和念头，这是精神境界到达一定高度后自然而然的产物，也是人类社会和文明得以延续发展的重要原因之一。所以近年来，常有某些富豪、明星出巨资设立公益性基金会，甚至做出“裸捐”决定等。而诺贝尔则可以说是用财富捐赠的形式投身公益事业的先行者和楷模。

可以说，正是由于诺贝尔基金的公益性，使得基金会从设立之初，就得到瑞典皇家乃至国会的高度重视和支持。诺贝尔遗嘱在法律上生效后，诺贝尔家族的后人将讨论拟定的《诺贝尔基金会章程（草案）》呈送国王审核批准，由瑞典首席检察长加以完善之后，于1900年6月29日递交国会通过。瑞典官方给予基金会如此礼遇的原因，除了对诺贝尔本人的尊敬以外，更重要的应该是这个基金会为全人类进步做贡献的崇高目标和宗旨，已经引起了整个国际社会的广泛关注和赞誉。若不是这个基金会的公益性，一个民间的基金会管理组织恐怕很难得到政府层面的这般支持。此外，由于诺贝尔基金的特殊用途，1946年，瑞典政府通过持续几十年的讨论，终于免除了基金会除地方不动产税务以外的其他税务。而在此之前，基金会已经缴纳了1350万瑞典克朗的税款。在1953年基金会面临财务困难时，美国也宣布诺贝尔基金会在美国的投资活动享有免税待遇（此外，对诺贝尔奖奖金免征所得税）。

基于人们对诺贝尔基金公益性的认可，该基金会还获得了大量的社会捐赠。1961年，瑞士巴尔赞国际基金会将其第一笔奖金100万瑞典克朗捐赠给诺贝尔基金会，以恭贺诺贝尔奖成功运作60周年。1985年，日本科学技术基金会和稻盛基金会在各自的首届颁奖仪式上分别授予诺贝尔基金会特别奖（5000万日元）和京都奖（4500万元日元）。2010年，韩国荷马奖在庆祝颁奖20周年时，推选了诺贝尔基金会和诺贝尔基金会权利协会作为该奖的获得者。

值得一提的是，1968年，瑞典央行在其300周年之际向诺贝尔基金会捐赠一笔巨款，并设立纪念阿尔弗雷德·诺贝尔瑞典银行经济学奖（The Sveriges Riksbank Prize in Economic Sciences in Memory of Alfred Nobel）。经济学奖金不由诺贝尔基金会提供，而是由瑞典央行赞助与当年诺贝尔奖奖金相同的资金。此外，瑞典央行还承诺额外支付诺贝尔基金会等同于当年奖金金额65%的资金，以弥补瑞典皇家自然科学院评选经济学奖的费用及基金会为此产生的管理费用。

无论政府层面的支持、税收的免除及优惠还是社会各界的捐赠帮助，都是基于诺贝尔基金会为人类社会共同进步做贡献这一创设理念，也就是它的公益性。

2. **永续型基金的设置模式确保基金长期存续**

诺贝尔基金设立的模式也很有可取之处。通常来说，由捐赠设立的基金可分为两种模式——花费型（expendable）和永续型（endowed），花费型基金的本金可以立刻或在一定期限内用尽，永续型基金的本金则不能直接花费，而是用于投资以获取收益，再从收益中提取所需花费。诺贝尔的遗产捐赠是典型的永续型基金，诺贝尔基金会用这笔巨额本金进行投资，并将所获收益用于发放奖金和支付行政开支。

就诺贝尔奖奖金的提取而言，基金会的投资收益中，只有60%被用作五个奖项的奖金，余下收益被用来支付各颁奖机构员工及基金会员工的薪资、资助颁奖典礼等。具体来说，每年诺贝尔基金会将主要基金投资净收益的10%作为公积金继续投资，将余下的90%分为五等份交给各颁奖机构。各机构得到相应钱款后，扣除25%作为评奖费用和诺贝尔研究所的经费，剩余75%为当年各项诺贝尔奖的奖金。

按照诺贝尔的遗愿，只有基金会的直接收益，即利息和分红，才能被用作诺贝尔奖奖金，而来自股份管理的资本利得不能被用作诺贝尔奖奖金。从2000年开始，在不影响基金会的长期授奖能力的前提下，诺贝尔基金会可以将出售资产所得的收益用于发放奖金及日常开支。此外，诺贝尔基金会还设有应急储备资金（reserve fund），即使在连续两年都没有获得投资收益的极端情况下，基金会仍能照常发放奖金而不必消耗本金。

在这样的模式下，虽然年度的奖金有高有低，甚至在战争状态下出现停发的情形，但在不动用本金的模式下依旧可以确保基金长期存续。而长期存续，永不离场，永远不丧失“反扑”的机会，才是在投资市场立于不败之地的终极策略。简单来讲，活下来，才有可能活得更好。这也是诺贝尔基金在经历了战争、经济危机、股市震荡等大量不利因素，历经低潮、磨难，却依然能够实现保值增值的重要原因。

3. **科学的制度设计、组织架构以及专业人员配置，确保基金会持续良好运行**

如前所述，诺贝尔基金会在设立之初即受到了皇家及国会的高度重视，在这样强大的背景依托下不难想见其在制度设计和人员配置上，得到了极大的支持。

诺贝尔基金会的职责是以一种能够保护奖项本身及评奖过程财政基础的方式管理其资产，在诺贝尔基金会的投资架构中，托管人、理事会、投资委员会、国际顾问委员会、审计组五个部门各司其职。可以讲，这是一个类似于信托的架构。

理事会接受托管人的委托，负责基金会的财务管理和行政管理，其职能相当于信托机构的管理人。在财务方面，理事会负责制定资产管理框架，包括确立基金会投资政策的基本方向，规定资产管理的监督原则和道德准则，根据收益与风险评估设定资产类别的配置比例，决定投资组合在瑞典国内和国外的配置比例。在行政方面，理事会负责制定议事法则，包括理事会、执行总裁和基金会其他员工的工作条例，同时负责组织在斯德哥尔摩举行的授奖仪式。

投资委员会和国际顾问委员会两个机构都新设于2011年。其中投资委员会以理事会制定的原则和指令作为总纲领，在理事会的授权范围内进一步细化资产配置、管理机制、经理人选等事宜；在理事会设定的资产配置区间内，根据市场行情调整配置比例以及在不同国家和地区的投资，负责管理策略的决策和运用。例如，股票投资中购买成长股还是价值股，债券投资中如何进行利率风险与信用风险的对冲。此外，投资委员会还负责投资经理人选和考量。国际顾问委员会则主要为理事会提供财务和品牌战略方面的指导与帮助。

审计组负责审查基金会的报表是否符合相关会计准则以及理事会的管理工作是否符合《基金会法》和《诺贝尔基金会章程》。每年2月底前，理事会向审计组的主席提交上一年的年度工作报告，审计员在当年4月1日前完成审查工作并将审计报告反馈给理事会，同时将报告呈至基金会托管机构。审计组相当于监督人的角色。

从人员设置来看，托管人共有25名，由下述四个颁奖机构选出：瑞典皇家自然科学院选出10人，卡罗琳医学院、瑞典文学院、挪威诺贝尔委员会分别选出5人。在所有托管人中将产生1名主席。理事会共有9人，包括7名正式成员和2名代理成员，均为瑞典或挪威公民，任期2年。理事会从内部推选出1名主席、1名副主席、1名执行总裁。执行总裁通常需要具备良好的法律和行政管理背景，而随着20世纪中叶以来基金会的投资策略愈发开放，丰富的理财经验和国际关系则成为胜任该职位的重要因素。投资委员会共有7人，包括1名主席和1名首席投资官。投资委员会中既有来自基金会理事会的成员，也有来自机构外部的专家。审计组最初只有5人，其中的1名主席是由政府任命的，另外4名成员分别由四个颁奖机构任命。从1955年起，审计组扩大到6人，新增的1名审计员由基金会托管人任命，且必须是法定的公共会计师。所有审计员均不在上述的其他部门任职，以保证审计工作的独立和公正。

这些部门和人员都在《诺贝尔基金会章程》等相关制度下行事，既互相协助又互相制约，在廉洁性、公正性和办事效率方面都得到公认，从而确保基金会资产的增值保值，在同类型私立机构中独树一帜。

4. 稳健而又灵活的投资策略成为基金增值的有力保障

根据诺贝尔本人的遗愿，诺贝尔基金只能投资于“安全证券”，在当时这被解读为债券和银行存款。的确，此类投资收益稳定且风险极低，但这种保守的投资方式很快给基金会的发展带来了麻烦，再加上赋税的逐渐加重，直接导致1923年的诺贝尔奖奖金金额降低到了历史最低点。

随着1946年瑞典政府给予基金会免税资格，以及1953年经政府批准基金会得以进入股票和房地产两大投资领域，加之美国政府也认可了基金会在美国投资的免税资格，诺贝尔基金会成功扭转了基金减值的被动趋势，开始进入增值通道。

从此后的投资策略来看，诺贝尔基金会非常注重产品的多元化和投资的国际化。从产品结构来看，诺贝尔基金会一直在调整三类投资产品，即股票、债券、另类投资（含房地产、对冲基金、私募股权等）占投资总额的比例，从而在分散降低风险的同时，寻求市场机会，追求与风险承受能力相对应匹配的投资回报。

值得一提的是，1972年，在瑞典政界和经济界都有一定声望的法学博士克拉米尔当选为诺贝尔基金会执行主席后，依靠集体智慧提出了“投资多元化”方针，将基金股票所占份额由原来的55%降低到30%，房地产投资增加到36%，固定收入和现金占34%。经过这位理财能手的操作，诺贝尔基金的基金总额和单项诺贝尔奖奖金金额都获得了持续大幅增长。1972年单项奖金金额为48万瑞典克朗，1981年便翻了一番，达到100万瑞典克朗。在他担任主席的17年间，单项奖金增加了5倍。到1995年，单项奖金已经达到720万瑞典克朗，约合100多万美元。由此可见，一位富有资产管理经验和投资策略的管理者对于一个基金的增值具有多么重要的作用。

2007年以来，诺贝尔基金会更加注重另类投资，也就是房地产、对冲基金、私募股权等类别的投资，从统计数据来看，此类投资占投资总额的比重已经从2007年的12%提高到了2015年的43%，可以说增持明显。同时，从投资区域来看，除了瑞典国内以及美国、日本股票市场以外，诺贝尔基金会越来越重视对新兴市场的投资，这也体现了基金会在全球进行分散投资的理念。

总体来看，通过分散化和均衡多种资产的组合投资方式，诺贝尔基金得到了较好的风险控制和良好的发展机会，最终实现了保值增值。

三、结语

从世界范围来看，基金会作为一个公益性的组织，为全人类的发展做出了不小的贡献。根据美国基金会中心的统计，在160万个慈善组织当中，有9万个可以被认为是基金会，其年度总捐款在2011年的统计数据就已经达到3058亿美元。比较知名的基金会有1911年的成立卡耐基基金会和1913年注册成立的洛克菲勒基金会；1936年成立的福特基金会，拥有数十亿美元，项目遍布全球，影响力很广；2000年成立的比尔及梅琳达·盖茨基金会，是目前全球最大的慈善基金会，旨在促进全球卫生和教育领域的平等。

我国的基金会组织自1981年7月28日第一家国家级公募基金会——中国儿童和少年基金会在京成立以来，先后经历了起步阶段、严格限制阶段、清理整顿阶段和快速发展阶段。李连杰于 2007 年成立的公益组织壹基金，是国内第一家民间公募基金会。但值得注意的是，无论是在公信力、影响力还是规模体量上，国内基金会的总体发展速度与水平与我国的经济总量及国际地位提升速度并不匹配，针对基金会的各种责难非议和负面消息也不时被爆出。

究其原因，一是相关立法还有待完善，政策扶持力度还有待加强，目前主要的法律法规是《中华人民共和国慈善法》和《基金会管理条例》，法律依据相对较少，各地扶持政策也有较大差异；二是人才储备和国际交流不足，对其他国家基金管理的先进经验缺乏必要的研究和交流；三是大众自身的公益意识也亟待提高，对基金会性质、功能还缺乏必要的了解；四是一些基金会组织机构设置庞杂，存在财务不透明等积弊，一些民间机构的财务状况和人员素质更是堪忧。上述种种弊端导致国内基金会的发展受到了严重的制约和影响。

他山之石，可以攻玉。希望本文对诺贝尔基金的研究和讨论能够为有志于投身基金会等公益事业的人士提供一些启示和参考，起到抛砖引玉的作用。

参考文献

[1] 陈福季. 诺贝尔文学奖得主对奖金的态度与使用 [J]. 世界文化，1996 (4)：11 -12.

[2] 田闯. 诺贝尔奖来龙去脉初探 [G] //第二届中国科技哲学及交叉学科研究生论坛论文集（硕士卷），2008.

[3] 王平. 诺贝尔奖励基金的管理及其声望 [J]. 中国科技奖励，1999 (7).

[4] 喻凯，胡伯特·埃特尔，徐扬. 百年诺贝尔基金运作模式探析 [J]. 世界教育信息，2018 (12)：61 -68.

[5] 好奇！谁在打理诺贝尔基金，116 年后竟越发越多 [EB/OL]. 搜狐网，2017 -10 -10，https：//www. sohu. com/a/197250319_ 421988.

[6] The Nobel Foundation [EB/OL]. https：//www. nobelprize. org/the - nobel - prize - organisation/the - nobel - foundation.

·第三部分·

资产保护的法律制度和组织

01 从财富管理3.0时代看诚实信用应当成为法律适用的基本原则

尹志金

一、财富管理存在的问题及何谓财富管理3.0时代

近年来，中国财富管理出现了很多问题，比如金融过度投机损害实体经济，融资端普遍存在刚兑、资金池和错配现象，投资端滥用通道、杠杆和嵌套技能。它们造成了一定程度的财富管理乱象。2018年4月，中国人民银行、中国银行保险监督管理委员会、中国证券监督管理委员会、国家外汇管理局联合发布了《关于规范金融机构资产管理业务的指导意见》（以下简称“资管新规”），就是要整顿这种乱象，在融资端打破刚兑、资金池和期限错配问题，在投资端管好通道、杠杆和嵌套等，如规定金融机构不得将资产管理产品资金直接或者间接投资于商业银行信贷资产；资产管理产品直接或者间接投资于非标准化债权类资产的，非标准化债权类资产的终止日不得晚于封闭式资产管理产品的到期日或者开放式资产管理产品的最近一次开放日；金融机构不得为其他金融机构的资产管理产品提供规避投资范围、杠杆约束等监管要求的通道服务；资产管理产品可以投资一层资产管理产品，但所投资的资产管理产品不得再投资其他资产管理产品等。“资管新规”被一些专家解读为财富管理理念的分水岭，开启了财富管理3.0时代，也成为2018年以来许

多财经论坛的焦点话题。

所谓财富管理3.0时代，一般是指财富管理进入了这样一个时期，即从客户实际需求出发，以“全生命周期+全球资产配置”的方式，全面权衡安全性、流动性、增值保值性，为客户提供更为科学的资产配置方案。财富管理人则以合伙人制度为基础，用智慧科技赋能理财人员，进而为客户提供极致专业的服务。与此相对应，所谓财富管理1.0时代，被解读为主要是销售理财、信托、基金等金融产品，属于产品导向型阶段；财富管理2.0时代，则是不仅销售产品，还提供资产配置服务，但这种资产配置服务被局限于理财公司已经创设的产品范围；财富管理3.0时代，则要求财富管理产品必须真实、财富管理能力必须真实、财富风险收益必须真实，同时财富管理产品更加多元、财富管理客户更加广泛、财富管理手段更加高科技化。

二、财富管理3.0时代将诚实信用原则确立为法律适用基本原则的现实需求

应当承认的是，财富管理之所以存在上述很多问题不仅是因为行业内主体自律不严，还因为法律适用上对违规违法的默认、纵容和对诚实信用的伤害。以下是一些真实案例。

(1) 关于信托不得有保底条款的案例。虽我国法律规定信托不得有保底条款，但实践中信托或明或暗地承担保底责任，以至于骗局和资金链断裂引发的群体性事件不断。

(2) 某些不存在的或者已经实质破产的工程项目被包装成各种金融产品出售，直至崩盘造成影响才被查处，个别相关公司的工作人员被以非法吸收公众存款罪抓捕。

(3) 关于无土地使用权证的土地诚信转让案例。某公司受让土地再转让他人，约定待符合办证条件时再将土地证办到受让人名下，但受让人支付转让款后，土地大幅升值，该公司以无土地证为由提起转让无效之诉，在法院做出支持判决后立即办理了土地证，受让人申诉却被上级法院驳回。类似裁

决实际上纵容了非诚信行为。

（4）关于无土地证和建设手续不完善不享有工程款优先权案例。某公司垫付巨额资金承建工程，因建设单位资不抵债，工程被保全，某公司申请工程款优先受偿权，法院以工程不合规无法拍卖为由驳回，却在判决生效后立即将所谓不合规工程拍卖，承建公司等于掏钱帮人还债。目前该案某省检察院正在提起抗诉程序，最终结果尚难预料。

（5）关于缴纳土地出让金却无法取得土地案例。某公司根据协议，十多年前缴纳土地出让金1亿多元，目前土地增值20倍以上，政府却以个别拆迁户不愿拆迁为由反悔，只承担退款责任和少量违约金责任即得到仲裁裁决支持。

这些案件，以及其他包括涉及理财产品等在内的一些民事案件或者行政案件、刑事案件中都有类似现象。上述真实案例说明，诚实守信的原则在民事诉讼等争议解决程序中没有完全得到尊重，相反，违约背信的行为经常被法律适用机构以机械的法律条文所庇护，因此提出了对法律适用机构、部门在执行职务过程中应当遵循诚实信用原则的要求，否则，法律的该项指引功能消失，而且被导向错误的方向。财富管理3.0时代面对更加复杂的局面，诚信原则的适用有着更加紧迫的需求。

三、传统的法律适用原则体系及其局限性

1. 传统的法律适用原则体系

法律适用的基本含义是法律在社会生活中的实现，一方面要求国家机关、社会组织和公职人员、公民严格守法，另一方面要求国家机关及其公职人员正确适用法律，保护守法者，制裁违法者。法律的基本原则较之一般原则和具体的法律规范，更能直接地反映法的内容、本质，以及社会生活的状况、要求和规律性，在法的体系结构中居于核心地位，起到最根本的指导作用。

我国大多数教科书认为，法律适用应当遵循这样几项基本原则：第一，在法律适用的对象上，适用在法律面前人人平等的原则；第二，在法律适用

的主体上，适用司法机关独立行使职权，只服从法律的原则；第三，在法律适用的根据上，适用以事实为根据，以法律为准绳的原则；第四，在法律适用的效力上，适用上位法优于下位法的原则、特殊法优于普通法的原则、新法优于旧法的原则和一般不溯及既往的原则等。

2. 现有法律适用的基本原则体系的局限性

上述基本原则涵盖了法律适用的主体、对象、依据和效力等方面，但其缺陷是：第一，没有涵盖法律适用主体机构及其成员自身应当遵循诚实信用原则，使得他们在各种干预面前往往很难坚守，通过机械适用法律等借口伤害了诚信的法律主体，扭曲了社会的诚信价值取向；第二，没有明确规定法律适用机构对民事活动乃至行政活动、刑事诉讼活动主体的诚实信用行为必须做出正确回应，使得不诚信行为受到某种非良性的暗示或者明示，或者说得到默认，使一些恶性行为滋生、蔓延，导致某种非良性的循环。

也就是说，在现实生活中，存在法律适用上并不能保护诚信行为，甚至伤害诚信行为的现象，存在法律适用机制上和基本原则体系上的缺陷。

四、诚实信用原则已经承载了法律适用基本原则的功能

诚实信用原则一般被认为是民法的基本原则，要求人们在民事活动中诚实守信，正当行使权利和履行义务，在追求自己利益的同时不损害他人和社会利益，在民事活动中维持双方的利益以及当事人利益与社会利益的平衡，该原则是市场经济活动和现代法治社会的基本准则，被认为是一个国家对人性的基本认识和基本态度。

2017 年 3 月 15 日由第十二届全国人民代表大会第五次会议通过的《中华人民共和国民法总则》第七条规定：民事主体从事民事活动，应当遵循诚信原则，秉持诚实，恪守承诺。1999 年 3 月 15 日第九届全国人民代表大会第二次会议通过的《中华人民共和国合同法》第六条规定：当事人行使权利、履行义务应当遵循诚实信用原则。但这些都是在民事实体法中做出的规定。

2017 年 6 月 27 日第十二届全国人民代表大会常务委员会第二十八次会议

通过的《中华人民共和国民事诉讼法》（以下简称《民事诉讼法》）修正案第十三条规定：民事诉讼应当遵循诚实信用原则。该规定虽然容易让人理解为仍然是规定当事人应当遵守诚实信用原则，而没有明确规定法律适用者，即处理民事诉讼的有关主体机构或者其人员也应当遵循诚实信用原则，将该原则在民事诉讼程序法里做出规定实际上就是对所有诉讼参与人的要求，包括对法律适用机关的要求，成为已经将诚实信用原则规定为民事诉讼法律适用上的基本原则的立法体现。

事实上，诚实信用原则不仅应当在《民事诉讼法》中做出规定，也应当作为行政执法、行政诉讼、刑事诉讼中的基本原则，在法律适用机构的组织法中做出规定，这样才能在整体上建立和优化法律机制，为营造诚实信用的社会氛围持续发力，形成整个社会的高层次法治、高层次财富管理、高层次诚信理念的逻辑闭环。

五、作为法律适用基本原则的诚实信用原则的基本内容及其对财富管理3.0时代的意义

1. 作为法律适用基本原则的诚实信用原则的基本内容

（1）民事主体在民事活动中要诚实、不虚、不欺；善意行使权利，不得损害他人和社会利益；遵循契约精神，全面履约，而不是擅自毁约；重大改变应当基于诚信协商处理；要有底线思维。

（2）行政机关在行政活动中要诚信对待行政相对人，诚信面对事实，诚信解释法律和适用法律，诚信安排处理程序，处理结果应当基于诚信；不能出现要么管死，要么监管放水的现象，更不能有滥用职权、玩忽职守、徇私舞弊的现象。

（3）司法机关在诉讼活动中要诚信对待诉讼参与人，诚信采纳事实，诚信适用法律，维护诚信当事人的合法权益，在需要解释法律时应当做出对诚信当事人有利的阐述，对相对方做出基于诚信原则的释明，而不是片面适用法律条文去庇护非诚信行为。

（4）立法机关在立法活动中要将诚信原则写入执法和司法机构的行为法律中，首先促进执法机构和司法机构成员自身的诚信，进而促使这些成员在其适用法律的过程中自觉保护诚信当事人的合法权益。

2. 作为法律适用基本原则的诚实信用原则对财富管理3.0时代的意义

（1）有利于激励法律适用主体有意识地引导财富所有者和财富管理者尊重诚实信用行为，尊重诚实守信的人，破除通过违背诚实信用原则以谋利的侥幸心理。

法律适用基本原则要求所有法律适用机关和人员一体遵行，堵塞跨地域、跨时间段、跨执法主体等漏洞，必将强化财富相关方对诚信的敬畏观念。作为法律适用的基本原则，不再单纯是民事主体之间的泛泛规定，而是立法者、行政执法者、司法者自身及处理相关事务时应当遵循的规定，这种强化的诚信宣告就是建立社会诚信的鲜明旗帜和坚强后盾。

（2）诚实信用原则作为法律适用基本原则必将在全社会建立起施行诚实信用原则的立体生态架构，形成财富管理的良性作用机制。

民事活动、行政活动和刑事活动都要诚实守信，民事行为主体之间要求诚信只是局限在一个线性或者平面法律关系中，存在一维度或二维度的局限思维。只有将法律适用主体，即行政机关、司法机关及其他相关组织也列入这一法律关系体系，才能在全社会建立起施行诚实信用原则的立体生态架构，形成多维度良性互动，否则效用存疑。

（3）国家权力及其公权力人员遵循诚实信用原则，能够促进公民在财富管理活动中对诚实信用原则的坚守，否则将导致机械适用或者扭曲适用。

国家法治发展的历史，也是公权力与私权利互为斗争、制约，并在相对平衡中不断发展的历史。法律适用者所实际拥有的权力，更容易维护或者损害公民财产权利，更容易引导公民对诚实信用价值的尊崇或者质疑。法律适用者解读事实或者法律时无法完全超越各种干扰，因而巩固诚实信用原则这一信仰必须从法律适用者开始。

综上所述，在财富管理3.0时代，面对更加复杂、丰富的财富管理方案、财富管理产品和高科技运用，面对财富管理产品和财富管理能力、财富管理风险收益等对真实性的要求，必须强化诚实信用原则的信念，扩大诚实信用原则的适用，用法律适用上的基本原则和法律适用主体的积极意识和作为，促进民事主体的诚实信用修养，促进民事活动的诚实信用体现，尽可能避免发生新的财富管理乱象，以求在所谓的财富管理 3.0 时代取得事半功倍的社会效果和经济效果。

参考文献

[1] 张晶，何家弘．法律适用之难与判例制度之善［J］．法律适用，2017(6).

[2] 陈守一，张宏生．法学基础理论［M］．北京：北京大学出版社，1981.

02 家族财富传承给子女存在的问题及法律对策

赵丽娜

父母对子女的爱是无私的，舐犊情深是人不变的本性。为人父母最想做的无外乎是凭自己的能力，尽可能为子女提供富足的生活环境，为他们的幸福人生提供物质支持。所以，无论是子女出国留学、回国创业，还是谈婚论嫁，父母都会倾尽资产和能力去帮助子女。对于高净值人士而言，如何保障子女拥有富足的生活环境是他们一直思考的问题。

实践中，父母给子女财富支持的过程中，出现了大量的纠纷，可见，父母并不是简单地将资金或者不动产给予子女就可以，还需要注重财富传承的方式方法，根据自己的情况，选择合适的传承方法，有的放矢，防患于未然。

问题一：父母为子女婚姻给付大额彩礼、嫁妆，当子女的婚姻出现问题时，如何保障财产不受损害？

1. 案情回顾

张三的儿子和女朋友打算结婚，女方提出，按照当地习俗，先订婚后结婚。订婚须给付彩礼101万元，寓意“万里挑一”。张三觉得101万元他能负担得起，便同意了。订婚没多久，儿子和女朋友因为琐事经常争吵，这段感情最终以分手而告终。分手后，张三儿子向女方索要彩礼时，女方不承认拿了彩礼。无奈，张三儿子将女方告上了法庭。由于 101 万元是通过现金给付的，没有留下交易记录，也没有无利害关系人的证明，无法证明 101 万元已经给付了女方，因此，法院驳回了张三儿子的诉讼请求。

2. 法律分析

结婚本来是喜庆的事，张三怎么也没想到婚没结成，钱没了。我国法律以司法解释的形式明确规定了彩礼在何种情况下可以返还。

《最高人民法院关于适用〈中华人民共和国婚姻法〉若干问题的解释（二）》第十条规定：当事人请求返还按照习俗给付的彩礼的，如果查明属于以下情形，人民法院应当予以支持：①双方未办理结婚登记手续的；②双方办理结婚登记手续但确未共同生活的；③婚前给付并导致给付人生活困难的。适用前款第②、第③项的规定，应当以双方离婚为条件。

根据法律规定，张三儿子可以要求女方返还彩礼，为什么法院最终驳回了其诉讼请求呢？因为张三儿子没有证据证明已经将 101 万元给付了对方，在拿不出证据的情况下，只能承担败诉的后果。

3. 法律对策

为了规避上述风险，可以从以下三个方面入手：①父母给付彩礼时一定要留存证据，可以通过银行转账的方式给付彩礼，在转账备注一栏中可以标注“彩礼”字样，转账凭证是最直接的证据。②父母不得已必须要通过现金给付彩礼时，可以让和自身无利害关系的人陪同，并留存一些证据，比如照片、录音、录像等。③父母可以通过购买人寿保险的方式，实现给付彩礼的目的。如将父母作为保单的投保人，受益人可以是女儿、儿子和其未婚夫或者未婚妻。保险可以预防婚变导致的财产流失，父母作为投保人可以随时要求退保，退保后资金返还给父母，意味着父母可以控制这笔资金，始终掌握主动权。父母如果急需资金时，还可以用该保单融资贷款。投保的方式，不仅可以保障父母对该资产的控制权，还能满足父母对子女传承的意愿。

问题二：父母为了规避遗产税，将房产转移到子女名下后，出现失控，如何规避这种风险？

1. 案情回顾

李四听说遗产税快要实施了，为了规避税收，将自己名下的房产都转移到儿子名下。不久李四发现儿子吸毒，已经卖掉了三处房产作为毒资。李四要求儿子戒毒，并将房产过户到自己名下，谁知儿子为了不被父母责怪，已经不知所踪。之后，李四发现儿子仍在变卖房产，自己无能为力，赠与行为因已经完成而无法撤销。李四追悔莫及。

2. 法律分析

1993 年党的十四届三中全会通过的《中共中央关于建立社会主义市场经济体制若干问题的决定》提出，逐步建立个人收入应税申报制度，依法强化征管个人所得税，依法强化征管个人所得税，适时开征遗产税和赠与税；2013 年 2 月，国务院批准国家发展改革委等部门制定的《关于深化收入分配制度改革的若干意见》提出“研究在适当时期开征遗产税问题”。上述政策的出台给人们一种感觉，就是国家要开始征收遗产税了。为了规避遗产税，一些人开始转移财产。在转移财产的过程中，父母往往忽略了，转移财产后，他们对这些财产已经丧失了控制权，子女一旦误入歧途或者挥霍无度，父母也无能为力，即便到法院起诉也很难要回财产，因为赠与已经完成，资产已经到子女名下。

父母将资产传承给子女时，一定要考虑资产转移后的控制问题。一般情况下资产传承不是一蹴而就的，需要认真分析，一步步传承。父母不仅要考虑避税问题，还要考虑子女以后的行为是否可控的问题，如果只考虑将资产转移给子女，风险很大。

3. 法律对策

父母在给予子女财富支持的同时要预防风险，在将房产转移给子女时可以留一小部分份额，按份共有产权，例如，子女占房产比例的 99%，父母占房产比例的1%。如果子女想抵押、变卖、出租该房产，需要征得父母同意，否则无法办理相关手续。父母这样做不仅可以牢牢控制该房产，而且能监督子女对该房产的使用情况。此外，父母由于占有的份额较少，税务压力较小，也不必过分担心未来可能缴纳的遗产税的负担。

问题三：父母为子女购买的婚前房产，如何规避被另一半分割的风险？

1. 案情回顾

李某的儿子已到了谈婚论嫁的年纪，李某想给儿子买一套婚房。由于资金紧张，李某选择按揭购买房产，交了首付，房产登记在儿子名下。不久，儿子有了心仪的对象，之后便登记结婚。一年后，李某将自己银行账户的资金转到儿子银行账户中，由儿子银行账户的资金支付剩余购房款。婚后，儿子和儿媳感情出现问题。两年后，儿媳向法院提起诉讼要求离婚，并要求分割上述房产。李某认为房子是儿子在结婚前自己出资购买的，并登记在儿子名下，儿媳无权分割该房产。

2. 法律分析

《中华人民共和国婚姻法》明确规定，婚前的财产归个人所有。李某认为，自己在儿子结婚前给其购买的房产属于婚前财产，并且登记在儿子名下，应该属于儿子的个人财产，离婚时儿媳不应该分割该房产。

《最高人民法院关于适用〈中华人民共和国婚姻法〉若干问题的解释（三）》第十条规定，夫妻一方婚前签订不动产买卖合同，以个人财产支付首付款并在银行贷款，婚后用夫妻共同财产还贷，不动产登记于首付款支付方名下的，离婚时该不动产由双方协议处理。依前款规定不能达成协议的，人民法院可以判决该不动产归产权登记一方，尚未归还的贷款为产权登记一方的个人债务。双方婚后共同还贷支付的款项及其相对应财产增值部分，离婚时应根据《婚姻法》第三十九条第一款规定的原则，由产权登记一方对另一方进行补偿。

李某的观点显然忽略了婚前购买的房产虽缴纳了首付，但有一部分购房款是婚后支付的，而且没有证据证明婚后支付的房款不是夫妻共同财产，在这种情况下，儿媳可以要求分割婚后支付的房款及相应财产增值部分。

3. 法律对策

子女结婚前，父母以按揭方式给子女购买房产时，为了避免子女婚后感情生变，导致房产被另一半分割，可以在子女结婚前将剩余房款、契税等费用打到子女账户，该账户不能和婚后财产混同。当需要支付剩余房款、缴纳契税时，子女可以通过银行转账的方式直接缴纳款项。这样做可以避免房产被另一半分割。父母切记既不能不经上述步骤，将资金转到子女账户后，再由子女账户转给开发商，也不能由父母账户直接转到开发商账户。

父母全款出资为子女购买婚房，婚后登记在子女名下，为了防止子女私自在房产证上加上另一半的名字，可以采用按份共有产权的方法（见问题二中的法律对策部分提到的按份共有产权的方法）。

父母为子女购买婚房，无论是按揭购买房产还是一次性付清房款，都要在婚前签订合同，取得房产证，婚前装修好，并缴纳相关税费。如果婚前无法装修、缴纳相关税费，父母应在婚前为子女开设账户，将相关费用打到该账户中，婚后与之相关的支出都从该账户通过银行转账的方式来支付。采用该方法可以避免婚后财产与婚前财产混同，如果子女婚变，另一半无法分割该房产。

问题四：父母一方突然身故，如何保障其财富传承到子女名下？

1. 案情回顾

王某自幼父母双亡，与李某认识后，一见钟情，两人很快领了结婚证。婚后，王某与李某一直忙于生意，生意越做越大，但是两人一直没有考虑生育子女。眼看年纪越来越大，在婚后的第 8 年两人生育一子。2017 年王某驾车考察市场的过程中，不幸遭遇车祸，经抢救无效去世，只留下了爱人李某和年幼的儿子。一年后，有很多人给李某介绍对象，李某一开始不同意，但经不起亲朋好友劝说，于是有了再婚的打算。王某的弟弟看在眼里，急在心里，他担心嫂子改嫁后哥哥辛苦赚的钱就会送给他人，用在侄子身上还好，如果用在他人身上，有违哥哥心愿。但这种情况下，弟弟也不能阻止嫂子改嫁。

2. 法律分析

王某在去世前没有做任何财富传承的安排，无法保障子女财产安全。如果王某意外身故，则他与李某辛苦打拼赚取的财富，李某可以得到四分之三，而儿子只可以得到四分之一。由于儿子年幼，李某作为儿子的唯一法定监护人，有权监督和使用孩子的财产。实际上，王某去世后，所有的财产都归李某掌管。如果李某再婚，她可能将之前与王某的共同财产用在再婚的丈夫和再婚后生育的子女身上，这样就违背了王某的意愿。

3. 法律对策

如何通过事前规划，保障将自己的财富传承给子女，是高净值人士需要思考的问题。王某可以提前将自己名下的不动产过户到儿子名下。对于其他财产，王某可以将自己名下的资产通过投保的方式来保障子女的财富安全。比如，王某可以为自己购买一份终身险。王某作为投保人和被保险人，其子作为受益人，王某和保险公司约定，理赔款按年支付，理赔数额逐年递增，一旦王某遭遇不测，其子可以获得理赔款。王某也可以采用家族信托的方式，保障子女的财富安全。比如，王某作为信托委托人，受托人是信托公司，信托收益人是王某的儿子。通过上述方式，可以保障王某万一遭遇不幸身故，也能将其财富的合理份额传承给儿子，避免财富流失。

问题五：如何采取有效的措施避免子女婚变导致财富流失？

1. 案情回顾

赵某和皮某的父母已经去世，二人膝下育有一子小赵，小赵已经成家立业，但和妻子关系不太和睦。赵某和皮某由于意外身亡，留下上千万元的资产。几个月后，小赵的妻子提出离婚，并要求分割小赵父母留下的遗产。小赵认为父母留下的遗产都是自己的，妻子离婚时不能分割。由于协商不成，小赵的妻子将小赵起诉到法院。法院最终支持了小赵妻子的诉求。

2. 法律分析

根据《中华人民共和国婚姻法》第十七条、十八条的规定，遗嘱和赠与合同中没有明确只归夫或妻一方的财产，应认定为夫妻共同财产。

小赵的父母突然离世，小赵作为父母的唯一继承人，有权继承父母名下的所有财产。小赵父母没来得及立遗嘱，没有书面的赠与协议，小赵继承的财产应为夫妻共同财产。小赵婚变时，面临着父母留下来的遗产被妻子分割的风险。

3. 法律对策

很多人认为立遗嘱、写赠与协议不吉利，殊不知早立遗嘱、订立赠与财产协议可以避免很多问题。父母应提前规划自己的财产，确保财产能被子女继承。

子女可以与配偶签订婚前协议。有些人认为，我国法律规定了婚前财产属于个人财产就不用签订婚前协议了。而笔者说的婚前协议，虽是婚前签订的，但是其内容是约定婚后取得的财产如何分配。签订婚前协议不仅可以避免婚变后一方分割另一方财产，也可以避免父母突然去世，父母的遗产被另一半分割的风险。

03 律师在财富管理领域大有可为

陈朝晖

改革开放40多年以来，社会财富搭乘着经济发展的快车实现了初步积累，富裕阶层和中产阶级逐渐壮大，为个人和家庭提供财富管理服务的社会需求也日益增长。

广义的财富管理是指财富管理机构接受委托，向客户提供财务规划、投资咨询、资产管理、保险设计等一系列的金融服务，对客户的资产、负债、流动性等进行全方位管理，以满足客户不同阶段、不同方面的财务需求，帮助客户达到降低风险，实现财富保值、增值和传承等目的。

狭义的财富管理是指为高资产净值的家庭或个人，提供包括投资组合管理、税务筹划、遗产规划、信托安排、离岸资产服务、不动产管理、融资、慈善参与等服务，帮助客户实现财富目标的活动。

一、财富管理机构

中国当前财富管理服务的提供者主要包括商业银行、证券公司、信托公司、保险公司等。随着高净值财富人群的快速增加，不断增长的市场需求也催生了第三方理财机构，如在纽约证券交易所上市的诺亚控股有限公司（诺亚财富）和钜派投资集团。其中，商业银行和证券公司是客户选择的主要财富管理机构。

（一）商业银行的财富管理

2002 年，招商银行首先推出金葵花理财品牌，面向日均存款或资产超过 50 万元的中高端客户，成为财富管理领域的代表性机构。2007 年，中国银行推出了私人银行业务，标志着分层次财富管理服务市场的形成。截至目前，在中国有 100 多家银行机构面向客户开展财富管理业务。商业银行依照资金进入门槛和风险承受能力向客户推荐诸如传统的现金管理工具、结构性存款产品、不动产基金、资产基金、信托产品、私募基金、对冲基金、共同基金以及其他指数挂钩类投资工具。

我国商业银行面向高端客户的这些产品和一般理财客户的产品差别有限，且服务同质化严重。销售或代销理财产品获取手续费是财富管理部门主要的收入来源，且财富管理的收入在我国商业银行总收入中的所占比例极低。

（二）证券公司的财富管理

财富管理已经成为证券公司的主要业务之一。2010 年广发证券正式引入了“投资银行财富管理”的概念。目前有十多家综合类券商通过设立财富管理中心或财富俱乐部切入财富管理市场。2016 年，中投证券（中国中投证券有限责任公司）更名为中国中金财富证券有限公司，截至 2018 年年末，该公司共有财富客户 35.74 万户，托管资产 1.23 万亿元。同银行的处境一样，证券业受制于分业监管，客户的存款、投资账户相分离格局短期内无法改变。由于无法为客户提供统一账户下的资产规划，国内券商财富管理部门目前还是以传统的投资产品出售为主，缺乏对客户的个性化定制，财富管理产品深度挖掘空间很大。

（三）第三方财富管理机构

所谓第三方财富管理，是指独立于银行、保险、证券等金融机构之外，代表客户利益，站在客户立场，根据客户需求，独立、客观、公正地为客户进行金融资产配置和理财产品筛选的专业财富管理。面对中国日益增长的财富管理需求，第三方财富管理应运而生，如在纽约证券交易所上市的诺亚财富和钜派投资。自2010年诺亚财富在纽约证券交易所挂牌交易后，其所带来的财富示范效应，加上行业准入门槛极低，使得第三方财富管理机构快速发展，目前中国大大小小的第三方财富管理机构数量已超过8000家。

财富管理规划的内涵强调三个方面：第一，财富管理是全方位、综合性的一揽子服务，而不是单一的金融产品营销或简单的投资理财服务；第二，财富管理是面向每一户家庭的个性化服务，虽然也有一些规范的方法和流程，但不是一成不变的标准化服务；第三，财富管理规划是贯穿家庭全生命周期的长期规划过程，而不是针对某一阶段的规划方案，短期规划方案仅仅是其表现方式。

财富管理，主要涉及财务规划和金融服务，因此这项工作通常由经济学和管理学的专业人士来做。随着市场经济的发展，法律对经济活动的规制、对经济行为的评价作用日益凸显，财富管理作为一项商业服务活动也日益需要律师的参与。因此，律师在财富管理领域大有可为。

二、行业的选择

财富管理的前提是财富的创造和价值发现，也就是解决如何赚钱的问题。如果不是通过权力寻租、打家劫舍等非法手段谋取财富，合法的赚钱方式就应当是通过市场交换来实现。进入市场，是创造财富的第一步。

选择比努力更重要。选择朝阳产业、进入蓝海市场进行投资，就更容易获得超额利润，积累财富；反之，如果投资于夕阳产业、红海市场，则盈利的难度大，甚至可能亏损。

（一）产业的趋势和前景分析

君子不妄动，动必有道。进入市场，要选择一个有“钱景”的行业。对产业发展趋势进行分析判断，主要是产业经济学领域研究的内容。但是，法律作为适应经济社会发展需要而提供的上层建筑产品，对产业发展的趋势也有引导功能和保障作用。

1. **全球化视域下的产业转移**

随着经济全球化以及不断推进与深化经济体制改革，我国与世界上其他国家的经贸往来日益频繁，贸易总量不断提升，我国的生产与消费活动不可避免地融入全球经济体系之中。在经济全球化背景下，我国的产业竞争优势不仅体现在我国产业总体数量大、进出口总量多、总产值高、市场需求大等方面，而且体现在由沿海到内陆区域间产业结构上呈现出一定的阶梯性和互补性。

中华人民共和国工业和信息化部发布的《产业转移指导目录（2018 年本)》是推动产业合理有序转移、促进区域合作的综合性、指导性文件，是贯彻落实区域协调发展战略的重要举措，对进一步做深做实产业转移工作具有重要的指导意义。现行有效的《产业转移指导目录（2018 年本)》，是律师指导客户进入市场应当研读和分析的规范性文件。目录中提出东部地区要率先实现产业转型升级，积极承接国际高端产业转移，推动传统产业向中西部地区转移。律师通过对《产业转移指导目录（2018 年本)》进行分析，可以预判在一定区域将优先承接发展哪些产业、逐步退出哪些产业，对指导企业的行业选择具有战略意义。

2. **全球化背景下的产业升级与重构**

在经济全球化的时代背景下，跨国公司的产业链在全世界范围内延伸，为一些发展中国家的产业升级提供了重要的背景支持，产业调整和转移带来的发展机遇对刺激国内的产业快速发展和升级有极大的促进作用。

先进技术的引进创新，是实现产业升级与重构的重要依托。为鼓励企业引进国际上先进的高新技术，促进对引进技术的消化吸收和再创新，中华人民共和国商务部和国家税务总局联合发布了《中国鼓励引进技术目录》。律师通过对《中国鼓励引进技术目录》进行分析，可以帮助客户预测未来技术革新发展的方向，顺应技术发展的趋势，选择蓝海市场。同时，律师也可协助客户在技术引进合同签订后到省商务厅科技处办理合同登记手续。此外，目录公告的鼓励引进的技术项目按税法规定可享受所得税减征、免征优惠，这也是律师为客户做税收筹划的一个重要思路。

（二）利用法律的保障和促进功能

法律对经济增长、产业发展具有保障和促进功能。律师通过为客户介绍、分析相关法律规定，能够帮助客户了解现行法律规定中对特定行业、企业的鼓励和优惠措施，充分依靠并利用这些法律规定及其配套政策、法规，有助于投资者选择进入市场的主营业务，并及时申报和享受相应的优惠待遇。

1.《中华人民共和国中小企业促进法》

《中华人民共和国中小企业促进法》（以下简称《中小企业促进法》）是为了改善中小企业经营环境、促进中小企业健康发展、扩大城乡就业、发挥中小企业在国民经济和社会发展中的重要作用而制定的法律。2017 年，国家正式公布了新修订的《中小企业促进法》，并于 2018 年 1 月 1 日起施行。

《中小企业促进法》对中小企业给予一定的倾斜保护和特殊政策，侧重在环境上提供公平竞争的条件来扶持中小企业。通过该法，国家建立起对中小企业进行财税支持、融资促进、创业扶持、创新支持、权益保护等一系列支持制度。比如《中小企业促进法》第三十二条规定，"中小企业的固定资产由于技术进步等原因，确需加速折旧的，可以依法缩短折旧年限或者采取加速折旧方法。国家完善中小企业研究开发费用加计扣除政策，支持中小企业技术创新"，通过立法，明确将中小企业固定资产折旧政策和中小企业研究开发费用加计扣除政策纳入《中小企业促进法》，从而营造普惠的创新法律环境，支持中小企业技术创新；第十二条规定，"国家对小型微型企业行政事业性收费实行减免等优惠政策，减轻小微型企业负担"；第十六条规定，"鼓励各类金融机构开发和提供适合中小企业特点的金融产品和服务"等。

律师通过向客户介绍和解释《中小企业促进法》规定的国家对中小企业的支持和优惠制度，可以帮助投资者充分利用这些优惠待遇，实现投资收益最大化。如果客户的企业营业收入高、从业人员多，已不符合中小企业的规模要求，则可在不影响企业经营和声誉的前提下，对企业业务进行适当拆分，把企业分立成两个或几个中小企业，以享受国家对中小企业的支持政策和优惠待遇。

2. **产业技术法**

产业技术法，是产业技术政策的法律化，其法律政策目标是促进应用技术研发，鼓励产学研相结合，努力提高产业的整体技术水平。我国的产业技术法，主要是《中华人民共和国科学技术进步法》（以下简称《科学技术进步法》）和《中华人民共和国促进科技成果转化法》（以下简称《促进科技成果转化法》）。

2007 年修订的《科学技术进步法》提出鼓励已经取得的发明专利权等知识产权能够尽快地得到实施；加大对科技的投入，通过财政政策、金融政策、税收政策等，包括建立基金、动员社会力量来加大科技方面的投入，推动科技更快地发展；对国家已经形成的科学技术资源加以整合，建立一个全社会共享的制度，使科技资源发挥重大的作用等一系列促进科学发展和技术革新的制度。

《促进科技成果转化法》强化企业成果转化主体地位，规定政府科技部门、其他部门根据职责分工，为企业获取科技成果提供支持（第二十二条）；拓宽科技成果转化的投资渠道，如财政、金融、保险、风投、股票、基金等方式（第三十三至三十九条）。

律师通过向客户介绍和解读产业技术法的有关内容，能够帮助企业家获得和共享科技信息，引导企业调整产业结构，提高科技创新能力；帮助客户申报高新技术企业，享受企业科技创新的有关税收优惠待遇。

律师依据《科学技术进步法》第三十六条以及其他配套规定，帮助符合条件的企业申报和认定为高新技术企业，对企业降低成本、提高收益的帮助是立竿见影的。

（1）凡经认定的高新技术企业，企业所得税税率连续三年由原来的 25% 降为 15%，相当于在原来的基础上降低了 40%；三年期满之后可以申请复审，复审通过的企业继续享受三年税收优惠（如企业年纳税 100 万元，申报通过当年，即可享受减免 40 万元的优惠，三年就可减免 120 万元，六年则减免 240 万元。

（2）经认定的高新技术企业可凭批准文件和高新技术企业认定证书享受国家、省、市有关优惠政策，更容易获得国家、省、市各级的科研经费支持和财政拨款；高新技术企业称号将会是众多政策性扶持，如资金扶持的一个基本门槛。

（3）高新技术企业的认定，将有效提高企业的科技研发管理水平，使企业重视科技研发，提高核心竞争力，能在市场竞争中极大地提升企业品牌形象，无论是对企业的广告宣传还是产品招投标工程，都有非常大的帮助。

（4）对于企业而言，高新技术企业是难得的国家级资质认证，对依靠科技立身的企业更是不可或缺的硬招牌，其影响力仅次于中国名牌产品、中国驰名商标、国家免检产品。

（三）遵守法律的限制

法律对一些行业、企业有鼓励、支持发展的各类措施，也对一些行业、企业从事特定经营活动，有一些限制措施。比如要从事文物的商业经营，就需要遵守《中华人民共和国文物保护法》（以下简称《文物保护法》）的规定。该法第五十五条规定，“除经批准的文物商店、经营文物拍卖的拍卖企业外，其他单位或者个人不得从事文物的商业经营活动”。基于《文物保护法》和其他配套规定，当客户从文物商店（古玩旧货市场商户）购买文物时，律师要提示客户查阅卖方的营业执照或事业单位登记证书、省级文物主管部门批复文件。当客户委托拍卖企业拍卖文物或参与拍卖会竞拍文物时，律师要提示客户查阅拍卖企业的营业执照、拍卖经营批准证书、文物拍卖许可证。

三、市场主体的设计

投资者可以通过创立企业、注册个体工商户的方式或以个人身份进入市场开展经营活动，以创造和积累财富。创立企业、注册个体工商户，都需要满足相关的法律、法规要求，依照有关规定办理登记手续。市场经营主体及其法律依据如表 1 所示。

表 1　　市场经营主体及其法律依据一览表

市场经营主体类型	法律依据
公司	《中华人民共和国公司法》（以下简称《公司法》）
合伙企业	《中华人民共和国合伙企业法》（以下简称《合伙企业法》）
个人独资企业	《中华人民共和国个人独资企业法》（以下简称《个人独资企业法》）
个体工商户	《个体工商户条例》
个人	《中华人民共和国民法总则》《中华人民共和国民法通则》
全民所有制工业企业	《中华人民共和国全民所有制工业企业法》
集体所有制企业	《中华人民共和国城镇集体所有制企业条例》

相对于以个人身份直接从事市场活动而言，企业是人类追求经济效率所形成的组织体。诚如科斯提出的：企业的本质就是降低了交易成本，从而在市场竞争中获取更大的优势。依照我国的法律、法规，私人投资者可以设立除公有制企业之外的其他类型的企业，以通过市场交易赚取财富。

（一）公司

依照《公司法》的规定，我国的公司包括在中国境内设立的有限责任公司和股份有限公司两种类型。

1. 有限责任公司

有限责任公司简称有限公司，我国的有限责任公司是指根据《公司法》和《中华人民共和国公司登记管理条例》规定登记注册，由 50 个以下的股东出资设立，每个股东以其所认缴的出资额为限对公司承担有限责任，公司法人以其全部资产对公司债务承担全部责任的经济组织。有限责任公司比较适合创业企业，原因在于：①设立程序简单，订立公司章程—股东认缴出资—验资机构验资—办理公司登记；②机构设置简单、灵活，可以只设董事、监事各一名，不设董事会、监事会，治理结构并不复杂，公司管理、运营成本比较低。

2. 股份有限公司

股份有限公司，简称股份公司，是指公司全部资本划分为等额股份，股东以其所持股份为限对公司债务承担责任，公司以其全部资产对公司债务承担责任的企业法人。股份有限公司的形式适合一些成熟的、有较大规模的公司，对于初创型和中小微企业来说并不适合，原因有以下两点：①设立程序更为严苛和复杂，需要经过订立公司章程—发起人认购股份或向社会公开募集股份—验资—召开创立大会—办理公司登记几个程序；②机构设置的要求高，必须设立董事会、监事会，定期召开股东大会，而上市公司在股份公司的基础上，还要聘用外部独立董事。

公司与其他企业相比，其重要特点在于公司是法人，而其他类型的企业都是非法人企业。法人企业能够以自己的财产独立承担法律责任，而非法人企业则不能独立承担法律责任，这意味着出资人不仅要以自己投入到经营体中的财产偿还债务，而且要以自己所有的财产（除了生活必需品）偿债。

投资者设立一个公司作为从事市场活动的主体，如果该公司在市场竞争中失败了，投资者以其认缴的出资额为限（有限责任公司）或以其认购的股份为限（股份有限公司）对公司承担责任，而不用以个人财产偿债，从而保障个人和家庭生活不因投资失败而受到影响，这是设立公司相对于设立其他非法人企业的优势所在。

很多早期创业者为引入投资，与投资机构签署债权投资或股权回购协议时，投资机构要求与创业者再签订一份附有无限连带责任的“兜底协议”，约定在一些特殊情况下，如投资款项无法收回，创业者要承担无限连带责任。虽然创业者不签附属的“兜底协议”有可能无法达成投资合作协议，但是签署了这样的“兜底协议”，投资者建立公司从事市场活动所承担的就不是有限的偿债责任，而是无限责任。这在法律后果上是有本质差别的。很多创业者在签署该协议时，没有向律师咨询其法律后果，而在其后懊悔不已。

（二）合伙企业

合伙企业，是指自然人、法人和其他组织依照《合伙企业法》在中国境内设立的普通合伙企业和有限合伙企业。普通合伙企业由普通合伙人组成，合伙人对合伙企业债务承担无限连带责任。有限合伙企业由普通合伙人和有限合伙人组成，普通合伙人对合伙企业债务承担无限连带责任，有限合伙人以其认缴的出资额为限对合伙企业债务承担责任。

无论是普通合伙企业，还是有限合伙企业，都需有两个以上合伙人。与一人有限责任公司、个人独资企业相比，合伙企业可以从众多的合伙人处筹集资本，由合伙人共同偿还债务，降低了债权人的风险，使企业的筹资能力有所提高；合伙企业也能够让合伙人发挥优势互补的作用，大家共同出力谋划，集思广益，提升企业综合竞争力；合伙企业中至少有一个负无限责任的合伙人，使债权人的利益受到更大保护，在商业实践中，这种无限责任的压力更能提升企业信誉。

与公司相比，合伙企业的另一个重要优势是能够享受税收优惠待遇。按照《财政部　国家税务总局关于合伙企业合伙人所得税问题的通知》（财税〔2008〕159号），合伙企业以每一个合伙人为纳税义务人。合伙企业合伙人是自然人的，缴纳个人所得税；合伙人是法人和其他组织的，缴纳企业所得税。按照《财政部　国家税务总局关于个人独资企业和合伙企业投资者取得种植业　养殖业　饲养业　捕捞业所得有关个人所得税问题的批复》（财税〔2010〕96号）的规定，对个人独资企业和合伙企业从事种植业、养殖业、饲养业、捕捞业（以下简称“四业”），其投资者取得的“四业”所得暂不征收个人所得税。因此，当投资者拟建立企业从事上述“四业”时，如果建立公司，其所得需要按25%缴纳企业所得税，投资者从公司取得的股息、红利所得还要按20%缴纳个人所得税；但是，如果建立合伙企业和个人独资企业，则既不缴纳企业所得税，也不缴纳个人所得税，对投资者和企业积累财富无疑是十分有利的。

但是，由于普通合伙人对合伙企业债务承担无限连带责任，对投资者而言，以普通合伙人的身份入伙一个合伙企业，应当是十分慎重的选择；如果投资者以有限责任人的身份入伙，则不能执行合伙事务，不得对外代表有限合伙企业。这对投资者而言，则不能实现作为企业家的理想和抱负，只能够取得合伙企业的利润分配。

（三）个人独资企业

个人独资企业是指依照《个人独资企业法》在中国境内设立，由一个自然人投资，财产为投资人个人所有，投资人以其个人财产对企业债务承担无限责任的经营实体。

1. 个人独资企业的优点

投资人对企业及其财产享有绝对的所有权、控制权、收益权；有利于保护企业经营和发展有关的商业秘密；创立容易，有利于投资者发扬创业精神，实现自我价值；不需要缴纳企业所得税。

2. 个人独资企业的缺点

个人资金有限，资金来源有限，限制了企业的扩展和大规模经营；投资者风险大，对企业负无限责任。

（四）个体工商户

个体工商户是指有经营能力的公民，依照《个体工商户条例》的规定，经工商行政管理部门登记，从事工商业经营的市场主体。尽管个体工商户要履行工商登记手续，但个体工商户不是企业，市场监管部门也将个体工商户作为独立于企业之外的一种特殊市场主体来管理与规范。

个体工商户可以是个人经营，也可以是家庭经营。以个人名义申请登记的个体工商户，个人经营、收益也归个人者，以个人财产对债务负清偿责任；以家庭共同财产投资，收益的主要部分供家庭成员消费的，其债务由家庭共有财产清偿；在夫妻关系存续期间，一方从事个体工商户经营，其收入作为夫妻共有财产者，其债务由夫妻共有财产清偿；家庭全体成员共同出资、共同经营的，其债务由家庭共有财产清偿。

个体工商户虽然不是企业，但是在某些方面也可以像企业一样独立开展市场活动。比如，可以在银行开设银行账户，向银行申请贷款；有权对其商标申请专用权；可以根据经营需要招用从业人员，包括传统的请帮工、带学徒等，但应当依法与招用的从业人员订立劳动合同。

与企业相比较，个体工商户具有设立门槛低、形式灵活的优点，一般的个人和家庭均可从事经营，适合初入市场的投资者和兼职的创业者。一方面，建立其他企业，必须有办事机构所在地或生产经营场所，而个体工商户不要求有固定的经营场所，可以流动经营或没有固定门面地摆摊经营；另一方面，其他企业必须登记企业名称，而个体工商户既可以起字号，并以其字号进行生产经营活动，也可以没有字号。

与企业相比，个体工商户可享受多种税收优惠政策：月营业额在 3 万元以下（包括 3 万元）免增值税、城建税；月营业额在 10 万元以下免教育费附加、地方教育费附加、水利基金；月营业额在 2 万元以下免个人所得税，超过 2 万元的每月按营业额 1% 征收个人所得税。残疾、孤老人员、烈属、退役士兵、随军家属、下岗职工等人员从事个体经营，还可享受各种税、费减免政策。

四、公司股权设计

在中国的市场主体中，只有公司实行有限责任制度。有限责任制度是社会经济发展的产物，对于近现代公司的发展起着重要的作用，它避免了无限责任制度下投资者负担的因企业经营失败而导致个人财产被用于偿债的风险，是广泛募集社会大量资金、兴办大型企业最有效的手段。如果投资者选择建立公司从事市场活动，依法进行适当的股权设计，是保持对公司的控制权、避免投资者“为他人做嫁衣裳”的关键所在。

（一）股权设计的重要性

公司的“经济基础”来源于股东的投资，股东将自己的资产投入公司，参与公司的经营管理，根据股权结构和公司章程确定具体的公司利益分配与风险承担比例，确定公司控股权的归属。控股股东可以拥有决定公司未来发展方向、业务重点、团队建设、治理结构等最主要的公司权力。

股权设计十分重要，在公司组建的前期，最重要的是公司的运营市场产品，对公司做大有着重要作用。当然，随着业务的发展，人的发展也对公司发展起着重要的作用，因此，涉及企业"核心人"——股东的权钱的分配就非常重要，从管理角度讲，这涉及公司的最顶层设计。因此，作为一名律师，在为企业发展提供咨询时，须本着咨询方利益最大化为其提供股权设计方案。正确合理的股权结构设计对于一个公司的长远持久发展至关重要。

（二）避免公司控制权旁落

《公司法》第四十二条规定，股东会会议由股东按照出资比例行使表决权；但是，公司章程另有规定的除外；第一百零三条规定，股东出席股东大会会议，所持每一股份有一表决权。因此，在一般情况下，股东对公司投资越多，股权占比越大，对一些重大事项越具有决定权，大股东通常掌握公司的控股权。但是，如果股权设计不当，公司的大股东可能失去控制公司的决定权。

例如，A 和 B 决定共同出资经营一家公司，注册资本 1000 万元，其中 A 出资 510 万元，B 出资 490 万元，从而 A 在该公司占有 51% 股权，B 在该公司占有 49% 股权，A 对公司的重大事项具有完全的决定权，掌握了公司的控股权（在 A 和 B 组成的股东会上，如果 A 与 B 的意见不一致，以 A 的意见做出股东会决议。因为 A 的投资多，如果公司盈利，则 A 会获得更多的收益；同理，如果公司亏损，A 也承担着更大的风险）。假设当公司发展到了一定的规模，开始招贤纳士，C 作为高级技术人员受雇于公司，为公司做出了巨大贡献。A 和 B 作为股东，为了激励 C 更好地投入公司的技术革新工作，给公司创造更多的经济利益，决定每人拿出 2% 的股份转让给 C，此后，A 拥有公司 49% 的股权，B 拥有公司 47% 的股权，C 拥有公司 4% 的股权。此时，当股东 A 和 B 就公司的重大决定发生争执时，A 即使作为最大股东，也不再具有决定权，即不再具有公司的控股权。反而拥有最少股权的 C 选择支持谁，成为 A 和 B 谁的主张能够实现的关键。当 C 决定支持 B 的时候，二人的股权合计 51%，从股权占比上超过了 50%，B 的主张可以实现；反之，当 C 决定支持 A 的时候，A 和 C 的股权加起来过半数，A 的主张可以实现。在这种情况下，如果在股东会上，A 和 B 的意见不一致，C 才是最终决定人。在这种股权结构下，拥有股权最少的股东反而具有最终决定权。

作为律师，帮助投资者设计合理、有效、利己的股权结构，从而保证其对公司的控制权，是非常重要的。在上述案例中，如果原控股股东 A，既要以股权的形式激励 C 为公司创造价值，又想保留自己对公司的控制权，可以在将股份转让给 C 时，与他签署“一致行动协议”，约定 C 在股东会表决时需与 A 保持一致行动。如此，当 B 的意见与 A 不一致时，股东会表决后仍会按 A 的意见形成决议。

04 企业家资产保护之刑事风险防范概要

王怀涛 林海

“企业家不是在监狱，就是在通往监狱的路上。”这句话或许有些夸张，但流传甚广，甚至出现在最高人民检察院影视中心等出品的电视剧《人民的名义》中代表正面商人形象的王大路的台词里。奋进、悲情、沉浮，纵观我国近几十年的企业发展史，堪称一部企业家冒着刑事风险“前仆后继”的探索史。

刑事风险不仅涉及财产安全，更关乎人身自由甚至性命，故相比民事风险、商业风险等其他常见风险而言，值得企业家们加倍重视。目前，我国的经济体制改革已进入深水区和攻坚期，作为上层建筑的政策文件和法律规定有时难以满足现实社会的经济发展需要，常出现暂无相关法律规定的商业活动，即“夹缝地带”。在这样的地带中，企业家本身就是探路的先驱，但如何把握监管的走向，不要“撞壁触雷”，是企业家资产保护的首要议题。

一、基于现有数据分析企业家的刑事风险

李嘉诚永远把风险放在第一位思考，他用90%的时间思考失败后怎么办，在他60年的创业时间里，他的个人财富和公司财富每一年都在增加。[①] 但是，

① 年青、年鹤童：《法商之道——企业家法律风险防范36计》，清华大学出版社，2018，前言。

这毕竟是极少数的现象。我国的企业家，尤其是民营企业家，往往具备与生俱来的“独闯精神”，精通商业规则、经验丰富的较多，平时常忙于各种内外事务，研究法律知识的较少，常倾向于在面临迫在眉睫的民事纠纷和刑事风险时，才求助于法律顾问或专业人士，而此时的回旋或挽救余地已经很小。因此，撰写简明易懂、较为齐全、能让企业家随手可查的概要性实务文章，显得十分必要。

刑事风险的防范，首先要基于现有的大数据进行分析，从而判断目前我国企业家犯罪的基本态势。《企业家刑事风险分析报告（2014—2018）》中的统计资料显示，2014—2018 年，我国企业家犯罪的最高发年龄段是 40 ~ 49 岁；犯罪的企业家中，受教育程度在大学（大专）及以上的所占比例最高；担任企业主要负责人的占 7 成以上，其次是实际控制人和股东；犯罪的五大高发环节依次为日常经营环节（占 39.13%）、融资环节、财务管理环节、贸易环节和工程承揽环节。

上述统计资料亦显示，2014—2018 年，民营企业家触犯的高发罪名中，非法吸收公众存款罪以 17.77% 的占比居首，接下来依次是虚开增值税专用发票罪，职务侵占罪，合同诈骗罪，单位行贿罪，挪用资金罪，拒不支付劳动报酬罪，行贿罪，骗取贷款、票据承兑、金融票证罪，非国家工作人员受贿罪，走私普通货物、物品罪，集资诈骗罪，诈骗罪，污染环境罪，重大责任事故罪，假冒注册商标罪，非法经营罪，串通投标罪，非法占用农用地罪，伪造公司企业、事业单位、人民团体印章罪。在统计的涉案民营企业家中，有 87.8% 被判处有期徒刑，仅 0.4% 被宣告无罪，5.5% 被免予追究刑事责任。①

从企业家犯罪的年龄看，多发生在中年末期，此时经过数十年的努力，财富往往已积累到一定程度，且恰到企业及家族传承“交接班”的节点，此时若出现刑事风险，对于企业家而言几乎是致命的，可能导致企业家前半生的奋斗功亏一篑。而企业家的学历越高，对企业的法律责任越重，刑事风险

① 张远煌：《企业家刑事风险分析报告（2014—2018）》，北京师范大学中国企业家犯罪预防研究中心，2019。

就越大；且一旦被启动刑事诉讼程序，免于“牢狱之灾”的可能性很小。

以上统计的仅为企业家个人的犯罪情况，而我国刑法是持“法人犯罪肯定说”的，构成了企业家刑事风险的另一侧面。法人犯罪是指在法人决策机关的指挥下，由其法定代表人或代理人实施的侵害社会主义社会关系和法律秩序的行为；法人与有关自然人在法人犯罪中融为一体，结合成为一个犯罪主体并共同承担刑事责任。[①]《中华人民共和国刑法》（以下简称《刑法》）第三十一条规定，单位犯罪的，对单位判处罚金，并对其直接负责的主管人员和其他直接责任人员判处刑罚；本法分则和其他法律另有规定的，依照规定。因此，在法人犯罪的情况下，不仅企业家个人要承担刑事责任，其拥有的企业作为犯罪主体也要受到处罚。

市场经济体系尚不完善，使得民营企业家对诚信经营的信心不足，而民营企业的大股东常集所有者与经营者于一身，企业缺乏权力制衡机制和独立的经理阶层，容易出现治理结构虚化、内部管理混乱等问题，使企业家的行为违反法律法规。在这种情况下，囿于“官本位”的封建残余和“公尊私卑”计划经济的历史因素，刑法非理性地介入市场经济领域，司法机关有时迫于形势或某种压力，而将相关民事、经济纠纷升格为刑事案件处理，加倍放大了企业家的刑事风险。[②]

企业家如何能未雨绸缪，尽最大可能对刑事风险进行有效的防范？笔者认为，知法、懂法是最好的办法。对于高频罪名和犯罪高发环节，企业家最好能亲自进行基本的了解，以便心怀法治精神和风险意识来制定每一项决策；熟悉法律和政策的底线，勿将刑事风险误看作商事风险来尝试，做到商业规划不越线、不触雷；在感知到可能的刑事风险时，应第一时间向法律顾问、律师等法律专业人士进行咨询，而万万不可把法律人士当成“救火队员”，等到事后再发出求助，因为那时能回旋的余地已经很小了。

---

① 娄云生：《法人犯罪》，中国政法大学出版社，1996，第11、76页。

② 北京师范大学中国企业家犯罪预防研究中心课题组、张远煌：《民营企业家刑事风险分析与对策建议报告》，《河南警察学院学报》2015年第4期。

二、企业家犯罪常见罪名的构成及量刑

下文将结合《刑法》及各司法解释，对企业家犯罪常见罪名的主要法律规定和量刑标准进行说明。①

（一）非法吸收公众存款罪

1.《刑法》第一百七十六条

非法吸收公众存款或者变相吸收公众存款，扰乱金融秩序的，处三年以下有期徒刑或者拘役，并处或者单处二万元以上二十万元以下罚金；数额巨大或者有其他严重情节的，处三年以上十年以下有期徒刑，并处五万元以上五十万元以下罚金。

单位犯前款罪的，对单位判处罚金，并对其直接负责的主管人员和其他直接责任人员，依照前款的规定处罚。

2.《最高人民法院关于审理非法集资刑事案件具体应用法律若干问题的解释》第三条

非法吸收或者变相吸收公众存款，具有下列情形之一的，应当依法追究刑事责任：①个人非法吸收或者变相吸收公众存款，数额在 20 万元以上的，单位非法吸收或者变相吸收公众存款，数额在 100 万元以上的；②个人非法吸收或者变相吸收公众存款对象 30 人以上的，单位非法吸收或者变相吸收公众存款对象 150 人以上的；③个人非法吸收或者变相吸收公众存款，给存款人造成直接经济损失数额在 10 万元以上的，单位非法吸收或者变相吸收公众

① 本文中采用直接引用法条原文的方式，以避免用间接引用法条的解释方式可能导致的转述不全、文意缺失、出处不明等问题。需要特别说明的是，量刑标准仅供参考，在实务中必须先经查证才可引用，因为随着法律规定的更新，量刑标准可能发生变化，也可能出现新增规定；此外，还应结合具体案件的司法管辖机关所在地的地方性规定对量刑进行分析，但地方性规定仅能在该地管辖区域内适用，对其他地区，尤其是未颁布相应规定的地区仅有一定参考价值。读者们可关注与这些罪名相关的新闻报道，亦可通过中国裁判文书网、无讼等网站查找相关的法律文书，通过案例加深对罪名最新适用的认识。

存款，给存款人造成直接经济损失数额在50万元以上的；④造成恶劣社会影响或者其他严重后果的。

具有下列情形之一的，属于刑法第一百七十六条规定的“数额巨大或者有其他严重情节”：①个人非法吸收或者变相吸收公众存款，数额在100万元以上的，单位非法吸收或者变相吸收公众存款，数额在500万元以上的；②个人非法吸收或者变相吸收公众存款对象100人以上的，单位非法吸收或者变相吸收公众存款对象500人以上的；③个人非法吸收或者变相吸收公众存款，给存款人造成直接经济损失数额在50万元以上的，单位非法吸收或者变相吸收公众存款，给存款人造成直接经济损失数额在250万元以上的；④造成特别恶劣社会影响或者其他特别严重后果的。

非法吸收或者变相吸收公众存款的数额，以行为人所吸收的资金全额计算。案发前后已归还的数额，可以作为量刑情节酌情考虑。

非法吸收或者变相吸收公众存款，主要用于正常的生产经营活动，能够及时清退所吸收资金，可以免予刑事处罚；情节显著轻微的，不作为犯罪处理。

（二）虚开增值税专用发票罪

1.《刑法》第二百零五条

虚开增值税专用发票或者虚开用于骗取出口退税、抵扣税款的其他发票的，处三年以下有期徒刑或者拘役，并处二万元以上二十万元以下罚金；虚开的税款数额较大或者有其他严重情节的，处三年以上十年以下有期徒刑，并处五万元以上五十万元以下罚金；虚开的税款数额巨大或者有其他特别严重情节的，处十年以上有期徒刑或者无期徒刑，并处五万元以上五十万元以下罚金或者没收财产。

单位犯本条规定之罪的，对单位判处罚金，并对其直接负责的主管人员和其他直接责任人员，处三年以下有期徒刑或者拘役；虚开的税款数额较大或者有其他严重情节的，处三年以上十年以下有期徒刑；虚开的税款数额巨大或者有其他特别严重情节的，处十年以上有期徒刑或者无期徒刑。

虚开增值税专用发票或者虚开用于骗取出口退税、抵扣税款的其他发票，是指有为他人虚开、为自己虚开、让他人为自己虚开、介绍他人虚开行为之一的。

2.《最高人民法院关于虚开增值税专用发票定罪量刑标准有关问题的通知》

在新的司法解释颁行前，对虚开增值税专用发票刑事案件定罪量刑的数额标准，可以参照《最高人民法院关于审理骗取出口退税刑事案件具体应用法律若干问题的解释》（法释〔2002〕30号）第三条的规定执行，即虚开的税款数额在五万元以上的，以虚开增值税专用发票罪处三年以下有期徒刑或者拘役，并处二万元以上二十万元以下罚金；虚开的税款数额在五十万元以上的，认定为刑法第二百零五条规定的“数额较大”；虚开的税款数额在二百五十万元以上的，认定为刑法第二百零五条规定的“数额巨大”。

（三）职务侵占罪

1.《刑法》第二百七十一条

公司、企业或者其他单位的人员，利用职务上的便利，将本单位财物非法占为己有，数额较大的，处五年以下有期徒刑或者拘役；数额巨大的，处五年以上有期徒刑，可以并处没收财产。

2.《最高人民法院、最高人民检察院关于办理贪污贿赂刑事案件适用法律若干问题的解释》

第十一条：刑法第一百六十三条规定的非国家工作人员受贿罪、第二百七十一条规定的职务侵占罪中的“数额较大”“数额巨大”的数额起点，按照本解释关于受贿罪、贪污罪相对应的数额标准规定的二倍、五倍执行。

第一条第一款：贪污或者受贿数额在三万元以上不满二十万元的，应当认定为刑法第三百八十三条第一款规定的“数额较大”，依法判处三年以下有期徒刑或者拘役，并处罚金。

第二条第一款：贪污或者受贿数额在二十万元以上不满三百万元的，应当认定为刑法第三百八十三条第一款规定的“数额巨大”，依法判处三年以上十年以下有期徒刑，并处罚金或者没收财产。

（四）合同诈骗罪

1.《刑法》第二百二十四条

有下列情形之一，以非法占有为目的，在签订、履行合同过程中，骗取对方当事人财物，数额较大的，处三年以下有期徒刑或者拘役，并处或者单处罚金；数额巨大或者有其他严重情节的，处三年以上十年以下有期徒刑，并处罚金；数额特别巨大或者有其他特别严重情节的，处十年以上有期徒刑或者无期徒刑，并处罚金或者没收财产：①以虚构的单位或者冒用他人名义签订合同的；②以伪造、变造、作废的票据或者其他虚假的产权证明作担保的；③没有实际履行能力，以先履行小额合同或者部分履行合同的方法，诱骗对方当事人继续签订和履行合同的；④收受对方当事人给付的货物、货款、预付款或者担保财产后逃匿的；⑤以其他方法骗取对方当事人财物的。

2.《最高人民检察院、公安部关于公安机关管辖的刑事案件立案追诉标准的规定（二）》

第七十七条：以非法占有为目的，在签订、履行合同过程中，骗取对方当事人财物，数额在二万元以上的，应予立案追诉。

（五）单位行贿罪

1.《刑法》第三百九十三条

单位为谋取不正当利益而行贿，或者违反国家规定，给予国家工作人员以回扣、手续费，情节严重的，对单位判处罚金，并对其直接负责的主管人员和其他直接责任人员，处五年以下有期徒刑或者拘役，并处罚金。因行贿取得的违法所得归个人所有的，依照本法第三百八十九条、第三百九十条的规定定罪处罚。

2.《最高人民检察院关于行贿罪立案标准的规定》

单位行贿案（刑法第三百九十三条）。

单位行贿罪是指公司、企业、事业单位、机关、团体为谋取不正当利益而行贿，或者违反国家规定，给予国家工作人员以回扣、手续费，情节严重的行为。

涉嫌下列情形之一的，应予立案：

（1）单位行贿数额在二十万元以上的；

（2）单位为谋取不正当利益而行贿，数额在十万元以上不满二十万元，但具有下列情形之一的：①为谋取非法利益而行贿的；②向三人以上行贿的；③向党政领导、司法工作人员、行政执法人员行贿的；④致使国家或者社会利益遭受重大损失的。

因行贿取得的违法所得归个人所有的，依照本规定关于个人行贿的规定立案，追究其刑事责任。

（六）挪用资金罪

1.《刑法》第二百七十二条

公司、企业或者其他单位的工作人员，利用职务上的便利，挪用本单位资金归个人使用或者借贷给他人，数额较大、超过三个月未还的，或者虽未超过三个月，但数额较大、进行营利活动的，或者进行非法活动的，处三年以下有期徒刑或者拘役；挪用本单位资金数额巨大的，或者数额较大不退还的，处三年以上十年以下有期徒刑。

2.《最高人民法院关于审理挪用公款案件具体应用法律若干问题的解释》第三条

挪用公款归个人使用，“数额较大、进行营利活动的”，或者“数额较大、超过三个月未还的”，以挪用公款一万元至三万元为“数额较大”的起点，以挪用公款十五万元至二十万元为“数额巨大”的起点。挪用公款“情节严重”，是指挪用公款数额巨大，或者数额虽未达到巨大，但挪用公款手段恶劣；多次挪用公款；因挪用公款严重影响生产、经营，造成严重损失等情形。

“挪用公款归个人使用，进行非法活动的”，以挪用公款五千元至一万元为追究刑事责任的数额起点。挪用公款五万元至十万元以上的，属于挪用公款归个人使用，进行非法活动，“情节严重”的情形之一。挪用公款归个人使用，进行非法活动，情节严重的其他情形，按照本条第一款的规定执行。

各高级人民法院可以根据本地实际情况，按照本解释规定的数额幅度，确定本地区执行的具体数额标准，并报最高人民法院备案。

挪用救灾、抢险、防汛、优抚、扶贫、移民、救济款物归个人使用的数额标准，参照挪用公款归个人使用进行非法活动的数额标准。

（七）拒不支付劳动报酬罪

1.《刑法》第二百七十六条之一

以转移财产、逃匿等方法逃避支付劳动者的劳动报酬或者有能力支付而不支付劳动者的劳动报酬，数额较大，经政府有关部门责令支付仍不支付的，处三年以下有期徒刑或者拘役，并处或者单处罚金；造成严重后果的，处三年以上七年以下有期徒刑，并处罚金。

单位犯前款罪的，对单位判处罚金，并对其直接负责的主管人员和其他直接责任人员，依照前款的规定处罚。

有前两款行为，尚未造成严重后果，在提起公诉前支付劳动者的劳动报酬，并依法承担相应赔偿责任的，可以减轻或者免除处罚。

2.《最高人民法院关于审理拒不支付劳动报酬刑事案件适用法律若干问题的解释》第三条

具有下列情形之一的，应当认定为刑法第二百七十六条之一第一款规定的“数额较大”：①拒不支付一名劳动者三个月以上的劳动报酬且数额在五千元至二万元以上的；②拒不支付十名以上劳动者的劳动报酬且数额累计在三万元至十万元以上的。

各省、自治区、直辖市高级人民法院可以根据本地区经济社会发展状况，在前款规定的数额幅度内，研究确定本地区执行的具体数额标准，报最高人民法院备案。

（八）行贿罪

1.《刑法》第三百八十九条

为谋取不正当利益，给予国家工作人员以财物的，是行贿罪。

在经济往来中，违反国家规定，给予国家工作人员以财物，数额较大的，或者违反国家规定，给予国家工作人员以各种名义的回扣、手续费的，以行贿罪论处。

因被勒索给予国家工作人员以财物，没有获得不正当利益的，不是行贿。

2.《最高人民法院关于审理挪用公款案件具体应用法律若干问题的解释》第七条

为谋取不正当利益，向国家工作人员行贿，数额在三万元以上的，应当依照刑法第三百九十条规定以行贿罪追究刑事责任。

行贿数额在一万元以上不满三万元，具有下列情形之一的，应当依照刑法第三百九十条的规定以行贿罪追究刑事责任：①向三人以上行贿的；②将违法所得用于行贿的；③通过行贿谋取职务提拔、调整的；④向负有食品、药品、安全生产、环境保护等监督管理职责的国家工作人员行贿，实施非法活动的；⑤向司法工作人员行贿，影响司法公正的；⑥造成经济损失数额在五十万元以上不满一百万元的。

（九）骗取贷款、票据承兑、金融票证罪

1.《刑法》第一百七十五条之一

以欺骗手段取得银行或者其他金融机构贷款、票据承兑、信用证、保函等，给银行或者其他金融机构造成重大损失或者有其他严重情节的，处三年以下有期徒刑或者拘役，并处或者单处罚金；给银行或者其他金融机构造成特别重大损失或者有其他特别严重情节的，处三年以上七年以下有期徒刑，并处罚金。

单位犯前款罪的，对单位判处罚金，并对其直接负责的主管人员和其他直接责任人员，依照前款的规定处罚。

2.《最高人民检察院、公安部关于公安机关管辖的刑事案件立案追诉标准的规定（二）》第二十七条

［骗取贷款、票据承兑、金融票证案（刑法第一百七十五条之一）］以欺骗手段取得银行或者其他金融机构贷款、票据承兑、信用证、保函等，涉嫌

下列情形之一的，应予立案追诉：①以欺骗手段取得贷款、票据承兑、信用证、保函等，数额在一百万元以上的；②以欺骗手段取得贷款、票据承兑、信用证、保函等，给银行或者其他金融机构造成直接经济损失数额在二十万元以上的；③虽未达到上述数额标准，但多次以欺骗手段取得贷款、票据承兑、信用证、保函等的；④其他给银行或者其他金融机构造成重大损失或者有其他严重情节的情形。

（十）非国家工作人员受贿罪

1.《刑法》第一百六十三条

公司、企业或者其他单位的工作人员利用职务上的便利，索取他人财物或者非法收受他人财物，为他人谋取利益，数额较大的，处五年以下有期徒刑或者拘役；数额巨大的，处五年以上有期徒刑，可以并处没收财产。

公司、企业或者其他单位的工作人员在经济往来中，利用职务上的便利，违反国家规定，收受各种名义的回扣、手续费，归个人所有的，依照前款的规定处罚。

国有公司、企业或者其他国有单位中从事公务的人员和国有公司、企业或者其他国有单位委派到非国有公司、企业以及其他单位从事公务的人员有前两款行为的，依照本法第三百八十五条、第三百八十六条的规定定罪处罚。

2.《最高人民法院、最高人民检察院关于办理贪污贿赂刑事案件适用法律若干问题的解释》第十一条

刑法第一百六十三条规定的非国家工作人员受贿罪、第二百七十一条规定的职务侵占罪中的“数额较大”“数额巨大”的数额起点，按照本解释关于受贿罪、贪污罪相对应的数额标准规定的二倍、五倍执行。

05 刍议“金税三期”背景下的企业税务筹划

陶钧

“金税三期”是我国税收管理信息系统工程的总称。“一个平台、两级处理、三个覆盖、四个系统”的总体目标使得“金税三期”不同于传统的税务征管系统，它利用“互联网+”，在为纳税人提供快捷、高效服务的同时，将系统办理纳税服务收集到的各个企业最原始的税务数据进行整理、归类、计算、加工并形成一套完整的监管分析指标和经验数据后，再根据不同企业的不同业务流程进行交互对比，然后结合国家掌握的第三方数据进行验证。

“金税三期”不仅实现了国地税和有关部门的信息共享，覆盖了所有税种、税收工作的主要环节，统一了全国征管数据的口径、标准，规范了纳税服务系统，而且还通过互联网和大数据进行控税，用计算机进行比对和预警，使得企业全天候、全方位处于税务机关的监控之下。一切都是透明的，一切都暴露在阳光之下，企业在税务处理上的任何不合法、不合理行为都难逃税务机关的法眼。

在“金税三期”背景下，企业税务违法风险、成本以及难度都大大增加，如何合法进行税收筹划、合理避税就成为更多企业经营者考虑的问题。从企业经营角度，想方设法降低纳税额以降低税务成本是税务筹划的目标，而同时提高税法遵从度又是一个大前提。所以，通过合法的税务筹划来创造价值不仅是专业技术问题，也是经营智慧问题。

一、“金税三期”的强大之处

“金税三期”本来就是一个庞大的体系性工程，并非一个孤立的、静态的、事后的税控系统。全面、智能、动态、主动，是笔者总结的四大关键词。

1. **全面性**

一是记录全面。“金税三期”系统对企业所有的业务往来都进行了翔实、精细的记录，并刻画出企业完整的运行状况，从而对企业的信息进行全面掌握。“金税三期”系统还能够通过企业的发票信息和发票中的资金流向与勾稽关系，分析记录企业发展各方面的信息，为财务税收和财务管理提供科学的数据信息。

二是企业经营当中的任何事项均会在“金税三期”系统上留下记录，如同雪泥鸿爪。只要大数据系统以企业的纳税人识别号作为起点，追查同一税号下进项和销项的发票，企业是否虚开发票、是否购买假发票入账，自然一目了然。有时甚至企业经营者还未察觉，税务机关却已对情况了如指掌。

三是信息全面。以前的税务系统由于国、地税分开，各省系统也分开，信息无法共享，数据的真实性较难辨别，同时，税务部门对于数据的利用效率也比较低。“金税三期”实施后，将逐步实现不同税务系统数据的共享以及跨部门数据的共享。运用大数据和云计算技术，可以对这些共享数据进行深入挖掘，找出其中内在的联系。

大数据不仅包括该纳税企业的历年纳税、销售等财务和经营数据，也包括同行业其他企业的相关数据及行业平均数据，还包括工商、社保、统计、银行等其他部门的相关数据。上述这些数据都可以随时合并接口相互衔接，个税、社保、公积金、银行账户等信息，在税务征管系统里将一览无余。

2. **智能性**

以前的税务系统识别信息量有限，只能识别税号、发票金额等基本信息；而“金税三期”系统不仅能够识别发票上的全部信息，还能够对发票信息进行采集、查验、存储等处理，提高了税票信息的识别准确率。

"金税三期"系统中还增加了商品编码监控和限制。商品品目由商品编码控制，商品数量由单位编码控制，通过对商品编码的监控就能够掌握企业的库存状况，计算企业的库存量、商品增值额和库存存量额，进而准确掌握企业税收发票额度。大数据之智能性和准确性会超出传统想象，系统甚至比企业主更了解企业的库存状况，试问库存账实还敢不一致吗？增值税还能逃吗？

同时，"金税三期"的大数据系统在全面性的基础上，能对不同来源数据进行智能的交叉分析和对比。

比如，将企业购入固定资产发票、发生各种费用发票的具体内容，同行业平均进行比对，就能知道该企业是否处于正常的利润水平；通过与工商、社保、公积金、银行等其他部门或渠道的数据共享，企业不能再通过虚假变更员工人数来人为改变个人所得税和社保缴纳的数据；将企业的经营范围和所开具发票的内容进行对比，或者通过对发票上的发货地址与供应商单位地址的比对，可以发现"变名虚开"的现象；通过对公司的法定代表人、财务负责人、办税人员的证件号码的分析比较，负责人的交叉任职等情况无处遁逃。

另外还有防伪税控中的开票销售额与纳税系统申报的销售额是否一致，同类型企业的销售收入与对应的成本费用比率是否异常，企业财务报表上的利润与企业所得税申报表的利润是否一致……只要是有关联和勾稽的财务、经营等信息数据，"金税三期"都能全覆盖地进行计算和分析，以验证其合理性，找出偷逃税款的蛛丝马迹。

3. **动态性**

"金税三期"并不是在临近月底、季末或年终的时候才发挥作用的，它的大数据系统能够时刻从企业日常经营活动所产生或发生的收入、成本、利润，以及实时的存货库存、银行存款账户变动和应纳税额等维度进行检验、对比，并判断出异常。换言之，这样的监控如同给企业安上了电子眼，是动态的，是无处不在、无时不有的。

"金税三期"不仅在数据监控上是动态的，在涉税问题的解决方法上也是动态的，即税务部门希望建立诚信互动的税企沟通机制。一方面，企业在日常的经营管理中遇到涉税问题，应积极主动地向税务部门咨询，获取最新的税收政策以及最佳的处理方法，在遵守税法、依法纳税的前提下，提高企业的经济效益。另一方面，企业须积极应对税务部门反映的企业税务问题，如企业数据与大数据不符、存在异常等，企业可以结合实际经营情况给出合理的解释，以维护企业的合法权益；或者配合税务检查，及时解决问题，从而得到税务部门的认可与支持。

4. 主动性

不同于以往的着重事后管理，“金税三期”加入了风险预警管理，将提高纳税人的主动守法意识作为战略目标，通过为高风险涉税数据设置关键字，对关键数据做到事前预警，提高征管效率。面对全国数以亿计的纳税人以及海量的涉税数据，上述大数据的分析原理和云计算技术使得有效监管纳税人的财务数据和税务数据成为现实：对比分析其中的数据从而发现不合理甚至不合法的地方，对数据异常的企业进行分级风险预警和管理，变事后核查为事前预警和监督，变被动为主动。

而且，一些企业为了少纳税，往往设置内外两套账：内账自己做，外账外包给记账公司，浪费了人力、财力。“金税三期”下，税务部门实时监测收集企业的涉税数据，企业也可以做到线上一次申报解决所有纳税问题，大大减轻了工作量。这样就能主动提高企业和税务部门的工作效率，把事前预防和处理作为常规税务问题的解决路径，事后作为例外的纠错和惩戒方式。

二、企业税务筹划的必要之处

税收筹划是税法赋予纳税人的一项正当权利，也是企业税务管理的主要内容之一。

第十二届全国人民代表大会第三次会议确定，在2020年之前，我国全面落实税收法定原则。《中华人民共和国立法法修正案（草案）》，对全国人大及其常委会专属立法权中的税收基本制度作了明确规定；各项税收立法和执法越来越完善、规范，市级以上税务局都设立了公职律师办公室。但是很多企业，尤其是绝大部分的中小企业普遍缺少税务职能部门，财务人员大多仅会处理报税事项，却不懂（税）法，而法务人员知法又不懂税，企业涉税风险管控几乎处于真空地带。

笔者分析普遍发生在企业身上的税务筹划的问题和误区可能有如下几方面。

1. 企业税务筹划的意识不足

一般来说，大多数企业的经营者更为重视生产以及运营过程中创造的利润，认为既然税法规定了税率和征税方法，依法照做就好了，这是一种声音。另外一种声音则认为，税务筹划等同于避税，让财务会计人员想办法多列支、少确认收入就行了。显然，这是两个极端。

对于企业而言，税务确实是限制其经济效益的重要因素，是伴随着企业成长发展全程的成本费用项。但是目前很多企业没有意识到税务筹划对企业发展的重要意义，在税务工作上安排的人员以及投入的资源较少，仅仅进行相关税务的申报以及录入，而没有站在企业管理的高度全面考虑并针对性地开展税务筹划工作。

2. 税务筹划≠节税

“金税三期”背景下，既然税务部门对企业了如指掌，企业也应当做到起码的“了解自己的企业”，即 KYC（Know Your Company），这就需要有的放矢地进行税务筹划。

税务筹划绝不是同节税画等号，也不是以节税绝对数额为衡量标准的，因为节税数额大小往往是与风险系数成正相关的。企业在达成一项交易或实现某种经济意图时，可能会有多种不同的路径，在决策具体选择哪一条路径的时候，节税是个重要的考量因素，但不是唯一的因素，从商业角度、法律角度、政治角度等综合地分析也是“筹划”的一部分。

比如在企业兼并重组业务中，单论收购方式，就有现金收购、股权收购、其他非货币性资产收购，也可以是部分现金、部分股权的方式；以及在何种情况下适用的特殊重组（免税重组），使税收递延，等等，但必须“具有合理的商业目的，且不以减少、免除或者推迟缴纳税款为主要目的”，不然就与

《关于企业重组业务企业所得税处理若干问题的通知》（财税〔2009〕59 号）中特殊税务处理的原则相悖。

3. **企业税务筹划不讲策略**

税收筹划一般包括实现节约税款、递延纳税和降低税务风险这三大目标，尤其在“金税三期”背景下，税务筹划若没有策略的指导，很可能会应了这样一句流行的话：“被税务稽查时流的泪，一定是当初决策时脑子里进的水。”

（1）合法性。

企业的税收筹划行为必须在税法范围内进行，应严格区分税收筹划与逃税、漏税等的根本区别。必须在税法允许的范围内去筹划，即“顺法筹划”，这是优先策略；而“逆法筹划”就是指利用税法漏洞或模糊地方进行避税。当然，“法无禁止即可为”，但是这需要税务筹划人员精通税法，深刻了解立法意图和税务部门的执法口径，这样的避税筹划本就存在很大的税收风险，属于次优策略。

比如，有个小商家为了享受月销售额 3 万元以内免征增值税的政策，到月底时开出的发票已经超出 3 万元了，就与顾客协商将已开具的发票作废，等到下月再为顾客重开一张发票，以达到将当月发票开具额降到 3 万元以下的目的。

这就是一种“逆法筹划”，看似钻了一个空子，但是“金税三期”会将这种恰好在起征点左右的情况自动纳入风险扫描重点，而且是系统自动提醒而无须人工干预的。一旦税务机关核实企业有这种违规作废发票的行为，企业可能面临补缴税款、加收滞纳金以及罚款的处理。

（2）保护性。

这是一种预防性的筹划策略，防患于未然。“金税三期”的大数据和云计算威力十足，主要通过“数据管税”实现，其重要的抓手就是“以票管税”。因此，企业应当格外重视发票监管，将增值税发票的申领、保管、开具、抵扣等环节纳入规范管理。如在采购环节，应当向收款方取得符合规定的发票；不符合规定的发票，不得作为财务报销凭证；在销售环节，开票时的填入信息、商品服务归类和编码是否正确，以及销售退回或折让等特殊事项应当要符合税法规定。

（3）联系性。

企业的日常经营、投资、筹资等活动与经营方向、战略是相互联系的。联系性筹划要求着眼于企业总体的经营战略全局，既要考虑税收因素，也要考虑非税收因素，比如企业整体战略目标、企业所处外部环境变迁、未来经济环境变动趋势等。“金税三期”的全面性大数据共享提醒我们，企业也应该全面共享——让企业的管理层、财会部门、业务部门协力合作，发挥“合力”作用，在管理层的组织领导下，各业务职能部门应定期交流，共享信息并协调税收筹划与业务融合。

三、“金税三期”下企业如何进行税务筹划

笔者先分享一个真实案例。

某销售手机的企业，在2018年6月从天猫商城里买了儿童床、乐高玩具等商品，共计3480元，这些显然是给孩子买的，却在企业入账，而且所取得的增值税专用发票被该企业抵扣了。结果两个月后，税务局就找上门来。该企业的财务人员对这笔业务的账务处理如下。

借：管理费用——职工薪酬（福利费），3000元；

应交税费——应交增值税（进项税额），480元。

贷：银行存款，3480元。

这就是“金税三期”的强大之处，税务局通过发票的轨迹发现，主营销售手机的公司一直进销的是手机等3C产品，为什么突然购进儿童玩具？这一“奇怪”的业务就成了风险预警，促使了税务机关的实地调查。

经过调查核实，该笔进项属于个人福利性支出，按照税法规定，不得做进项抵扣，而应当进项转出，即做如下调整。

借：管理费用——职工薪酬（福利费），480元。

贷：应交税费——应交增值税（进项税额转出），480元。

大数据可以让税务机关知道企业到底取得了多少固定资产发票（买过多少房、买过几辆车），发生多少费用发票（多少是加油的、多少是办公的、多少是差旅的、多少是业务招待的），通过跟同行业的对比、跟上几个年度的对比，就知道企业当年大概产生利润的合理区间。

笔者认为，在“金税三期”背景下，企业税务筹划至少应考虑以下几点。

1. **合理性**

主要体现为“合理商业目的”。《一般反避税管理办法（试行）》（国家税务总局令〔2014〕第32号）给出两个标准：①以获取税收利益为唯一目的或者主要目的；②以形式符合税法规定，但与其经济实质不符的方式获取税收利益。《中华人民共和国企业所得税法实施条例》以及上文提到的《关于企业重组业务企业所得税处理若干问题的通知》均给出了类似界定。

虽然合理性不是税务筹划的必要条件，并非一定会受到税务机关的纳税调整或处罚，但税务机关可以依法行使核定权及其他行政自由裁量权。

2. **善用税收优惠**

“君子生非异也，善假于物也。”善于运用税收优惠政策，可以在税法允许的范围内为企业实现利润最大化和税负最低化。

企业可以在组织形态上事先筹划，如有限合伙企业的“先分后税”，又如将企业直接注册或事业部拆分入驻税收洼地，或可享受财政扶持奖励。但需要说明的是，地区性财税补贴这条路未来将越来越窄。

企业也可以在实际业务的经营和流程处理上事先选择税负较低的方式。比如企业收到一笔财政补贴，按税法可以作为“不征税收入”，但是如果该补贴被企业用于研发支出的话，建议可以放弃不征税收入。因为不征税收入对应的支出也不能在所得税前扣除，如果放弃的话，反而可以获得研发支出加计扣除的优惠。尤其是2018年起，根据《关于提高研究开发费用税前加计扣除比例的通知》（财税〔2018〕99号），原来50%的加计扣除率提高到了75%。

3. **“互联网+”**

经济合作与发展组织（OECD）发布的“税基侵蚀和利润转移”（BEPS）

15 项行动计划的研究成果，在 2016 年的第十届税收征管论坛（FTA）大会上，都得到了高度共识；2017 年 1 月 1 日起，中国成为第二批加入 CRS（共同申报准则）的国家；同年 5 月，国家税务总局、财政部、“一行三会”联合发布《非居民金融账户涉税信息尽职调查管理办法》；2018 年 9 月，中国第一次进行 CRS 金融信息交换。

“金税三期”就是“互联网 +”的产物，企业的税务筹划也要以开放、包容的心态走向合作、共赢。税收筹划不是“税务的筹划”，而是“税务为主的经营筹划”，是互联网思维下的跨界综合服务。

合作、开放、共享、协作，既体现在业务经营流程和企业组织形态筹划上，也体现在与税务部门的关系上。可以说，税收筹划最终就是税企双方税法技术的博弈。这是多层面、多回合的博弈，如果博弈中存在纳什平衡的话，那可能就是企业最大的保障，归根结底，就是精湛的税法技术——合法且合理。

四、结语

伴随“金税三期”的全面上线推行，我国税收法治化的大力推进以及国际税收合作的愈加紧密，包括企业和自然人在内的纳税人涉税事项的法律风险也将大大增加。这将倒逼高净值人士转变财富管理理念和方式，改变他们所经营企业的税收筹划策略，这些都需要高瞻远瞩的规划。

越来越多的例子表明，中国企业面临更多的不是经营风险，而是重大税务风险，所以需要具备“超联合”税务筹划能力和经验的专业团队——税务师、会计师、律师、评估师、管理咨询师等组成的团队。切记，在涉税信息透明化和大数据的时代，不触犯法律是税收筹划，也是财富管理规划的底线。

06 个人所得税变化与财富管理

——新《个人所得税法》解析

尹旭鸿　陈朝晖

一、个人所得税变化简介

1. 提高免征额

修订后的《中华人民共和国个人所得税法》（以下简称新《个人所得税法》）自2019年1月1日起施行，将原来的基本减除费用由3500元/月改为60000元/年，而且还要扣除其他需要扣除的金额，例如专项附加扣除等，减轻了纳税人的负担。

2. 增加专项附加扣除项目

新《个人所得税法》的主要变化之一就是增加了专项附加扣除的规定，主要包括子女教育、继续教育、大病医疗、住房贷款利息、住房租金、赡养老人等支出。

3. 调整税率结构

新《个人所得税法》没有改变七级的超额累进税率的纳税方式，但是对税率的级距进行了调整，将3%、10%、20%这三级税率的级距进行了不同程度的扩大，减少了25%这一级税率的级距，30%、35%、45%的税率级距保持不变。增加了低税率的级距，减轻了中低收入纳税人的纳税负担。

4. **新增失信惩戒制度**

在新《个人所得税法》的贯彻落实方面，对于不遵守诚实信用原则，有偷税、漏税、虚假申报情形的个人，可以由税务机关将其列为失信人，与全国信用信息共享，在就业、投资、公务员招考、高档消费等方面进行限制，通过失信惩戒，在社会上形成遵守税法的氛围。

二、个人所得税的纳税筹划方法

生活中有很多收入要缴纳个人所得税，比如工资、薪金、劳务报酬、稿酬、财产转让等，都需要缴纳个人所得税。

1. **工资、薪金的税收筹划**

工资、薪金所得是指个人因工作或受聘而获得的工资、薪金、奖金、年终工资、劳动分红、津贴、补贴以及其他与聘任或雇用有关的收入。工资、薪金的所得税税率为3%～45%，当工资、薪金的收入达到一定水平时，纳税人就要按照相应税率缴纳个人所得税。通过合法的手段进行税收筹划，从而降低缴纳的个人所得税数额，保留纳税人最大数额的税后可支配收入，可以帮助纳税人及其家族积累财富。

新《个人所得税法》对于职工的非货币性福利的管理没有具体的规定，故企业可以降低实发的工资、津贴数额，将其改为非货币性的福利发放给职工。因为降低了实发的工资、津贴数额，职工所缴纳的个人所得税数额就会减少。职工也可以与企业进行沟通，让企业用多种方式来支付给他们劳动报酬，适当地用非货币性福利代替实发工资，降低职工所得的账面工资，但是职工的实际生活水平并没有下降，企业只是换了种方式支付给职工劳动报酬，职工因此减少了所要缴纳的个人所得税数额。

2. **劳务报酬的纳税筹划**

劳务报酬所得的范围非常广泛，主要有翻译、咨询、表演、会计、安装、讲学、审稿、书画、雕刻、广告、代办服务等劳务项目，涉及生活的方方面面。

劳务报酬的基本税率是20%，一次性取得劳务报酬收入的，按照这一次取得的收入为基数纳税，对于连续多次取得的收入，就以月为单位确定缴纳的个人所得税数额。

通过劳务报酬进行纳税筹划是税收筹划中比较容易的一种方式。当可预见的工资收入过高，适用的税率大于劳务报酬的基本税率20%的时候，就不签订劳动合同，适用劳务报酬进行计税，这样把高税率的工资收入转化为较低税率的劳务报酬，就会大幅度减少缴纳的税款数额。相反，当工资税率没有超过劳动报酬的税率时，按照工资所得缴纳个人所得税会减轻纳税人的负担。易言之，在工资收入对应的税率大于20%的时候，适用劳务报酬所得可以缴纳较少的税款；反之，工资税率没有超过20%的时候，按工资税率缴纳税款有利于节税。

劳务报酬缴税的计算方法如下。

当收入数额小于等于4000元时，纳税人要缴纳的税款数额=应纳税所得额×20%，这时的应纳税所得额=收入数额-800。

当收入数额大于4000元时，要根据应纳税所得额的多少进行分档，这时应纳税所得额=收入数额×（1-20%）。如果应纳税所得额（注意不是收入额）小于等于2万元，纳税人要缴纳的税款数额=应纳税所得额×20%=收入数额×（1-20%）×20%。如果应纳税所得额大于2万元，这时就涉及加成征收（就是在原定的税率基础上，增加一定成数）的方法，加成征收具体有两种情况，应纳税所得额在2万元到5万元的，税率为30%，速算扣除数是2000；应纳税所得额大于5万元的，税率为40%，速算扣除数是7000。

案例1

从事涉外法律事务的李律师受邀为某公司服务，在服务中有几项劳务报酬收入：第一项，李律师给公司的职工进行法律培训，获得收入26000元；第二项，李律师对公司的涉外业务合同进行翻译，获得收入6000元；第三项，李律师为公司做法律咨询取得收入15000元。

根据现行税法，劳务报酬应纳税所得额在2万元及以下的用应纳税所得额×20%计算应纳税额，应纳税所得额在2万元到5万元之间的要用应纳税所得额×30% -2000 计算应纳税额。

纳税计算方法一：把李律师给公司做的三项服务算作同一事项连续取得收入，在计算缴纳的税款时要将三项收入加在一起计算。

三项收入相加为：26000 +6000 +15000 =47000 元。此时的应纳税所得额为：47000×（1 -20%） =37600 元。应纳税所得额在 2 万元到 5 万元之间的加成征收的范围，对应的税率是 30%，速算扣除数是 2000，这时李律师的应纳税额 =（26000 +6000 +15000） ×（1 -20%） ×30% -2000 =9280 元。李律师的应纳税额为 9280 元，李律师的纳税比率为：9280 ÷47000≈19.74%。

纳税计算方法二：不把上面的三项服务合并计算，而是进行分别计算，计算三次，分别是培训报酬、翻译报酬和咨询报酬。

培训收入的应纳税所得额是：26000×（1 -20%） =20800 元，属于 2 万元到 5 万元之间加成征收的范围，税率是 30%，速算扣除数是 2000，这一部分的应纳税额 =26000×（1 -20%） ×30% -2000 =4240 元。翻译收入的应纳税所得额 =6000×（1 -20%） =4800 元，这时不涉及加成征收的问题，适用 20% 的劳务报酬税率，这部分应纳税额是：6000×（1 -20%） ×20% =960 元。咨询收入应纳税所得额是：15000×（1 -20%） =12000 元，也不涉及加成征收问题，同样适用 20% 的税率，这部分应纳税额 =15000×（1 -20%） ×20% =2400 元。李律师这个月应缴纳的所得税为：4240 +960 +2400 =7600 元，纳税比率为：7600 ÷47000≈16.17%。

方法二将咨询和翻译的纳税税率从 30% 降低到 20%，也就减轻了纳税人的负担，通过将一大笔费用分解成不同的小项目费用，降低了适用的税率。

案例 2

张律师与某公司签订了法律顾问服务合同，报酬是在一年支付给张律师 78000 元。

根据现行税法，劳务报酬应纳税所得额在 5 万元以上的，用收入×（1 -20%） ×40% -7000 计算应纳税额，应纳税所得额在 2 万元及以下的，用收入×（1 -20%） ×20% 计算应纳税额。

纳税计算方法一：如果公司在年底一次性支付给张律师 78000 元的报酬，

张律师的应纳税所得额 =78000 × （1 -20%） =62400 元。这时对应了 5 万元以上加成征收，适用 40% 的税率，速算扣除数是 7000，应纳税额 = 78000 × （1 -20%）×40% -7000 =17960 元。纳税的比率是：17960 ÷78000≈23.03%。

纳税计算方法二：在张律师与公司签订合同的时候，如果约定这一年的 78000 元报酬分为 12 个月支付，这样每个月就是 6500 元，这时对应的税率是 20%，也不涉及加成征收问题，每个月的应纳税额是：6500 × （1 -20%） × 20% =1040 元，一年所缴纳的税款是：1040 ×12 =12480 元。纳税的比率是：12480 ÷78000 =16.00%。

方法二通过进行纳税筹划，与公司协商报酬支付方式，将过高的报酬按月分摊，从而降低了纳税数额。

案例 3

王某给某企业做账，每月从企业获得收入 10000 元（不考虑专项扣除的情况）。王某可以按工资薪金或者劳务报酬来纳税。工资薪金所得与劳务报酬所得本质上的区别在于，拿到报酬的人与公司有没有劳动雇佣关系，如果已经签订了劳动合同，就是与公司有了劳动雇佣关系，所拿的报酬只能按照工资薪金缴纳所得税，否则就会违反了税法规定，所以在领报酬之前，要计算按照什么项目纳税会减轻纳税人负担。

根据现行税法，劳务报酬应纳税所得额在 2 万元及以下的，用应纳税所得额 ×20% 计算应纳税额，工资薪金在超过 5000 元起征点 3000 至 12000 元部分，用（收入 -5000） ×10% -210 计算应纳税额。

纳税计算方法一：如果王某与企业是雇佣关系，那么这 10000 元收入要按照工资薪金纳税，按照新《个人所得税法》，超过起征点 5000 元的工资薪金收入对应的税率是 10%，速算扣除数是 210（表 1）。这时应纳税所得额是：10000 -5000 =5000 元，应缴纳的所得税 = （10000 -5000） ×10% -210 = 290 元，纳税比率是：290 ÷10000 =2.90%。

纳税计算方法二：如果王某与企业不是雇佣关系，把每月的收入按照劳务报酬计算所得税，这 10000 元对应的应纳税所得额是：10000 × （1 -20%） = 8000 元，不涉及加成征收，对应的税率为 20%，每月的应纳税额为：10000 ×

（1－20%）×20%＝1600 元，纳税比率为：1600÷10000＝16.00%。

通过上面的计算我们可以看到工资薪金和劳务报酬缴纳所得税的计算差异，我们可以提前计算出两者的差异，决定用什么样的方式领取报酬。

3. 专项附加扣除的税收筹划

新《个人所得税法》增加了专项附加扣除政策，如果夫妻双方均为工薪阶层，且收入差距较大，在专项扣除中子女教育、住房租赁及大病医疗扣除上筹划空间较大，其基本原则是，将夫妻双方中高收入的一方作为相关专项附加扣除的主要扣除人，不过还是要根据具体情况进行具体的分析，没有一个统一的方法。对于赡养父母支出，若扣除人有兄弟姐妹也存在一定筹划空间，但由于每人最多分摊 1000 元，筹划空间并不大。

4. 全年一次性奖金发放的配置筹划

《财政部关于个人所得税法修改后有关优惠政策衔接问题的通知》（财税〔2018〕164 号）规定，对居民取得的全年一次性奖金，符合《国家税务总局关于调整个人取得全年一次性奖金等计算征收个人所得税方法问题的通知》（国税发〔2005〕9 号）规定的，由个人选择是否并入当年综合所得计算纳税；如单独计税，以全年一次性奖金收入除以 12 个月得到的数额，按照月度税率表，确定适用税率和速算扣除数，单独计算纳税。计算公式为：应纳税额＝全年一次性奖金收入×适用税率－速算扣除数。

通过个人综合所得税年度税率表（表 2）可以看出，全年一次性奖金最高限额不得超过 96 万元，若超过此限额，将无法取得筹划节税效果，全部计入 45%最高税档；在此情况下不宜使用全年一次性奖金政策，应以全部当年综合所得计算个人所得税。从表中可以基本判断出全年一次性奖金发放的几个关键节点：0 元、36000 元、144000 元、300000 元、420000 元、660000 元，即在不考虑当年综合所得的情况下，最优的奖金额为不超过 36000 元。通过测算可以看出，36000 元应纳个税为：36000×3%＝1080 元，但是如果发了 36001 元，则应纳个税为：36001×10%－210＝3390.1 元，多缴税 2310.1 元，即多发 1 元钱，多缴税 2310.1 元，实际少收入 2309.1 元。通过测算，直到将全年一次性奖金发至 38566.67 元时，才会和发 36000 元效果一样，达到扣税后实际所得金额一致。作为全年一次性奖金，36001～38566.67元这个区间就成为全年一次性奖金发放陷阱区。同理得出，全年一次性奖金的陷阱区有如下几个：36001～38566.67元，144001～160500元，300001～318333.33元，420001～447500元，660001～706538.46元。那么理论上，将陷阱区多发的部分奖金纳入工资，或作为单独奖励，纳入当年综合所得计税才是恰当的。

表1　　　　月度税率表

级数	应纳税所得额	税率（%）	速算扣除数
1	不超过3000元的	3	0
2	超过3000元至12000元的部分	10	210
3	超过12000元至25000元的部分	20	1410
4	超过25000元至35000元的部分	25	2660
5	超过35000元至55000元的部分	30	4410
6	超过55000元至80000元的部分	35	7160
7	超过80000元的部分	45	15160

表2　　　　个人综合所得税年度税率表

级数	应纳税所得额	税率（%）
1	不超过36000元的	3
2	超过36000元至144000元的部分	10
3	超过144000元至300000元的部分	20
4	超过300000元至420000元的部分	25
5	超过420000元至660000元的部分	30
6	超过660000元至960000元的部分	35
7	超过960000元的部分	45

5. 利用政策的税收筹划

很多地方为吸引人才，出台了地方性的个税返还政策，纳税人在这些有税收优惠政策的地方工作，可以利用优惠政策进行税收筹划。比如《深圳前海深港现代服务业合作区境外高端人才和紧缺人才个人所得税补贴暂行办法》规定，对于高端和紧缺的人才，深圳前海开发区政府会将其缴纳的工资薪金的个人所得税的15%通过政府财政进行返还，而且通过财政返还的补贴不会再征收个人所得税，深圳前海要在每年的 3 月接受单位的个人所得税补贴申请，没有名额限制，只要符合条件就可以领取补贴。

6. 利用发票的税收筹划

对于通讯、交通这一类的补贴，如果单位通过计入工资薪金来给职工发放，那么补贴就会被计算到缴纳的所得税的基数中，这就给纳税人增加了负担。公司可以依据合法有效的发票进行报销，计入公司的费用中，这样公司没有增加负担，个人还减少了缴纳的个人所得税数额。

07 家族办公室的运营模式与组织架构

王逸群

一、家族办公室的运营模式

美国家族办公室行业专家 Richard C. Wilson 认为，家族办公室的运营模式可分为外包模式、专家型通才模式、机构服务模式三种。①

1. 外包模式

经济资源较为有限或希望保持高度私密性的小型单家族办公室往往会采用此运营模式。

在此运营模式下，家族办公室通常只需要有 1 ~2 位全职的专业人士，并由其中一人作为核心人员负责家族办公室的整体运营，绝大多数由家族办公室提供的服务会外包给外部服务提供商。尽管家族办公室的专职人员可能也具备提供投资管理服务，甚至其他专业服务的能力，但他们的主要职责是管理那些外部服务提供商，协调和家族办公室有关的各方，确保信息流通顺畅。

相较多家族办公室而言，采用这种运营模式的单家族办公室既可以通过尽量采购外部服务大幅降低运营成本，又有确保其只为本家族的需求和目标

① Richard C. Wilson, "*The Family Office Book: Investing Capital for the Ultra - Affluent*" (Hoboken: John Wiley & Sons, Inc., 2012), pp. 23—25.

服务的优势。

2. **专家型通才模式**

这是目前最为流行的家族办公室运营模式，其与外包模式的最主要区别在于家族办公室的大多数服务是由内部团队提供和管理的。具体而言，此类家族办公室会有一位全职的“专家型通才（expert generalist）”统管整个运营，并同时根据需要聘请一些资历相对较浅的专业人士或外部专家一起提供完整的解决方案。

和前述外包模式下的家族办公室核心人员不同，能够满足此类模式家族办公室要求的专家型通才须在家族办公室涉及的各方面业务和事务管理上具有较为全面的专业知识和经验，而且根据其所服务的家族办公室的具体需求，还需要能在部分核心领域具备更强的专业能力。与此同时，这些专家型通才必须清楚了解自己能力和专业水平的局限性，懂得适时聘请合适的专家、顾问或通过外包完成相关工作，弥补自身不足。此外，他们服务的家族办公室应该是其唯一的收入来源，以此确保不会发生利益冲突。

当然，聘请这样的专家型通才要付出的报酬是很高的，因此，一些采用此运营模式的单家族办公室为了能负担得起成本，不得不转型成多家族办公室。

3. **机构服务模式**

采用此运营模式的家族办公室除了有一位专家型通才外，还须聘请多位在全球税务筹划、信托、多代际财富传承、人寿保险、投资组合管理、风险管理、现金管理等领域拥有15~20年经验甚至更资深的专家承担全职工作。

由于目前这样的专家人才数量有限，可想而知，要寻觅及维持这样一支专家团队的成本有多高，只有规模最大的那些多家族办公室才负担得起。因此，目前采用此运营模式的家族办公室并不多。

随着家族财富管理行业的发展，预计会有越来越多的家族办公室为了提高自身竞争力，通过并购等手段走规模化发展道路，那么这一运营模式可能随之成为整个行业前进的新方向。

但应该说，上述分类并不是绝对的，尤其是很多单家族办公室倾向于由家族成员担任负责人，甚至在其他关键岗位任职。在此情况下，需要补充聘请多少非家族成员的专业人士、外包哪些工作职能，往往取决于这些在家族办公室任职的家族成员有能力承担的职责范围，而家族办公室所采用的运营模式可能介于上述外包模式和专家型通才模式之间。

二、家族办公室的组织架构

不管采用哪种运营模式，家族办公室的组织架构与一般企业类似，但通常更为精简、扁平化，尤其是单家族办公室，往往会通过将部分工作和职能外包或聘请相关兼职人员，达到尽量简化组织结构、节约运营成本的目的。例如，虽然大多数单家族办公室的首席财务官或首席投资官都有一定的财务背景，但很多中小型家族办公室都会将财务和行政方面的工作外包。

在设计家族办公室的具体组织架构时，一般应根据需要涵盖的业务或服务范围，结合拟采用的运营模式，确定哪些工作职能需要聘请专职人员，哪些可以外包或聘请兼职人员、外部顾问；对于外包服务及外聘顾问，还需要明确在家族办公室内对应的联系人。

一个比较典型的单家族办公室可能需要配置总裁/首席行政官、首席投资官、首席财务官、首席运营官、投资顾问、会计及财富顾问等人员；但比较小的单家族办公室往往会将不同角色合并，由一人身兼数职，或者将部分工作职能外包。有的家族办公室管理人员还会同时在家族企业中担任职务，在此情况下，要特别小心，避免将其在家族办公室和家族企业两边的职能、职责混淆。

值得注意的是，以前单家族办公室通常都是将尽职调查、管理人、投资决策等投资方面的职能保留在内部，由专职的首席投资官根据家族的主要领袖人物、首席行政官及/或董事会的指示，在投资委员会支持下领导投资方面的工作。但近年来，越来越多的单家族办公室开始选择将投资管理方面的工作职能全部或部分外包。

事实上，成立单家族办公室的家族往往都有已经经营多年甚至传承了好几代的家族企业，或者有其他本家族更富有经验或具有其他战略优势的特定投资领域（例如房地产投资），并且这些家族企业和特定领域的投资通常是家族资产的主要组成部分。因此，不少单家族办公室受到其资产规模和经济资源的限制，为了精简机构、节约成本，会宁愿内部团队将精力集中在运营家族企业和管理本家族具有战略优势的投资领域上，而把其他投资管理工作外包出去或交给外部投资顾问。

除了上述人员配置外，很多家族办公室还会建立投资委员会、顾问委员会，而且他们的有效支持往往是家族办公室成功的关键。

1. 投资委员会

一个比较理想的家族办公室投资委员会的机构设置可参考一般企业董事会的机构设置，例如，委员会成员人数应为单数，以便确保在进行投资等决策时可形成多数意见。

投资委员会的职能通常可包括制定、实施及监督家族办公室的资产配置政策、风险管理规则、道德标准、绩效考核基准、报酬方案、家族沟通政策等，并应建立定期会议制度。

投资委员会成员一般应包括家族办公室的首席投资官、首席运营官、相关家族成员和外部的独立投资专业人士，且最好有非家族办公室背景的资产管理机构专业人士，他们在投资委员会开展讨论时可提供更广阔的视角。

还有一些结构更为复杂的家族办公室已开始采用双层投资委员会的设计，即一个战略委员会加上一个战术委员会。战略委员会一般由外部专业人士组成，往往每个月只开1～2次会议，负责决定主要的资产类别及每个资产类别和国家地区的配置规模；战术委员会的成员则需要更频繁地碰面，以帮助家族办公室根据市场变化更快速地进行投资组合的调整。

另外，虽然单家族办公室和多家族办公室通常都会设置投资委员会，但在单家族办公室，投资委员会的表决结果往往只供真正拥有决策权的人，即家族的大家长，在决策时参考；而在多家族办公室，投资委员会的民主表决结果在多大程度上有效，取决于是投资委员会主席，还是首席投资官，或者是其他人（例如公司总裁或客户）的影响力更大。

2. 顾问委员会

很多家族办公室会根据家族的投资目标及业务领域，聘请具有相关专业背景和经验的外部顾问，组建一个多元化的顾问委员会，定期开会讨论家族办公室的战略、管理等重要问题，以及应家族办公室团队要求就各种决策或难题提供咨询。但也有一些单家族办公室选择不建立顾问委员会，而是根据实际需要聘请外部独立顾问。

即使在组建顾问委员会的情况下，家族办公室期望每位顾问委员会成员做出的贡献或承担的具体职责也可能是不同的，需要事先做出明确约定。

和投资委员会类似，顾问委员会也需要制定议事机制，并最好由家族办公室安排人员负责召集、管理顾问委员会的会议，进行会议记录，负责与顾问委员会成员进行相关沟通协调等。

此外，不少单家族办公室还通过建立董事会、家族理事会，为家族办公室的创始人和家族成员提供沟通、明确每个人的角色及责任的平台。

08 单家族办公室的设立

王逸群

由于每个家族的实际情况和希望实现的目标不同，单家族办公室的设立是一项高度定制化的复杂工程。但在设立家族办公室的过程中，家族往往会结合自身情况进行以下工作，逐步形成适合自身的解决方案。

（1）确定家族成员范围，绘制家族成员关系图谱，明确家族财富的受益者。

（2）明确家族的愿景、宗旨、使命、核心价值观，确立家族财富管理传承的目的和目标、家族治理原则、家族文化等，建立家族共识机制。

（3）梳理家族产业和其他家族资产的构成、形态、权属情况等信息，确定拟交由家族办公室管理的家族产业和其他家族资产的范围，以及家族办公室须负责或提供的业务和服务范围。

（4）明确是对家族办公室本身有盈利要求，还是只要求其能实现收支平衡；在有盈利要求的情况下是否打算聘请非家族成员的职业经理人分享利润；确定家族办公室在家族财富管理方面是以实现家族财富的保值还是增值为主要目的。

（5）根据拟由家族办公室管理的家族资产规模，在可负担的运营成本范围内，选择适合的家族办公室运营模式，确定须由内部团队履行的工作职能及拟采购的外包服务，考虑是否需要且适合通过和家族企业共享相关人力及管理资源以降低家族办公室运营成本。

（6）确定家族办公室创始人（一般为家族大家长）及具备相关能力、资质、经验的其他家族成员在家族办公室及下属企业的管理运营、家族财富管理以及其他家族事务中担当的角色及其应承担的责任。

（7）基于多方面因素的考虑确定家族办公室的选址，例如，家族成员主要居住地及家族产业和其他家族资产主要所在地，全球税务筹划，当地投资及法律政策环境（包括允许采用的法律形式和工具、金融监管要求等），当地专业人才及专业服务提供商的储备情况和专业度、可靠度等。

（8）就家族办公室及其管理的家族产业、持有的各类家族资产，基于税务筹划、风险隔离、成本控制及管理运营便利性等方面的考虑，选择适合的法律形式或法律工具，搭建适当的法律架构。

（9）确定应由谁在何时以何种方式将相关家族产业和其他家族资产转入新成立的家族办公室，以及如何应对可能由此对原有家族企业、家族投资计划、家族慈善事业等产生的影响，确保实现较为顺畅、平稳的过渡。

（10）制定家族办公室的内部治理制度和道德政策，明确决策权限分配、利益冲突的管理、允许为个人利益使用家族资产的情形等问题，建立可预防侵占、越权投资以及投资风格漂移等情况发生的财务控制措施。

（11）建立顾问委员会和投资委员会，并制定有关这些委员会如何运作及帮助监督家族办公室内部治理的政策。

（12）组建家族办公室的核心团队，任命有权做出运营及/或投资决策的家族办公室首席执行官及/或首席投资官，选聘兼职专业人士及外包服务提供商。

（13）制订家族办公室的投资和运营计划，建立定期绩效考核制度，明确各项关键绩效指标，建立家族办公室开展日常工作的关键业务流程等。

（14）根据家族产业、资产、投资的构成，评估家族办公室在运营管理中存在的主要风险，考虑防范、降低该等风险所需配备的制度、人员等，制订应对家族成员死亡、离婚、经济危机、灾难性事件等的应急计划，甚至是为家族办公室交接给下一代的运营管理进行提前筹划。

就家族办公室本身的法律形式而言，在不同的国家和地区，根据当地的法律制度和监管要求，可能有不同选择，但一般来说，有限责任公司和有限合伙企业是较为常见的选项，选择时主要考虑的是不同法律形式在税务处理及责任限制方面的区别和由此带来的影响。

另外，虽然有专门针对家族办公室的金融牌照类别，但因为投资组合管理和投资顾问服务是大多数家族办公室的核心业务，所以很多家族办公室会设成私募基金管理公司、投资顾问公司等，因而需要按当地金融监管要求申请相应类别的牌照或办理相关备案，但也有一些国家制定了针对家族办公室，的豁免政策，将符合条件的单家族办公室，甚至只服务较少家族客户的多家族办公室排除在监管范围之外。以美国为例，美国《1940 年投资顾问法》原来有一项针对服务客户总数少于 15 的投资顾问的"私人顾问豁免"条款，美国的大多数家族办公室都适用该项豁免，免于在证监会进行注册及接受其监管。但 2010 年美国又出台了《多德—弗兰克华尔街改革与消费者保护法案》，对上述《1940 年投资顾问法》进行了局部修订，在撤销上述"私人顾问豁免"的同时，确立了一项新的"家族办公室规则"，允许符合其定义的家族办公室享受证监会注册及监管的豁免，而根据该规则的定义，只有单家族办公室才可能享受此项豁免。

在搭建单家族办公室的法律架构时，确定家族办公室的所有权安排也是一项重要的工作，这涉及登记在册的法定所有人和受益所有人两个方面。由于成立单家族办公室的家族往往要解决涉及多代家族成员的利益分配问题，而且经常使用家族信托等将所有权和受益权分离的法律工具，家族办公室的法定所有人和受益所有人通常是不完全重合的。实践中，单家族办公室的所有权安排有多种组合可能，例如，由家族成员个人共同登记为所有人，由家族成员和家族外的经理人及/或顾问共同登记为所有人，由家族信托（包括允许家族成员对家族办公室事务相关事项保留表决权的信托）或家族成立的私人信托公司登记为所有人，由家族成员控制的公司登记为所有人等。有些家族在考虑单家族办公室的所有权安排时，还会同时考虑通过制定家族宪章及/或建立家族理事会更好地进行家族办公室的治理，保护尤其是只享有少数权益的受益所有人的利益。

一般来讲，成立一个新的单家族办公室，筹备时间短则数月，长则数年，其间最耗费时间的工作通常是寻觅、聘请符合条件的专业人才，组建团队，以及平衡不同家族成员的需求。

就组建家族办公室运营管理团队而言，很多家族考虑到相关家族成员长期参与家族企业的运营管理，对家族业务及整个家族情况都比较熟悉，同时基于尽量保持家族事务的私密性等考虑，倾向于组建以相关家族成员为核心的家族办公室运营团队。但家族办公室和家族企业的业务范围及关注点并不重合，家族办公室需要开展的业务或进行的投资往往会涉足一些家族成员缺乏经验或不擅长的专业领域，因此，也有很多家族希望聘请外部专业人士来领导家族办公室的团队。但是，由于具备较丰富家族办公室管理运营经验的专业人才是市场稀缺资源，新成立的单家族办公室未必能聘请到适合的人员，家族办公室在成立后，往往需要在外部专家顾问或专业机构支持下，对团队成员进行相关培训，并经过较长时间的磨合，才可算是真正完成团队组建工作。

总而言之，由于每个家族的具体需求和面临的问题不同，设立新的单家族办公室时通常很难完全复制别人的成功案例，只能在对本家族情况全面、充分了解的基础上，探索适合自身的完整解决方案。

·第四部分·

家族企业是资产保护的重点对象

01 家族企业治理道路探索

赵芳　严晨

据克林·盖尔西克等人的研究，保守估计，全世界企业中家族企业占65%~80%，世界500强企业中家族企业占40%以上，全球500强的家族企业每年所创营收达6.5万亿美元，相当于一个仅次于中美两国的经济体，所雇用员工总数达2100万人。根据麦肯锡公司的预测，至2025年，在世界年营收超过10亿美元的企业中，来自新兴市场的家族企业所占比例将超过37%。[①] 然而，家族企业在为社会创造大量财富的同时，也面临着诸多问题与挑战。在大量的家族企业当中，很少有超过三代连续保持富裕状态的，企业因为各种原因而分裂、最终走向衰败的不胜枚举。根据美国一所家族企业学院的研究，约有70%的家族企业未能传到下一代，约有88%的家族企业未能传到第三代，而中国自古也有“富贵传家，不过三代”“君子之泽，五世而斩”之说，故并非家族血脉不断，企业就能永远蓬勃发展。

受中国几千年传统文化的影响，传统家族企业治理模式在企业发展中发挥了巨大作用，使家族企业成为推动中国经济发展的不可忽视的力量。但是，对于已经走过初创阶段进入转型阶段的私营企业而言，家族式治理模式在决策的科学性、用人的合理性、管理的有效性、制度的规范性等方面存在的弊

① 克林·盖尔西克等：《家族企业的繁衍——家庭企业的生命周期》，贺敏译，经济日报出版社，1998。

端也暴露无遗，这些弊端严重制约了家族企业进一步发展壮大。

从公司治理结构看，我国大部分家族企业的经营管理是所有权与经营权统一的治理模式。在创业初期，家族企业的规模较小、管理较简单，通过以血缘关系为纽带的家族企业治理模式就可以实现家族企业的发展壮大。但当家族企业发展到一定程度时，这种简单的家族治理模式已不再适应家族企业的发展。大量的实例表明，许多陷入发展困境的家族企业，缺乏的往往不是技术和资金，也不是市场，而是保持家族企业活力的制度基础。能否有效克服这个瓶颈，将是家族企业能否继续发展的关键。因此，怎样建立和完善家族企业治理模式是当前我国家族企业生存和发展亟待解决的一个难题。

家族内部治理机制是家族企业公司治理模式的核心，这主要涉及两个问题：一是家族企业的管理层与家族企业股东的关系问题，二是家族股东与外部股东的关系问题。家族企业公司治理的第一个问题实际上是公司股东与董事会、董事会与经理之间的委托代理关系问题，而第二个问题则更多表现为控股股东（大股东）和一般股东（小股东）的关系。其中，委托代理关系是家族企业公司治理内在的核心。

一、加快实现产权结构多元化

多元化产权结构指投资主体的多元化，即出资人的多元化，这不仅是市场经济对家族企业提出的要求，也是有利于避免家族企业天生封闭性等缺陷的选择。进一步规范企业的组织形式、多元化的产权结构，有利于聚集更多的社会资本，解决家族企业发展过程中的资金问题和资源问题，多元化的投资主体能够使更多的市场资本和资源内部化，使得企业实力得到壮大，有利于企业的发展。多个投资主体，也可以在一定程度上有利于企业决策，有利于减少决策失误。同时，多元化产权结构也有利于避免不合理的接班人导致的企业后续经营失败。

实现家族企业产权多元化的主要途径包括以下几点。

第一，进一步明确财产产权。这是针对我国家族企业财产关系混乱的现状而提出的。任何经济权利都应当有明确的归属，否则很难发挥其最大的效用，也极有可能出现资源浪费的现象。因此，家庭企业必须对家族财产进行分配，明确具体的产权主体。每个家族成员都作为产权的拥有者，是独立的产权个体，这有利于企业实现多元化产权结构。

第二，实行股权激励制度。股权激励制度本质上是一种人力资源激励制度，是随着人力资本的地位不断提高，为了引入和留住人才设计出的一种激励方式。实践证明，股权激励不仅对人力资本起到强有力的促进作用，也在极大程度上促进了企业的发展。被激励者不仅能够获得工资收入，也能通过股权溢价获得收益。企业以实股进行股权激励，则被激励者成为企业的股东，实际上也成为家族企业的一个产权主体。

第三，加快引入关注企业长期稳定发展的战略投资者。战略投资者往往选择具有潜力的企业进行投资，而这种潜力可以通过制度建设和改造得以体现。目前，我国大多数家族企业因为家族色彩浓重，不具备规范性、稳定性，而未能发挥上述充分潜力。但家族企业若引入新的投资者，既有利于实现企业产权多元化，也有利于企业增加资本实力和资源实力。百年中医药保健品牌“余仁生”在2016年引进了淡马锡控股，其第四代掌舵人余在启说道：“我们希望寻求一种方式，将家族股权机构化。如果我们可以找到一个长期的机构股东，使其成为我们的合作伙伴，那么从长远来看，企业运作会更加稳定。这也是我们引入淡马锡控股的初衷，希望帮助企业更稳健地运作。”但是，在引入新资本的过程中，家族企业必须做出一定的让步，否则新的投资者很难进入企业，这也是家族企业需要进行选择取舍的地方。

二、规范权力运行机制，保持所有者与经营者的平衡

我国家族企业目前存在产权封闭、家族股权过于集中的问题，这直接导致家族企业治理困难。而治理层面规范制度的缺失又影响家族企业的发展，这就是我们需要完善内部治理结构的原因。规范权力机构的制度，有利于在

所有者和经营者之间实现制约和平衡。

家族企业应当确立股东大会（或股东会，下同）是公司的最高权力机构，着重强调程序严谨、内容合法的股东大会制度。在股东大会的召集程序、议事规则以及表决权行使等方面形成一整套股东大会制度。在公司章程中应当确定股东的应有权利，比如股东在股东大会上的质询权、提案权，使小股东关注的问题能够在股东大会上引起其他股东的重视，避免大股东或董事会独占提案权，保持所有者和经营者之间的有效制约。

三、引进独立董事，保证独立性

家族企业可以建立独立董事制度，强化独立董事对董事会和经理层的影响与监督。我国现行的《中华人民共和国公司法》对于有限责任公司没有建立独立董事制度的规定，而目前家族企业大多采用有限责任公司的组织形式，其董事会相当程度上难以摆脱家族的影响。因此，引入独立董事，增加非执行董事在家族企业董事中的数量，有利于增加董事在监督经理层方面的独立性。在特殊情况下，可以赋予独立董事人事任免、战略投资的特殊权力，使独立董事可以对家族企业经营战略的制定实施产生更大的影响，为家族企业的发展赋能。

四、引进外部监事，强化监督机制

大多数的家族企业监事会成员来自家族内部成员，监事会形同虚设，发挥不出监事的作用。为了更好地对企业实行监督，家族企业可以建立外部监事制度，引进外部专业人士，强化其监督功能。可由公司外部的第三方机构人员，如审计人员、会计人员等担任家族企业的监事，更好地发挥监事会对家族企业的监督机制。

五、设立家族委员会，调和家企关系

随着家族企业所有权和经营权的进一步分离，部分家族成员逐渐离开家族企业管理层，而非家族成员的职业经理人开始逐渐占据家族企业中的高级岗位。因此，有必要成立专门的家族委员会来协调家族和企业、家族成员和职业经理人之间的关系。家族委员会通过每年定期召开会议，让家族成员能够及时、充分地了解家族企业的相关情况，减少因信息不对称而引发的问题。家族委员会也有权推选出参加股东大会和董事会的家族成员参与家族企业的运营管理。另外，家族委员会还应在平息家族内部冲突、树立良好的家族风貌、促进家族企业的持续发展上发挥作用。

每一个家族企业都希望把家族事业及产业传承到下一代，并能实现代代相传。而我们在研究家族治理模式的同时，也应当关注家族价值观、使命和愿景的传承，对于家族企业而言，二者相辅相成。“余仁生”1879 年成立，已有 141 年的历史，有一首多年前写下的家族诗：“有国鹤广东，经义在其中；传家守正道，立志可成功。”这首诗既是家族的一种使命，也是家族传承的一种价值观念，不断地提醒家族成员为什么家族会取得成功。这首诗不仅讲了商业的经营之道，更多的是为人处世的道理，以及做事的方式、必须坚守的理念，而这正是家族治理的灵魂所在。

02 财富管理的核心是增值

潘宇东

简而言之，财富管理就是获得财富之后如何理财。我们无论有多少财富，终究需要面对安全保值、增值、传承，以及以满足当下的消费需求与未来的养老需求为前提的资产配置等一系列问题。这些问题的解决，不应在未来，而应在当下，这就需要财富管理。我们认为，解决问题的方法或手段因势利导、因人而异，但当今社会财富管理的核心就是增值。

一、观念的更替

“吾细思凡天下官宦之家，多只一代享用便尽，其子孙始而骄佚，继而流荡，终而沟壑，能庆延一二代者鲜矣。商贾之家，勤俭者能延三四代；耕读之家，谨朴者能延五六代；孝友之家，则可以绵延十代八代。”

这是曾国藩写给四位兄弟的一段话，大意是：天底下的官宦人家，大多数只经历一代人以后，家中财产就享用完了，他们的子孙一开始骄奢淫逸，后来又放荡不羁，最终身填沟壑，能够延续一两代的人家很少见了。做生意的人家，勤俭持家的能延续三四代；耕读人家，谨慎淳朴的能延续五六代；孝顺和睦之家，则可以延续十代八代。这段话可以说是中国传统文化中的财富观，作为一个延续千年的传统农耕社会，以“孝悌”文化作为财富管理的保障手段，尚有可取之处。因为在农业社会，生产力落后，风调雨顺之年物质生产也仅能满足温饱，恐怕难有富余来应付其他需求，事实上也不可能有类似于现代社会的财富管理，而是主要依赖家族、家庭作为某种类型的互助组织，在长幼、同辈等内部成员间互通有无、互相帮助，离开了这样的乡土人情，个人几乎丧失了抵御生老病死、穷困等风险的能力。

而在经过改革开放40余年的中国，经济的繁荣远远超越了以往任何一个时期，富裕起来的人们除了满足物质需求和精神需求外，无一例外地需要利用已经积累起来的财富或今后可能兑现的财富来规避未来的不确定性或风险。从财富管理的角度来看，工业社会与农业社会相比，最显著的变化是城市的不断扩大和农村的不断萎缩。人口与资源迅速向城市流动和集中，乡村越来越小，社会结构发生了根本性变化。对于留守乡村的老人，原先那种依靠传统"孝悌"文化的诸如"养儿防老"的风险保障体系逐步被更先进的社会保险体系所取代。此外，各类金融、保险、证券、信托、基金等产品或工具构筑了一个庞大的市场，这个市场取代了家族、家庭为人们提供经济保障交易，打破了人们对"孝悌"文化的依赖，但是"孝悌"观念作为有益的部分回归文化本源，仍然在财富传承中发挥应有的作用。

二、需求与欲望的增长

毫无疑问，我们生活在一个和平、富裕而又日新月异的时代，人们的需求与欲望都超越了以往。在古今中外浩瀚的经典中，我们也能感受到昔日官宦之家的奢华。《红楼梦》中描写王熙凤第一次见林黛玉时就穿着一件五彩刻丝①石青银鼠褂，第一次见刘姥姥也是身穿石青刻丝灰鼠披风。袭人回娘家，王夫人赏了件桃红百子刻丝银鼠袄，王熙凤又送了件石青刻丝八团天马皮褂子。这些衣物均是缂丝制品，据说是当时顶级的丝织工艺品，一件缂丝衣服需要多名工匠历时许久才能完成。由此，贾府的开支可见一斑，这也为四大家族的溃败埋下了伏笔。

① 即缂丝。

但是无论如何，农耕社会与工业社会的生活质量仍不可同日而语，如果我们简单梳理一下当今高净值人群的消费和开支就可以发现，衣食住行、子女基础教育、基本医疗等基本需求，子女额外的教育、高端医疗与保险、娱乐、外出聚餐与度假等升级需求，高端服饰、高档用具等奢侈品需求，自住高档住宅或别墅、豪华轿车与游艇、私人飞机、艺术品等非投资需求，多处不动产、股票与期权、债券与基金等投资需求，范围相当广泛，而《红楼梦》中所展现的不过是大户人家的基本需求而已。

据报道，国家统计局公布的我国31个省份2019年度上半年居民人均消费支出显示，上海、北京超过2万元，上海以22513元位居全国之首，北京、天津紧随其后。上海、北京、天津、浙江、广东、江苏、福建、辽宁、湖北9个地区超过了全国10330元的平均线。2019年上半年居民人均消费支出突破1万元的地区增加了3个：湖北、重庆、内蒙古。据统计，教育文化娱乐消费支出增长最快，居民人均教育文化娱乐消费支出增长10.9%；食品烟酒消费支出最多；居住消费支出占比也较大。上半年消费增长对经济增长贡献率达60.1%，消费内部的升级还在继续推进。

绝大多数的消费与开支都需要货币来支撑，货币是一般等价物，是用来购买商品和服务的交换媒介。因此很大程度上，货币的支出实际上在削减财富，虽然人们不断通过各种途径积累财富，但这种趋势却无法改变。

三、通货膨胀的侵蚀

据公开数据，2007年年底，也就是金融危机爆发前，美国资产负债表规模大约0.84万亿美元，2019年5月这个数据上升为3.81万亿美元，美国2018年GDP为20.49万亿美元。也就是说，从美国建国到2008年全球金融危机爆发的200多年间，美国发行了大约8400亿美元货币。之后10年时间，虽然其间经过缩表，美国资产负债表规模仍盘踞在3.81万亿美元左右。这种前无古人的货币发行量，被称为QE（即量化宽松政策）。时任美联储主席本·伯克南的“直升机撒钱”实践，不仅为其赢得了“直升机本”的绰号，也引发了欧盟国家、日本等竞相加入“印钞竞赛”。

众所周知，货币投放大于货币需求，将导致一定时期内货币购买力下降，而居民消费价格指数（CPI）上升，即出现通货膨胀。

虽然在财富管理中，人们通过运营各类资产配置方式分散了风险，但同时也使得投资回报呈现分散的状态，相当一部分投资的平均收益“跑”不过通货膨胀，甚至连保值都无法实现。如果长期使财富处于一种受通货膨胀侵蚀的静态模式下，实际上财富很快便会消失殆尽。最简单的例子便是20世纪80年代的1万元，与现在的1万元相比，虽然票面金额都是1万元，但是购买力已经相差十万八千里。

四、高额税负的风险

人一生不能逃避的事情之一就是缴税。

中国目前尚未开征遗产税。我们以买卖、赠与、继承房产为例分析个人所得税的缴纳情况。买卖房产按目前政策是以成交价的1%或房屋售价扣减成本项目后的20%缴纳个人所得税，近亲属之间买卖房产也需要缴纳个人所得税。如果是赠与，情况会怎样？依据中华人民共和国财政部、国家税务总局《关于个人取得有关收入适用个人所得税应税所得项目的公告》（财政部　税务总局公告2019年第74号）的规定，房屋产权所有人将房屋产权无偿赠与配偶、父母、子女、祖父母、外祖父母、孙子女、外孙子女、兄弟姐妹或者房屋产权所有人将房屋产权无偿赠与对其承担直接抚养或者赡养义务的抚养人或者赡养人的，对当事人不征收个人所得税。但是依据中华人民共和国财政部、国家税务总局《关于个人无偿受赠房屋有关个人所得税问题的通知》（财税〔2009〕78号）的规定，受赠人转让受赠房屋的，以其转让受赠房屋的收入减除原捐赠人取得该房屋的实际购置成本以及赠与和转让过程中受赠人支付的相关税费后的余额，为受赠人的应纳税所得额，依法计征个人所得税。受赠人转让受赠房屋价格明显偏低且无正当理由的，税务机关可以依据该房屋的市场评估价格或其他合理方式确定的价格核定其转让收入。由此可见，受赠时在特定情形下不征收个人所得税，不等于转让受赠房屋兑现时不征收个人所得税。同样道理，房屋产权所有人死亡，依法取得房屋产权的法定继承人、遗嘱继承人或者受遗赠人，在取得房屋时不征收个人所得税，但转让该房屋时须缴纳个人所得税。只有房屋产权所有人在转让唯一的房产时，无须缴纳个人所得税。

有多少途径增加财富，就会有多少种侵蚀财富的方式。实际上，没有万世不移的财富，唯求财富增长得快一点，超过被侵蚀的速度。

03 家族治理的误区解析

刘晓炜

家族治理学是近现代随着和全球经济发展和家族的兴盛强大而逐步兴起的一门交叉学科。时至今日，关于家族治理的研究不可谓不多，但仍然有人对家族治理有不少理解上的误区。

误区之一：将家族治理、家族企业的治理与家族式治理画等号

家族治理、家族企业的治理与家族式治理是三个不同的概念。

“治理”源自英文 governance，是一个政治学上的术语，意思是管理、统治，管理方法、统治方法。家族治理也就是家族的管理方法之意。国家的治理有君主制、民主共和制。君主制就是一言堂、独裁，君主制并不是必然不好。古希腊哲学家柏拉图就论述过智者治国的问题，我国古代则寄希望于“明君”。事实上，在我国古代，整个国家都是皇家的，正所谓“家天下”。家族治理也是一样，有不少大家族富可敌国，甚至控制着国家的经济命脉。有的家族是家长一言堂，家长就像古代的君主；有的家族则很民主，重要的事情都会商量着来做。正如国家治理由君主制、共和制演变到君主立宪制和民主共和制、人民共和制，家族治理也在不断发展。没有绝对好的治理方式，适合的就是最好的，家族治理尤其是这样。

家族治理的外延要大于家族企业治理。家族治理包括家族企业的治理，还包括家族内部的治理。而家族式治理，也有人称之为“东南亚模式”①，只是家族治理的方式之一，其以家长制为基本特点，相当于国家治理中的君主制，在东南亚国家、韩国、中国台湾和中国香港地区较为常见，在这种治理方式下，主要股东的意志能得到直接体现。

因为家族治理包括家族企业的治理，家族治理与家族企业的治理有很多共通的地方，比如都有组织体系、议事规则、表决方式。当然，这些不可能完全相同，否则家族治理就等同于家族企业治理了。

家族治理结构通常包括家族会议、家族理事会，有的还会有家族办公室、家族基金会以及家族专门委员会等，具体形式与功能根据各个家族的具体情况决定。家族会议是家族治理的基本组织，由家族全体成员组成，类似于公司的股东大会。家族理事会是在家族与家族企业规模较大、家族需处理的事务较为复杂的情况下，在家族会议之下设置的家族代议制机构，类似于公司的董事会。家族专门委员会是家族为了实现某些特殊的职能而在家族理事会下设置的专门机构，如家族教育委员会负责家族教育，家族慈善基金会负责家族的慈善活动，家族投资委员会负责家族理财等。很多家族设有家族办公室，它是协助家族进行财富管理的机构，其功能可大可小，小的仅限于管理家族金融资产、税务筹划等功能，大的可以覆盖家族的大部分，甚至全部事务。家族办公室通常由家族成员和外聘律师、税务师等专业人员组成。

家族企业（尤其是公司）的治理结构，主要由股东会、董事会（执行董事）、监事会（监事）组成。家族企业的组织体系则根据企业形式不同而不同，多数情况为公司的组织结构。

家族企业是家族和企业相互作用的共同体。家族企业的复杂性来自家族以情感为行为逻辑的家族系统和企业以能力为行为逻辑的企业系统两者的潜在冲突。因此，家族企业的治理挑战来自企业与家族两者的结合与平衡。家

① 陆雄文：《管理学大辞典》，上海辞书出版社，2013。

族企业需要设计出最适合家族精神的有效运作模式，这离不开家族治理的妥当安排与实现；而家族治理的良性发展，也离不开家族企业治理所提供的动力保障。

误区之二：公司是我家的，公司的资产也是我家的

如果家族企业用的是公司这种企业形态，那么最容易发生的错误就是：公司是我家的，公司的资产也是我家的。这通常表现为，用公司的钱为家族成员购置资产，用家族的钱为公司支付各种费用等。

公司与个人独资企业、合伙企业不一样，是法律赋予其以独立人格的拟制的“人”，即“法人”。独立的人格意味着它可以且应当独立承担民事责任，因而它的民事责任不能追溯到其出资人，公司的出资人只要出资到位了就不对公司的债务承担责任，也即通常所说的“股东有限责任”，但是，公司的出资人可以通过股息的方式拿回公司的利润。这正是公司制度的精髓。

公司制度的创设，是人类商业文明的一个伟大创造，其目的是将投资人与公司的风险隔离，从而达到鼓励投资的目的。

试问：家族中的老大和老二是不是一家人？当然是的。但是，老大能直接支配老二的资产吗？家族与公司的关系也同样。

如果将公司的资产视为家族的资产，将公司资产与家族资产混同起来，会带来几个问题。

第一，破坏了公司独立的人格，导致人格的混同，其后果就是将公司制度的精髓弃之不用，主动承担起“股东无限责任”了。

第二，所有权不清晰，给家族与企业的治理带来混乱与纠纷。

第三，影响家族企业的良性发展，带来家族企业传承的难题。

只有对公司制度有了清晰的认识，才能纠正“公司是我家的，公司的资产也是我家的”这样的错误观念，也才能避免上述问题。

误区之三：家族企业治理与现代企业治理是相对立的，家族企业治理不如现代企业治理

一提到家族企业治理，就有不少人认为，家族企业治理落后于现代企业治理，家族企业不容易生存，传承也不容乐观。这个观点混淆了企业治理与企业组织形式、企业所有权。同时，企业生存与传承问题不单单是家族企业的问题，而是所有企业的问题。

现代企业制度通常指所有权与经营权分离的公司制度，而所有企业形式均可以是家族企业，包括个人独资企业、合伙企业、公司等。家族企业治理只是表达了企业的所有者为家族，其治理的主体为家族的情形，因此，家族企业的治理并不排斥现代企业制度和现代企业治理方式。

家族企业有其内在天然的优势，主要表现为以下几点。

第一，家族企业权力集中，这带来的好处是决策灵活、效率高、交易成本低。

第二，由于存在血缘和姻亲关系，企业成员之间相互信任度高，容易保持稳定的所有者群体和企业领导层，有利于凝聚力的形成。

第三，家族企业重视客户、员工和所有者的忠诚度，当企业进一步发展时，这些关系能够给予企业强有力的支持。

第四，家族企业更重视声誉，客观上有利于企业的发展与壮大。

第五，家族企业通常更看重长远发展。

第六，即使采用公司制度，家族的公司所有权与经营权往往并不分离，可以避免信息不对称带来的代理人问题，避免股东与经营者的分歧。这样的家族企业管理层可以只有一个声音、一种意志、一个目标。创始人积极参与经营管理，使其保持长期利润最大化的企业目标。另外，没有出资者施加的财务报表的压力，家族企业主往往可以更关注长远发展，避免财报业绩压力带来的短视。

事实上正因为如此，家族企业的生存和发展能力更强于一般企业。现代很多大企业是家族企业，而年代久远的企业多数是家族企业。据家族企业研

究所（Family Firm Institute）的报告，家族企业每年创造的产值占全球GDP的70%~90%。① 美国著名学者克林·盖尔西克等人的研究指出，在全世界的企业中，最保守估计有65%~80%的企业是家族所有或经营，世界500强企业中也有40%是由家族所有或经营。中国目前约有500万家民营企业，其中70%左右是家族企业，对中国国内生产总值的贡献达到一半。②

当然，家族企业也有它自然的弱点，主要表现为以下几点。

第一，家族企业权力集中，资本结构单一，可能影响到企业融资，进而造成再投资不足。融资是我国民营企业的“老大难”问题，在家族企业更为明显。外来资本不容易介入家族企业，家族企业融资往往只能靠借贷，这样就会带来家族企业资产负债率过高的问题。

第二，权力缺乏制约，容易侵犯家族其他成员和债权人的利益。

第三，企业高层任期过长，容易僵化。

第四，血缘和姻亲关系容易固化人员在企业中的位置，人才的流动和竞争机制不足。其实，任何企业都可能存在人才问题，而家族企业的问题是人才不容易流动，不容易成长，容易出现强者恒强、弱者恒弱的局面。

第五，由于血缘和姻亲关系的存在，家族企业可能更不容易管理。

第六，家族企业对传统的产品、技术和地段等固有的东西过度依赖，可能缺乏革新的动力。

家族企业要正视可能存在的问题，合理规划公司股权结构和激励体系，为资本和人才留出空间。完善企业的决策机制，建立现代规范的企业治理方式，比如，合理设置股东会、董事会表决机制，强化董事会职能，在董事会下设专业委员会以提高董事会的职能和完善公司治理结构，还可以聘请独立外部董事参与专业委员会，从而提高决策的科学性等。

① 约翰·戴维斯、柯伟林：《中国家族企业——新机遇，新挑战》，《经济观察报》2011年8月22日。

② 覃达：《福伊特分享家族企业长青之道》，中国网，http://finance.china.com.cn/roll/20130608/1541806，shtml。

误区之四：家族企业做大了就不是自己的了，是社会的

有人说："家族企业，做大了就不再是自己的了，而是属于社会的。"这个观点的本意是说，家族企业要想做大，就要放开，不要由家族独占控制，应引入更多的投资人，使股权分散化。可听到这个观点，有些家族企业害怕股权分散，害怕失去对企业的控制，因而害怕做大，更害怕上市。

的确，古往今来，围绕家族企业权力，上演过无数次的家族纷争和企业破产或分崩离析的悲剧。创业期间，家族成员还能和睦相处，为了企业的发展而团结一致。一旦企业发展壮大，家族成员就会争功诿过、争权夺利，置个人利益于公司利益和家族利益之上。而为了个人目的，亲人之间可以反目成仇，甚至相互厮杀，最终把良好发展的企业肢解。这些其实是人性使然，只要有企业，便会有冲突与斗争，这不是家族企业独有。

企业经营的每一天，都会遇到关于资源配置、财务、组织结构、员工管理、投资决策以及战略方向等诸多问题，这些问题如何解决，放在何种制度框架、决策框架下，关系到企业的现在和未来。自从有企业开始，这些问题就一直存在。

有的企业做大了，投资人增多了，原来的创始人控制力会减弱，企业变成了公众公司，甚至上市公司。但是，也有很多家族企业做得很大，这些家族很擅长管理，把控制权牢牢控制在家族手中。比如，美国沃尔顿家族的沃尔玛百货有限公司，德国保时捷家族的大众汽车公司，美国福特家族的福特汽车公司，韩国三星集团、现代集团等都是世界一流的大公司，仍然由家族牢牢控制。

《福布斯》发布的2017上市家族企业100强排行榜显示，在2017年上榜的前10大家族企业中，在A股上市与港交所上市的内地企业各5家，2016年营收超千亿元的家族企业有4家，分别是许家印家族的恒大集团、何享健家族的美的集团、杨惠妍家族的碧桂园集团、王传福家族的比亚迪股份有限公司。总市值超千亿元的家族企业有6家，除上述4家以外，还有温鹏程家族

的温氏食品集团股份有限公司、马兴田家族的康美药业股份有限公司。

所以，家族企业做大了还是不是自己的，主要看家族的能力与水平，另外要看家族企业的发展战略和意愿，即是不是希望家族企业做成公众公司。

误区之五：家族企业一定要“三权分立”

现在有些人提到家族企业治理，会讲“三权分立”，认为只有实现企业的所有权、决策权和经营权的分离与相互制衡，家族退出决策和经营，淡化其所有权，才能治理好家族企业。为此，持此观点者设计了一套治理模式：家族成员有可能完全退出公司的决策和经营，为了保证所有权利益和对公司运营的监督，成立监事会与董事会和理事会并行。监事会主要由家族成员、工会主席、法监部主任、财务总监和其他聘用人员组成，行使对公司的监督权。监事会使得所有权作为一个整体存在，由后代继承，不进行财产分割；监事会可聘用会计、律师等专业人士对董事会、理事会实行监督；监事会无权决策，也无权任免董事长、总经理，但是有监督权、组织选举权以及弹劾权；监事会世代继承，监事长由家族内部选举产生。

这种制度安排的好处是，所有权与决策权、经营权有可能不再一体传承下去，这就保证了公司将持续由民主选举产生出来的、有能力的决策者和经营者管理运营。这样的制度设计的确可以避免后代无能导致的家族没落，但它同时也可能带来另一个重大问题：家族企业再也不是家族的了。

事实上，与国家类似，不同国家会选择不同的政治制度，不能简单地说哪种政治制度就一定好，从而强迫哪个国家实行什么政治制度。对家族企业而言，每个家族企业有其自身的特点与优势，能够发展壮大并传承下去的就是好的治理模式，不一定要实行“三权分立”的治理模式。我国很多著名的老字号企业、发展得好的家族企业，比如李锦记集团、贵阳南明老干妈风味食品有限责任公司，也并没有采用“三权分立”的治理模式，照样发展得很好。在国外，瑞士的钟表业、比利时的巧克力业、德国的啤酒业、法国的葡萄酒业中多是家族企业，很多企业也没有按“三权分立”的治理模式，照样传承百年，经久不衰。

误区之六：家族企业一定要引入职业经理人

有人分析大家族的衰亡，认为其中的一个主要原因就是后人中没有能统领家族的人才，学者余世存说：“无论是家族、企业家阶层，还是知识阶层中，家族衰败的征兆之一，是家族没有一个得力卓越的领导人。如果家族丧失了主心骨，这个家族离崩塌也就不远了。”于是便有人认为，家族企业的兴旺发展得有职业经理人的参与。

为了拯救业绩的持续衰退，破解陈旧的家族管理模式，曾经的“果汁大王”，汇源集团创始人朱新礼在 2013 年 7 月卸任总裁一职，聘请职业经理人苏盈福担任公司行政总裁、主席、执行董事兼总裁。苏盈福上任后，即开始大规模的改革，但是，在一年零一个月后，汇源净利润同比大跌 82%，苏盈福被逼辞任。

中欧国际工商学院管理学教授李秀娟在其著作《当传承遇到转型——中国家族企业发展路径图》中，介绍了中国流行饰品行业的“老大”新光控股集团在十年内辗转三位经理人的故事。1998 年，新光控股集团老大周晓光请来了第一位职业经理人——来自中国台湾的蒋兴中。蒋兴中提出了一整套改革方案，虽然遇到了创业元老的反对，但周晓光却授予他“尚方宝剑”：只管大刀阔斧地改革，唯一的底线是销售额不能下滑超过 40%。三年内，蒋兴中建立了专业化的管理制度，帮助企业初步扩张了国际业务。但是由于他对饰品行业了解不够深入，无法应对接下来企业迈入快速增长阶段的挑战。2002 年，周晓光请来第二位职业经理人刘清坤，他帮助新光控制集团迅速扩张门店，但是与此同时，库存也在急速增加。刘清坤过于注重眼前的考核指标，所使用的“揠苗助长”式做法让企业规模急速膨胀，但市场竞争力却顷刻间下降。2006 年，第三位职业经理人陆晓忠走马上任。虽然他重视生产效能，但由于对市场、客户和消费者的灵敏度不够，在决策方面优柔寡断，严重制约了企业在激烈的行业竞争中的表现。最终，2011 年，周晓光长子虞江波接手新光控股集团。

根据界面新闻的调查，职业经理人不成功的案例比子女接班不成功的还要多。[①] 为什么会出现这种情况？周晓光总结自己的体会：“职业经理人有一些专业的东西是很好的，也是企业所需要的，但我发现他们还是缺乏一份担当，缺乏一种企业主人翁的精神。”

除此之外，还有以下原因。

第一，职业经理人的观念和文化与家族企业不能很好地融合。如果非家族成员在观念和文化上能与家族企业一致，则即使其与家族不具有血缘或姻亲关系，也不会引起家族元老们的排斥。

第二，职业经理人与家族没有形成一致的价值取向与长期利益。所谓“志同道合，休戚相关”，这样的一群人更可能会成功。但是，非家族成员的职业经理人与家族企业成员往往难以形成一致的价值取向与长期利益。

第三，职业经理人有管理的专业性，却缺乏产业、行业的专业性，容易纸上谈兵。具体到特定的行业、产业，职业经理人不能简单地将管理理论或其他行业的经验套用，而是要针对特定产业、行业的情况精准施策。

家族企业是不是需要引入职业经理人，要看自己的接班人行不行。如果接班人行，则无须引入职业经理人；如果家族内缺乏人才，则一定要引入人才。但是，家族不是引入了职业经理人，自己安心持有股份就可以了，而是要寻找到观念、文化相同，能够形成共同的价值取向与长期利益，能够潜心于家族企业的特定产业或行业，将理论与实践结合起来的职业经理人。即使一时找不到十分合适的职业经理人，也要朝这个方向努力培养、塑造职业经理人。

家族企业的治理对家族来说毋庸置疑是一个非常重要的课题，它不但是科学，也是技术；不但是经验，也是逻辑。家族企业的治理需要避开误区，才能做得更好。

---

① 界面新闻：《为什么职业经理人在中国家族企业总“活”不长?》，搜狐网，https：//www. sohu. com/a/159559713_114835。

04 夫妻股权与幸福条款

段逸超

夫妻共同创业的现象比较常见，很多创业者在初期往往采取这种方式。虽然有不少成功的案例，但夫妻创业矛盾与分歧很多，由于夫妻矛盾葬送企业的现象也很多。为什么？因为夫妻过日子靠感情、理解和支持，而创业要面对市场和各种社会矛盾，当夫妻一起创业时，社会矛盾与家庭矛盾交织在一起，处理起来难度就更大。如果夫妻共同创业，股权应该怎么分？谁说了算？如何分工？随着企业的不断壮大、其他股东的参与以及资本的介入，夫妻股权的问题变得更加复杂。本文以这个话题为切入点，对夫妻股权进行梳理，探讨如何通过相关载体促进夫妻与其他合伙人一起创业，并借助资本的力量促使企业不断走向成功，夫妻生活走向幸福。

一、夫妻创业的股权划分

夫妻走到一起，有恩爱和温存，但也有矛盾和分歧，这是正常的，在创业过程中存在理念分歧、业务分歧和管理分歧的现象也很正常。家庭矛盾本身不可避免，再一起创业开公司，矛盾叠加，争执不可避免。

那么，夫妻一起创业，该如何划分股权？谁说了算？如何分工？

1. 夫妻创业谁有决策权更合适

夫妻一起创业，公司由谁来做决策，这个问题一开始就必须解决，避免日后谁也说了不算的尴尬局面。夫妻双方不应该把家里的矛盾带到公司，也不能把公司的矛盾带回家，这就要求双方做到理智、冷静、客观。这里不存在“重男轻女”的问题，谁合适就谁说了算，一般情况下“男主外女主内”的格局多一些。如果男方说了算，也要倾听另一半的意见；当然，如果女方说了算更合适，则以女方的意见为主，另一半也只能保留意见。不管男方还是女方做决策，最后由决策者承担所产生的结果，如果结果不理想，另一方也不应埋怨、责怪，应协助做好修补工作。

2. **夫妻双方在公司如何分工**

大多数情况下一方拥有决策权，是为了解决“一山不能有二虎”的问题，因为如果不解决这个问题，夫妻间可能争论不断，将会直接影响公司的发展。所以，解决的方法是让一方说了算。而有的夫妻中的一方干脆完全退出管理，不参与任何公司事务，这也是一种智慧的选择。当然，也有夫妻选择共同经营。如果共同经营，双方应在确认一个人做决策的基础上，根据各自的爱好、特长、兴趣，在各自擅长的领域内各司其职，尽量做到互不干涉。

但是在现实生活中，夫妻在经营中配合得非常好的还是相对较少，因为要想做到分工合作、相得益彰是有前提条件的，那就是双方要有共同的文化基础和生活理念，说得具体一点就是双方看问题要有同频的思维，还要能够保持理性。如果双方一见面就吵架，遇事一讨论就发火，为了避免“战争”，只能让一方去经营，另一方不要参与。

上述建议并不是要求一方完全退出，而是希望双方能保持理智，尽量做到以下三点：一是明确地将决策权给一方，另一方以支持者的身份和心态给予支持；二是若双方都留在公司参与管理，应明确分工，各司其职，做到相互支持和相互欣赏，其中相互欣赏很重要；三是把生活和工作分开，不要将生活中的不良情绪带入工作，也不要把工作中的矛盾带回家庭，注意转换角色。

3. **夫妻股权如何设计**

一项对中小企业板上市的 17 家夫妻公司进行的统计发现，持有上市公司股份比例相当的夫妻仅有 1 对；持有股份比例差距较小的（相差 20% 以下）

夫妻有 7 对；差距较为悬殊的（相差 20% 以上）夫妻则达到了 9 对。

现实中对于夫妻股权比例的分配大致有三种做法：一是一方比另一方多一点，比如 70% ：30%；二是双方平均分，即各 50%；三是只登记一方，即一方 100%。三种做法各有优劣，从上述简单统计看，让一方占多数更实际些，夫妻双方平分公司股权并不是最佳选择。之所以建议让一方股权多一些，主要是为了确定一个决策者，减少或避免争议。

二、婚后股权

案例 1

张三与李四结婚后，张三与其朋友王五共同设立甲公司，张三与王五为甲公司的股东。后张三与李四因家庭琐事发生矛盾，在李四不知情的情况下，张三将自己的部分股权无偿转让给其母亲，并通过股东会议决议，进行股东变更登记。李四得知后以恶意串通等为由，诉请确认转让协议无效。

这个案例给我们提出以下问题：股权究竟是什么权？是所有权吗？夫妻关系存续期间产生并登记在一方名下的公司股权，另一方拥有什么权利？夫妻一方独自处分股权的行为有效吗？

1. **股权究竟是什么权**

（1）股权不是单纯的财产权，也不等同于所有权。

股权是股东基于其股东资格而享有的，从公司获得经济利益，并参与公司经营管理的权利，因此，股权不是单纯的财产权。

股权不等同于所有权，但与所有权有密切关系，享有股权的股东是对应财产的所有者。

股权是公司（包括有限责任公司、股份有限公司）股东对公司享有的参与权和财产权的一种综合性权利。

（2）股权包括自益权和共益权。

自益权是股东为维护自己的利益而行使的权利，换言之，指股东从公司获得经济利益的权利，主要包括股利分配请求权、财产分配请求权以及新股认购优先权。

共益权是股东参与公司经营的权利，或者说是股东以个人利益为目的兼为公司利益而行使的权利，该权利行使所获得的利益使股东间接受益。共益权主要包括表决权、知情权、提案权、质询权以及公司解散请求权等。

2. 夫妻关系存续期间产生并登记在一方名下的公司股权，另一方拥有什么权利

（1）股权的自益权部分对应的财产权属于夫妻共同财产。

《中华人民共和国婚姻法》（以下简称《婚姻法》）第十七条第一款规定，夫妻在婚姻关系存续期间所得的财产，归夫妻共同所有。

夫妻关系存续期间获得股权的自益权部分对应的财产权，如无其他证据证明属于个人财产，认定为夫妻共同财产。

（2）应当区分股权的自益权和共益权。

《最高人民法院关于适用〈中华人民共和国婚姻法〉若干问题的解释（二）》（以下简称《婚姻法》司法解释（二））第十七条进一步解释夫妻共同财产范围，包括一方以个人财产投资取得的收益。这里的表述是“收益”，而不是“投资”本身。如上分析，股权作为公司股东所享有的综合性权利，既包括分配利润等财产权利，还包括参与公司决策和选择管理者等身份权利，其身份性质的权利，比如参与管理权，是独立于夫妻关系的，不属于《婚姻法》的调整对象。

（3）不能简单地认定股权属于夫妻共同财产。

《中华人民共和国公司法》第七十一条规定了股东向股东以外的人转让股权，应经其他股东过半数同意。据此条规定，股东转让股权必须征得过半数股东的同意，但没有规定必须征得股东的配偶的同意。即使在有限责任公司的出资系夫妻共同财产，但配偶未登记为公司股东的情况下，配偶若要成为公司的股东，还须征得其他股东的同意。只有在其他股东明确表示放弃优先购买权的情况下，股东的配偶才可以成为该公司的股东。以上体现了有限责任公司的人合性特征，虽然股权的核心内容与财产权有关，但股权还包括了参与重大决策权、选择管理者权、表决权、知情权等权利，以及股东需要对公司、其他股东、公司债权人承担相应义务，所以，股权并非单纯的财产权，即作为权利义务综合体的股权并不能被简单认定属于“夫妻共同共有财产”。

总之，夫妻共有的不是股权本身，而是股权中的财产权。

3. 夫妻一方独自处分股权的行为是否有效

（1）股权不是简单的财产权，不能简单归属于夫妻共同财产，因而股权转让无须经配偶同意。

从股权权属出发，股权不能简单归属于夫妻共同财产范围，股东的配偶对股权并不当然享有平等处理权。

股权转让形成的是股权转让合同法律关系，处理应当适用《中华人民共和国合同法》《中华人民共和国公司法》中有关调整股权转让交易的法律规定，而不应简单适用调整婚姻及其财产关系的法律规定。

依据《中华人民共和国公司法》第七十一条和《婚姻法》司法解释（二）第十六条的规定，股东转让股权必须征得过半数股东的同意，并没有规定必须征得其配偶的同意，我国现行法律和行政法规也没有关于配偶一方转让其在公司的股权须经另一方配偶同意的规定。

（2）善意取得影响股权处分行为的效力。

夫妻一方独自处分股权，对股权转让协议效力产生重要影响的因素就是该协议是否构成善意取得。《中华人民共和国物权法》（以下简称《物权法》）第一百零六条规定了善意取得的一般适用。《最高人民法院关于适用〈中华人民共和国公司法〉若干问题的规定（三）》（以下简称《婚姻法》司法解释（三））第二十六条第一款规定，实际出资人请求认定处分股权行为无效的，可以依《物权法》善意取得处理；第二十八条第一款规定，受让股权后未办理变更登记，原股东处分股权的也可依上述规定处理。这个司法解释表明了股权也可以适用善意取得。受让人受让该股权时，应当为善意。若转让人与受让人恶意串通，则不构成善意取得。判断善意与否的要素包括转让人与受让人的关系密切程度、转让行为发生时夫妻关系状况，以及转让款的金额和来源。

总之，股权属于商法规范内的私权范畴，其各项具体权能应由股东本人独立行使，不受他人干涉。股权转让主体是股东本人，而不是其配偶或所在的家庭，并不要求必须征得其配偶或家庭的同意。

夫妻关系存续期间登记在配偶一方名下的股权，另一方虽就由该股权产生的分红、转让价款等财产性收益享有共有权，但其并不享有该股权的处分权。包括转让权在内的股权的各项权利应由股东本人行使，不受他人干涉。配偶一方与受让人签订的股权转让协议，并不因未经另一方的同意而无效。

4. 离婚时分割夫妻共同股权

离婚时分割夫妻共同股权，即使夫妻双方协商一致同意分割股权，非股东取得股东身份的还须公司其他股东过半数同意。

《婚姻法》司法解释（二）第十六条规定：人民法院审理离婚案件，涉及分割夫妻共同财产中以一方名义在有限责任公司的出资额，另一方不是该公司股东的，按以下情形分别处理：①夫妻双方协商一致将出资额部分或者全部转让给该股东的配偶，过半数股东同意、其他股东明确表示放弃优先购买权的，该股东的配偶可以成为该公司股东；②夫妻双方就出资额转让份额和转让价格等事项协商一致后，过半数股东不同意转让，但愿意以同等价格购买该出资额的，人民法院可以对转让出资所得财产进行分割。过半数股东不同意转让，也不愿意以同等价格购买该出资额的，视为其同意转让，该股东的配偶可以成为该公司股东。

三、婚前股权婚后增值部分如何确定归属

案例 2

张某在婚前出资 290 万元投资设立 X 公司，占 50% 股权。婚后因感情不和与配偶姚某离婚，经评估该股权婚后增值额为 1134 万余元。那婚前股权婚后增值部分属于夫妻共有，还是仍归属于原个人所有？

这个案件的一审和二审都认定婚后增值部分为夫妻共同财产，但有两个区别：一是适用法律依据有差异，二是分割方式有差异。

一审法院认定张某婚前投入公司的 290 万元出资对应股权系其婚前个人

财产，但该股权在其与姚某婚姻关系存续期间产生了增值，该增值部分应认定为夫妻共同财产，并转化为股权予以分割。张某个人股权婚后的增值部分换算成公司股权比例为 15.97%，故张某应将其持有的 X 公司 7.985%（15.97% ÷2）的股权过户给姚某，以折抵其应支付给姚某相应的货币补偿。一审法院适用的法律依据是《婚姻法》司法解释（三）第五条：夫妻一方个人财产在婚后产生的收益，除孳息和自然增值外，应认定为夫妻共同财产。

二审法院适用的法律依据是《婚姻法》司法解释（二）第十一条：婚姻关系存续期间，“一方以个人财产投资取得的收益”属于《婚姻法》第十七条规定的“其他应当归共同所有的财产”。

二审法院认为，在张某和姚某对于该部分财产如何分割意见不一的情况下，不宜将该部分财产全部转化为股权，并将非持股的配偶一方直接确认为公司股东，而应判决由持股一方支付另一方相应折价款更为合适。因此，二审法院认定涉案增值股权部分归张某所有，张某应当按照评估报告确定的金额支付姚某该部分对应的增值额约 1134 万余元的二分之一，计约 567 万余元。

那么，如何分析婚前取得的股权，在婚后增值部分是否属于夫妻共同财产？

1. 若无后期投入也未参与管理和付出劳动，股权在婚后的增值是否属于自然增值

“自然增值”是婚前财产在不改变状态的情况下而实现的增值。一旦改变状态投入生产经营，所获得的增值性质就变化了。比如，房租属于法定孳息，属于个人；但夫妻一方婚前个人所有的房屋，在婚姻关系存续期间对该房屋的修缮、装修而产生的增值部分则不仅不属于法定孳息，也不属于自然增值。

最高人民法院法官吴晓芳认为，《婚姻法》第十七条确定了生产经营的收益为夫妻共同财产，其司法解释（二）明确个人财产投资取得的收益为共同财产，其司法解释（三）进一步补充明确夫妻一方个人财产在婚后产生的收益应认定为夫妻共同财产。以婚前房产为例，房子的增值视为自然增值，如果婚前个人房产婚后增值变现，再用于购房再增值，对再增值的部分，可作为投资收益，属于夫妻共有。[①]

参照吴晓芳法官的观点，对于婚前股权的婚后增值部分，若在婚姻存续期间双方未发生再投资或付出劳动，而股权价值相比原始投资有大幅度增加，在这种情况下应该属于自然增值，仍然属于个人。

2. 若有后期投入或参与管理和付出劳动，股权在婚后的增值是否属于自然增值

现实生活中股权所对应的公司净资产的增加往往与夫妻一方或双方参与经营或付出劳动有密切关系。从司法实践来看，只要投资方在婚后对其婚前投资企业进行了经营管理、付出了时间成本，那么对于婚前股权婚后增值部分，一般作为夫妻共同财产来处理。

如何对股权婚后增值部分进行区分呢？若股权静态被动地增值，增值部分属于个人财产；若夫妻一方或双方主动参与经营致使股权实现增值，则增值部分属于夫妻共同财产。

3. 若有后期投入或参与管理和付出劳动，获得的股权产生的收益属于个人财产还是共同财产

最高人民法院法官肖峰认为，“股权不同于房产，是一种单纯的投资行为，股权本身是个人财产，但是收益，根据《婚姻法》司法解释（二）的规定，属于夫妻共同财产。个人认为对此还需要细分：如果出资一方参与公司运营或工作，那么是一种付出行为，作为回报，婚后股权的收益属于夫妻共同财产；如果出资一方仅仅持有股权，未参与公司运作，没有付出劳动，该收益归属存在争议，个人认为该收益属于个人财产，因为这个行为没有让配偶有额外的付出，就像把钱存在银行里一样”[②]。

以上对于婚前取得的股权在婚后增值部分是否属于夫妻共同财产进行了具体分析，但司法实践中对于这个问题采取了简单化处理，基本观点是，婚前取得的股权或投资性的资产，比如股票、基金、期货等，在婚后增值的部

---

① 吴晓芳：《〈婚姻法〉司法解释（三）适用中的疑难问题》，《法律适用》2014 年第 1 期。

② 肖峰：《离婚纠纷中涉及有限公司股权的司法处理》，载微信公众号“法语峰言”。

分属于夫妻共同共有。案例中一审与二审法院均将婚前张某出资 290 万元投资的股权在婚后增值的 1134 万余元简单地认定为夫妻共有财产是值得商榷的，应该区分情况处理：婚前投资婚后参与了经营的主动所得，为夫妻共同财产；婚前投资婚后未付出劳动的被动增值与收益，仍为个人财产。

夫妻双方若能通过签订婚前协议或婚内财产协议对上述股权的归属进行相应约定，可以避免上述争议与麻烦。约定的主要内容应该包括：对于婚前股权，明确为婚前获取股权一方所有，并不因结婚、离婚而变化；对于股权带来的每年的分红，可以约定为一方所有或夫妻共同共有；对于股权在婚姻期间的增值部分，包括利润转增股本，或者融资后溢价部分，约定增加的股权或增值仍归婚前已取得股权的一方所有或其他明确的处理方式。

根据以上分析，笔者提出如下法律提示。

（1）婚前股权若未进行后期参与或增资，则基本保持不变，增值部分属于婚前；若进行后期参与或增资，会导致婚前财产与婚后财产混同，则被认定为夫妻共同财产的可能性更大。

（2）为了避免婚后争议，可通过签订婚前或婚内协议，明确将婚前一方的股权以及婚后增值部分、收益约定为个人所有，或者约定在何种情况下可认定为共同财产。

4. 婚前股票婚后配送是婚前财产吗

2016 年南京市有一案例，原告认为被告股票账户中获得的某股票 8851 股应作为共同财产，被告则认为该股票系婚后自动配送的，没有夫妻双方的投入，应属于婚前财产。最终法院支持了被告的观点，认为配送股票的原因是被告婚前持有该只股票，且配送股票时被告没有支付相应对价，所配送的股票应属于被告个人财产。因此，在婚后完全没有操作过股票的情况下，所获收益属于持股一方的个人财产。如果没有以夫妻共同财产追加新的投资，婚前的股票市值为个人财产，婚姻关系存续期间的股票收益为夫妻共同财产，离婚时给予配偶股票婚后收益（离婚时股票的市值减去结婚时股票的市值）一半的折价款。

四、股权架构与幸福条款设计

案例3

土豆网原首席执行官王微与杨蕾于2010年3月经上海市徐汇区人民法院调解离婚，但未对财产做出处理。2010年11月10日，杨蕾向法院起诉要求分割财产并保全王微所持土豆网的主要股份，即将上市的土豆网被叫停。王微持股13.4%，如果杨蕾分一半，则王微的大股东地位不保，对公司的控制权将受影响。因为诉讼，土豆网丧失了最佳上市时机。

亲情包括夫妻情、父母子女情、兄弟姐妹情，亲情与公司发展、财富创造密切相关，亲情可以促进财富保值增值，而亲情破裂可能损害甚至摧毁财富。公司经营的风险与股东婚变、继承的风险都客观存在，应全面地规制与筹划。

在公司顶层股权设计中，创始人是第一位因素。创始人要控股，掌握公司控制权。从投资者角度看，对创始人的人品、性格、兴趣、爱好、能力等都要考察，投资者还要关注创始人的婚姻状况。土豆网创始人王微离婚案被认为是“国内资本市场离婚第一案”，该案直接影响了土豆网的上市。此后，风投把夫妻关系当作考量因素之一，并在投资协议中要求所投公司创始人结婚或者离婚必须经过董事会，尤其是优先股东的同意。王微为此起了个有趣的名字——“土豆条款”。

“土豆条款”其实是为了保护夫妻双方之外的相关利益人，尤其是投资人的权益而设计的。有这样的“土豆条款”：“本人为A先生的配偶，本人确认对A先生持股的X公司不享有任何权益（A先生为X公司的创始股东），且保证不就公司的股权提出任何主张。本人进一步认可，A先生履行股权投资相关文件的签署及修订、终止并不需要本人另行授权或同意。作为A先生的配偶，本人承诺将无任何条件配合相关必要文件的签署……”

即使有类似这样的条款，在实际操作中还是会有麻烦，因此，我们有必要在“土豆条款”的基础上做更全面的考虑。

对于持股一方来说，最理智的做法是维护好夫妻关系，同时理性判断夫妻关系的稳定性，若有分开的可能，还得理性对待，预先设置股权方案，未雨绸缪。而这需要专业人士参及协调及理性策划，应该通过股权架构与一系列协议方式确定夫妻财产分配的比例、条件，再结合信托、保险等综合财产管理工具，解决夫妻之间对于股权的处理问题。

对于大多数夫妻来讲，若夫妻关系正常，离婚概率较小，双方应坦然地面对公司的股权架构，有两个方案可以考虑：一是创业者作为控股股东，明确在公司章程上，配偶不出现在公司章程和股东名册上；二是创业者占大股，即控股，配偶占小股，避免出现夫妻同比例的情形。此外，还应该加上后续的配套协议条款，体现在公司章程、股东协议、婚前协议、婚内协议中。夫妻签署关于股权的财产约定以及相关协议是理智的选择。

《婚姻法》第十九条规定：夫妻可以约定婚姻关系存续期间所得的财产以及婚前财产归各自所有、共同所有或部分各自所有、部分共同所有。约定应当采用书面形式，没有约定或约定不明确的，适用本法第十七条、第十八条的规定。

公司创始人应当根据上述规定和《中华人民共和国公司法》的规定和要求，结合个人和公司的现实情况设计不同的协议条款，平衡家庭和公司之间的稳定关系。这些条款是保障夫妻幸福的条款，也是明智的选择和理性的表现。

（1）公司章程里面可以约定夫妻股权及实际控制人的表决权，比如妻子明确将表决权委托给丈夫，这样丈夫就不会失去控制权。

（2）在婚前协议中明确配偶无权影响公司的控制权，可以约定婚后的收益权处理方案。

（3）婚内协议可以明确配偶对公司的控制权，可以约定对应的收益权是均分的。

（4）在引进资本时明确收益权的同时，保障引进资本和上市等成功，实现利益最大化，抗击外来力量对内部的冲击，降低夫妻共损和公司失败的概率。

05 浅论高净值人群家族财富传承之股权传承

赵芳　袁文超

自几千年前禹将部落首领的位置传给自己的儿子启后，华夏文明便开启“家天下”的模式，传承变成了历史的主旋律。历代的帝王无一不想将自己辛辛苦苦打下的江山传给自己的后代，而传给谁、怎么个传法，成为帝王永恒的烦恼，传对了人是“文景之治”，传错了人是“二世而亡”。企业的传承与国家的传承一样艰险，传对了人可以成为“百年老店”，传错了人可能“关门大吉”。由此可见，企业传承的风险十分巨大。

中国现处于飞速发展的时代，伴随着国力的大幅提升，也出现了一大批拥有大量财富的人群，这类人群就是我们常说的“高净值人群”。权威数据表明，超过一半的高净值人群的平均年龄在46~55周岁，超过60%的高净值人群的财富来源是企业的盈利与分红，这意味着大部分高净值人群都是企业家或职业经理人，这类人群往往掌握着一家公司全部或部分股权，或者能够实际控制一家公司。而从高净值人群的平均年龄来看，他们已经人到中年或即将步入老年，他们对财富的态度和心态已经发生了变化。以前他们最关心的是如何创造更多的财富，现在他们更关心的是如何保护已创造的财富，并且将财富顺利、安全地传承到子女手中，而对于高净值人群而言，他们的财富对应的就是公司的股权或控制权，或者说，一家成熟的、经营良好的公司就是他们最大的财富。

一、当代企业家股权传承中的痛点

一般人都想把财富传给子女，企业家也不例外，他们往往想把自己最大的财富，也就是一手创立的公司传给子女，让子女接班继续经营自己辛辛苦苦建立起来的公司。而权威机构的调查显示，有49%的企业家并不了解子女是否愿意接班，也就是说，有将近一半的企业家一心想让子女接替其成为公司掌舵人的愿望只是一厢情愿，他们并没有认真询问、了解过子女对于接手公司的真实想法和意见。更为可惜的是，权威机构对这类高净值人群子女的调查发现，明确表示不想接班的子女比例有33%，明确表示想接班的子女比例只有19%，而剩下48%的子女没考虑过接班的问题。通过调查我们不难发现，实际上，合格的接班人的比例并不高。笔者为什么能够得出这样的结论呢？我们来分析一下。

第一，如果子女想成为合格的接班人，那么前提是他们必须热爱家族企业，必须发自内心地愿意接替父母担任企业管理者。如果内心对管理企业非常排斥，这样的接班人一定是不合格的，一般很难胜任企业管理者这个角色。在这个前提下，那33%明确表示不想接班的子女明显不适合接替他们父母的位置。

第二，如果子女想接班成为一家企业的掌舵人，那么肯定需要提前到企业中进行历练，不但要提早学习企业管理的知识、积累企业经营的经验，还要培养自己作为接班人的管理能力、领导能力，这些经验、能力的增长需要一个漫长的过程，并不是一蹴而就的。而调查中48%的子女没考虑过接班的事，证明他们从来没有刻意去学习怎样管理、经营一家公司，也没有下意识地去培养自己的领导能力。这类子女如果被父母强制要求接班管理企业，他们可能会不情愿地接受，但是，企业家把自己辛辛苦苦建立起来的企业交给这样的接班人，难道不会担心吗？

第三，调查中19%的子女明确表示愿意接班，可能企业家会认为他们应该可以顺利接管企业，可笔者的答案依然是不一定。虽然这类子女明确表示自己愿意接班，但是他们真的有能力管理好、经营好公司吗？中国有句古话说得好，“知子莫若父”，我想企业家对于自己的子女到底有没有能力管理好、经营好公司心里早就有了答案，可是有很多企业家明明知道自己的子女没有这种能力，还是把公司交给他们，因为在这些企业家的眼中，除了交给自己子女这一条路之外，没有别的选择。

综上所述，企业家想把公司交到自己子女手中的出发点是好的，但不一定就是最好的选择。一家经营良好的公司往往是企业家毕生的心血和财富，他们固然想把这笔财富交给自己的下一代，但更不愿意看到的是自己毕生的心血和财富毁在下一代手中。

二、公司股权传承的最佳途径

企业家对企业传承的安排应该回归理性，其实，企业的传承可以换一种更好的方式进行。企业的传承实际上主要是股权的传承，股权意味着家族企业实际的资产和控制权，如何安排股权是企业传承的重中之重。笔者建议使用股权信托的模式进行公司股权的传承。

股权的两个最重要的权利就是表决权和收益权，其实这两种权利是完全可以分离的。企业家之所以要将公司的股权交给子女，无非有两个目的：一是希望公司能够在子女的手中继续发扬光大；二是希望公司能够让子女以后的生活有着落。大家仔细分析可以看出，企业家的第一个诉求对应的就是股权的表决权，有了表决权才能获得相应的公司控制权。而企业家的第二个诉求对应的就是股权的收益权，有收益生活才有着落。其实在子女不愿意接班或者能力不足以接班时，企业家完全可以将股权中的表决权交给更合适的人，而只让子女享受股权带来的收益，这样企业家的两个诉求都能得到满足。而股权信托正是这样一种能够带来两全其美效果的传承模式，这种模式实现了股权的表决权和收益权的分离，企业家可以将表决权和收益权分别交给最合适的人。这里说的“最合适的人”，其实就是信托机构，特别是专门从事股权信托的机构，因为这类机构都有非常专业的公司治理团队。信托机构可以让企业家的公司继续正常地运营下去，而企业家的子女也可以继续享受股权所带来的收益。

三、股权信托的两种模式

股权信托的方式多种多样，按照信托财产所有权的转移时间点可以分为普通股权信托和遗嘱股权信托。普通股权信托，顾名思义是指委托人生前就将信托设置完毕并且将标的股权交付给委托的信托机构；遗嘱股权信托是指委托人生前设置了信托，但是约定须等到委托人死后标的股权所有权才发生转移。

上述两种股权信托模式各有优缺点，下面我们来逐一介绍。

1. 普通股权信托

对于普通股权信托，信托财产所有权在委托人生前已发生变更，故这种信托方式可以有效地隔离风险。以公司股权为例，如果委托人生前将公司股权交付给信托机构，那么该部分股权的所有权就发生了转移，如果日后委托人个人资产出现高额负债甚至资不抵债的状况，势必产生大量催收债务的诉讼案件，当案件进入执行程序后，债权人将委托法院强制执行委托人的个人财产，如委托人已设立了普通股权信托，那么该部分公司股权就不属于委托人个人财产，债权人无法要求法院对该部分股权进行变卖用以偿还债务。不过，虽然信托标的股权所有权已发生转移，但信托受益人（如是委托人的子女）仍可继续享受信托股权带来的收益。但该种模式最大的弊端也正是需要转移股权所有权，进而可能导致委托人丧失对公司的控制权。

2. 遗嘱股权信托

遗嘱股权信托的优缺点与普通股权信托恰恰相反，因委托人生前并未转移股权所有权，如发生个人债务危机则其股权很有可能被强制执行。但其优势就是不会出现丧失公司控制权的风险。

综上，以上两种股权信托模式孰优孰劣不能简单评定，要分情况而言，没有最好的模式，只有最适合自身情况的模式。

四、关于股权信托的三个重点说明

（1）如果设置信托的标的公司股权系婚后取得，是否需要配偶一方同意？

现实中很多企业家系婚后创业。根据《中华人民共和国婚姻法》第十七条之规定，公司股权应当属于夫妻共同财产，且夫妻双方对共同财产有平等的处理权。现实生活中大部分配偶一方并不参与公司经营，所以导致很多企业家在没有认识到自己配偶对标的股权享有份额及处理权的情况下对股权设置了信托。在这种情况下，如果配偶一方未来提出异议并且要求撤销信托，那么信托合同很有可能会被撤销，进而导致委托人之前进行的股权信托安排无法实现。所以，笔者建议企业家在设置股权信托之前一定要向专业律师或家族办公室咨询，弄清楚自己公司股权的所有权情况。如果系夫妻共同财产，则一定要配偶一方配合进行信托设置，或者以签订夫妻财产协议的方式将标的股权转变为个人财产后再进行股权信托设置。

（2）如果选择境外的信托机构设置股权信托，会否将公司性质变为外资公司（泛指外国独资、中外合资及中外合作三种类型的公司），进而导致公司不能正常运营？

由于现阶段我国的信托业务刚起步不久，整个信托行业还处于萌芽期，真正推出家族信托业务的金融机构还比较少（目前有中国平安和招商银行），且基本都只接受现金形式的信托，可以看出，国内的信托业务很多方面没有境外成熟。因此，有很多高净值人群经常选择境外的信托机构设置信托。因为中国对外资公司有严格的管理及审批程序，许多企业家都有这样的顾虑，就是如果把股权委托给境外的信托机构是否会影响公司股份的属性，导致公司由境内公司转变为外资公司，进而导致公司不能正常运营。这种顾虑是完全不必要的。根据最高人民法院发布的《继承纠纷裁判规则 20 条》中第 14 条案例及解析，该案的基本案情就是某家公司的股份被外国人继承了，对于该案的裁判要旨中是这样说的："……根据注册资本来源地原则，外国人继承内资公司股权不改变公司的注册资本来源地，不导致公司的性质变更为外商投资公司，因此，该公司股东的变更无须外资审批机构的审批……”从中我们可以看出，法院认为，认定公司是否是外资公司，关键看公司注册资本的来源地，而不看股东的国籍。因此，企业家如果要选择境外的信托机构设置股权信托，并不需要担心公司股东身份发生变化而影响公司正常运营。

（3）如果需要设置股权信托的公司是有限责任公司，信托机构能否顺利获得股权及股东资格?

因为有限公司既具有资合性，又具有人合性，设置普通股权信托从性质上来看属于转让股权的行为，根据《中华人民共和国公司法》第七十一条之规定：“……股东向股东以外的人转让股权，应当经其他股东过半数同意……公司章程对股权转让另有规定的，从其规定。”因此，公司其他股东不同意转让时有可能会发生股权信托无法设置的问题。为避免该种情况的出现，笔者建议委托人应当在与公司其他股东沟通协商一致后再设置普通股权信托，或者如果委托人系公司绝对控股股东，也可采取修改公司章程的方式避免这种情况的发生。如果委托人设置的是遗嘱股权信托，那么就不存在这种问题，因为《中华人民共和国公司法》第七十五条规定：“自然人股东死亡后，其合法继承人可以继承股东资格；但是，公司章程另有规定的除外。”从该法条可以看出，《中华人民共和国公司法》对继承人继承股权及股东身份并没有限制，所以信托机构在委托人死后可以顺利获得股东资格。

以上是笔者对股权信托的一些见解。中国正步入老龄化社会，“创一代”也即将步入老年，俗话说，“人无远虑必有近忧”，“创一代”已经到了需要好好思考如何更好、更合理地传承自己股权的时候，希望这篇文章对“创一代”做出正确的股权传承安排有所启发和帮助。

06 简论如何把握上市公司的控制权

黄凯

上市公司的控制权，是高净值人士应予重视和保护的重要资产。根据建信信托与胡润百富联合发布的调研统计数据，2018 年，从中国大陆地区亿元资产超高净值家庭构成来看，企业主是最主要的群体，占比达到 80%，比 2017 年增加 5%，企业资产占其所有资产的 60%。[①] 可见，把握企业，尤其是上市公司的控制权，是资产保护的重要议题。

一、公司控制权的界定

关于公司控制权的界定和衡量标准，在理论和实务上均无统一的结论。公司控制本质上是一种对公司资源，即人、财、事的全面控制；公司控制权与财产所有权、股权、经营权之间既有关联重合，在某些情况下亦可能相互分离独立。我国立法仍未将公司控制权作为一种独立的权利来界定，仅主要在股权层面对达到控制的标准进行规定。上市公司多为股份有限公司，大部分上市公司的实际控制人也是通过股权控制，来间接实现对公司其他方面的控制。因此，本文主要讨论的是上市公司的股权控制权。

根据《中华人民共和国公司法》（以下简称《公司法》）第二百一十六条

① 建信信托有限责任公司、胡润百富：《2019 中国家族财富可持续发展报告》，上海，2019。

第二项规定，控股股东，是指其出资额占有限责任公司资本总额50%以上或者其持有的股份占股份有限公司股本总额50%以上的股东；出资额或者持有股份的比例虽然不足50%，但依其出资额或者持有的股份所享有的表决权已足以对股东会、股东大会的决议产生重大影响的股东。《公司法》第二百一十六条第三项规定，实际控制人，是指虽不是公司的股东，但通过投资关系、协议或者其他安排，能够实际支配公司行为的人。

《上市公司收购管理办法》第八十四条规定，有下列情形之一的，为拥有上市公司控制权：①投资者为上市公司持股50%以上的控股股东；②投资者可以实际支配上市公司股份表决权超过30%；③投资者通过实际支配上市公司股份表决权能够决定公司董事会半数以上成员选任；④投资者依其可实际支配的上市公司股份表决权足以对公司股东大会的决议产生重大影响；⑤中国证监会[①]认定的其他情形。

以上法规是目前在实务中认定上市公司控制权的主要依据。需要说明的是，是否从公司中获取利益并不是控制权的构成要件，《企业会计准则》等从财务会计学的角度出发，更强调公司的财务控制，但笔者赞同这样的观点：公司的控制权问题从形式上看是经营问题，实质上属于法律问题，应主要从公司整体权力配置和相关主体合法权益保护的角度，对公司的控制人在公司中的法律地位、义务和责任进行探讨；公司的控制权强调的是对公司事务的决定权，类似于从股东原始财产所有权分离出的使用和处分权能，收益并不是其必要组成部分；当然一般情况下，从经济学上理性人的逐利本性出发，拥有控制权的主体总是会尽量追求自身利益的实现，但这不是控制权的构成要件，而是行使控制权的结果。[②]

二、公司控制权的表现形式

行使表决权是公司控制权的重要表现形式。《公司法》第三十七条规定，

---

① 中国证券监督管理委员会，本文中简称中国证监会。

② 叶敏：《公司控制人的法律分析》，中国政法大学出版社，2015，第21页。

股东会行使下列职权：①决定公司的经营方针和投资计划；②选举和更换非由职工代表担任的董事、监事，决定有关董事、监事的报酬事项；③审议批准董事会的报告；④审议批准监事会或者监事的报告；⑤审议批准公司的年度财务预算方案、决算方案；⑥审议批准公司的利润分配方案和弥补亏损方案；⑦对公司增加或者减少注册资本作出决议；⑧对发行公司债券作出决议；⑨对公司合并、分立、解散、清算或者变更公司形式作出决议；⑩修改公司章程；⑪公司章程规定的其他职权。

《公司法》第九十九条规定，本法第三十七条第一款关于有限责任公司股东会职权的规定，适用于股份有限公司股东大会。

《公司法》第一百零三条规定，股东出席股东大会会议，所持每一股份有一表决权。但是，公司持有的本公司股份没有表决权。股东大会作出决议，必须经出席会议的股东所持表决权过半数通过。但是，股东大会作出修改公司章程、增加或者减少注册资本的决议，以及公司合并、分立、解散或者变更公司形式的决议，必须经出席会议的股东所持表决权的三分之二以上通过。

中国证监会《关于加强社会公众股股东权益保护的若干规定》第一条第一项规定，在股权分置情形下，作为一项过渡性措施，上市公司应建立和完善社会公众股股东对重大事项的表决制度。下列事项按照法律、行政法规和公司章程规定，经全体股东大会表决通过，并经参加表决的社会公众股股东所持表决权的半数以上通过，方可实施或提出申请：①上市公司向社会公众增发新股（含发行境外上市外资股或其他股份性质的权证）、发行可转换公司债券、向原有股东配售股份（但具有实际控制权的股东在会议召开前承诺全额现金认购的除外）；②上市公司重大资产重组，购买的资产总价较所购买资产经审计的账面净值溢价达到或超过20%的；③股东以其持有的上市公司股权偿还其所欠该公司的债务；④对上市公司有重大影响的附属企业到境外上市；⑤在上市公司发展中对社会公众股股东利益有重大影响的相关事项。

可见，我国上市公司股东大会决议机制通常有三种：①普通决议，应由出席会议的股东（包括股东代理人，下文同）所持表决权二分之一以上通过；②特别决议，应由出席会议的股东所持表决权三分之二以上通过；③重大事项，除按普通决议或特别决议通过外，还应经过参加表决的社会公众股股东所持表决权的半数以上通过。

《公司法》通过第一百三十一条规定“国务院可以对公司发行本法规定以外的其他种类的股份，另行作出规定”，为公司决议机制的创新打开制度突破口。但国务院目前仍未出台相应的文件。中国证监会《上市公司章程指引》为突破“同股同权”进行探索，该文件第十五条第二款规定，存在特别表决权股份的上市公司，应当在公司章程中规定特别表决权股份的持有人资格、特别表决权股份拥有的表决权数量与普通股份拥有的表决权数量的比例安排、持有人所持特别表决权股份能够参与表决的股东大会事项范围、特别表决权股份锁定安排及转让限制、特别表决权股份与普通股份的转换情形等事项。公司章程有关上述事项的规定，应当符合交易所的有关规定。该规定尤其对于保护创新型公司的创始人，防止其因对外融资或上市被摊薄持股比例而丧失公司控制权，具有重要意义。

在实践中，应针对控制权把握不同情况制定不同的策略。当出现过度控制时，第一大股东可根据公司股价的市场表现，减持部分超额股份；这种对控制权的积极管理，将有助于降低控制权的溢余程度，同时也可部分满足企业在发展上升期扩大投资规模等资金需求。而当出现控制不足时，往往各大股东持股比例均较低，若出现绝对股价不高、限售股解禁等情况，可为大股东增持股份提供机会，但同时也面临控制权争夺的可能；大股东应积极地进行控制权管理，根据公司的市场状况和股权结构变化，增持股份以实现对公司的有效控制。

根据公司的股价走势，可采取控制权动态调整策略：第一大股东常态下无须维持特别决议下的有效控制份额，只要保证持股比例超过普通决议下的有效控制份额，在特别决议前以低价增持股份至控制权上限，股东大会后在高位减持至控制权下限。这样的控制权动态调整，既可以保证公司两类决议的通过，又可以在常态下维持较低股份，降低持股成本，同时还可以获得动态调整过程中的买卖价差盈利。①

三、公司控制权的争夺工具

公司控制权的争夺，实质上是股东表决权的争夺。从绝对的本质意义上看，表决权是属于每一个股东的权利，是一种参与公司管理的权利；从相对的功能意义上看，表决权是一种控制权，具有工具性质：一方面，它是公司所有人与公司经营的连接点；另一方面，它体现于股东与股东之间的关系中，在公司内部形成了控股股东、中小股东等不同的阶层。控股股东并不只是为了参与公司决议的形成过程，而是为了把自己的候选人选为董事，把自己制定的议案变成公司决议，最终实现对公司的控制。

为了防止控股股东滥用表决权优势损害中小股东及公司的利益，法律设计了累积投票制和表决权排除制度。在把握公司控制权时，应充分注意这些制度对行使控制权的影响。

（1）累积投票制，是指股东所持有的每一股份都拥有与股东大会拟选举的董事或监事数量相同的投票权，股东既可以把全部投票权集中于选举一人，也可以分散选举数人，最后以得票多少决定当选的董事或监事。其目的是防止多数派股东使股东大会的选举流于形式，增加少数派股东推选的代表参与公司经营管理的可能性及内部监督的话语权。

根据《公司法》第一百零五条，股东大会选举董事、监事，可以依照公司章程的规定或者股东大会的决议，实行累积投票制。本法所称累积投票制，是指股东大会选举董事或者监事时，每一股份拥有与应选董事或者监事人数相同的表决权，股东拥有的表决权可以集中使用。中国证监会《上市公司治理准则》第十七条进一步规定，董事、监事的选举，应当充分反映中小股东意见。股东大会在董事、监事选举中应当积极推行累积投票制。单一股东及其一致行动人拥有权益的股份比例在30%及以上的上市公司，应当采用累积

① 汪炜、张小茜：《2010中国上市公司控制权报告》，浙江大学出版社，2011，第85、89、97页。

投票制。采用累积投票制的上市公司应当在公司章程中规定实施细则。

（2）表决权排除制度，是指当股东大会进行表决的议题与某一或某些股东（特别是控股股东）存在利害关系时，这些股东或其代理人不能以其所持有的表决权参与对该议案的表决。其目的同样主要在于防止控股股东滥用资本多数决原则，损害公司利益和少数股东利益。

根据《公司法》第十六条规定，公司向其他企业投资或者为他人提供担保，依照公司章程的规定，由董事会或者股东会、股东大会决议；公司章程对投资或者担保的总额及单项投资或者担保的数额有限额规定的，不得超过规定的限额。公司为公司股东或实际控制人提供担保的，必须经股东会或者股东大会决议。前款规定的股东或者受前款规定的实际控制人支配的股东，不得参加前款规定事项的表决。该项表决由出席会议的其他股东所持表决权的过半数通过。

此外，中国证监会《上市公司章程指引》第七十九条规定，股东大会审议有关关联交易事项时，关联股东不应当参与投票表决，其所代表的有表决权的股份数不计入有效表决总数；股东大会决议的公告应当充分披露非关联股东的表决情况。中国证监会《上市公司治理准则》第六十条第一款规定，董事、监事报酬事项由股东大会决定。在董事会或者薪酬与考核委员会对董事个人进行评价或者讨论其报酬时，该董事应当回避。《上海证券交易所股票上市规则》10.2.1 规定，上市公司董事会审议关联交易事项时，关联董事应当回避表决，也不得代理其他董事行使表决权。

与前述两种制度相对的，是表决权代理与代理权征集制度，具有一定的导致对公司控制力扩张的效果。

（1）表决权代理，是指第三人为特定股东在股东大会上行使表决权，并将该行为视为股东的表决权行使的制度。《公司法》第一百零六条规定，股东可以委托代理人出席股东大会会议，代理人应当向公司提交股东授权委托书，并在授权范围内行使表决权。对于股东公司来说，往往股权分散，股东也往往散居各地，不少小股东不愿为出席股东会会议而付出时间和金钱的成本，而表决权代理的基本功能在于保障股东权的行使，并且方便行使；这种功能对于不想放弃对公司事务话语权的股东具有重要意义，扩张了这些股东对公司事务的参与权，增强了对公司的控制力。

（2）代理权征集，作为一种较为特殊的表决权代理，是指公司及公司以外的人将记载必要事项的空白授权委托书交付于公司股东，劝说股东选任自己或第三人代理其行使表决权的商事行为。与一般的表决权代理不同，代理权征集是上市公司的股东（主要是控股股东，也可能是不掌握公司权力的“在野者”）、董事等特定人员以大众投资者为对象，集团性地劝诱授予其代理权委托书，根据该授权由其来行使表决权的代理制度。

所谓的代理权争夺，实际就是当权者与“在野者”对代理权的争夺。表决权代理行使的征集将这种争夺制度化、公开化、有序化。若控投股东利用好该制度，可以巩固甚至扩大对公司的控制权。在美国、日本等国家和中国台湾地区，代理权争夺是非常激烈的，还出现了专门从事代理权争夺事务的公司。①

但目前，我国对代理权征集尚未形成完整或成体系的立法，给实践带来较大的操作空间。《股票发行与交易管理暂行条例》第六十五条规定，股票持有人可以授权他人代理行使其同意权或者投票权。但是，任何人在征集 25 人以上的同意权或者投票权时，应当遵守中国证监会有关信息披露和做出报告的规定。中国证监会《上市公司治理准则》第十六条规定，上市公司董事会、独立董事和符合有关条件的股东可以向公司股东征集其在股东大会上的投票权。上市公司及股东大会召集人不得对股东征集投票权设定最低持股比例限制。投票权征集应当采取无偿的方式进行，并向被征集人充分披露具体投票意向等信息。不得以有偿或者变相有偿的方式征集股东投票权。

扩大控制权的方法还有原股东增资扩股、与非控股股东签订一致行动协议、利用资产重组增加间接持股比例、修订公司章程（如提高入股准入条件、设置享有提案权的股东的入股年限、限制董事会换届选举时可选举或更换董

① 梁上上：《论股东表决权——以公司控制权争夺为中心展开》，法律出版社，2005，第 15、167、192 页。

事人数的比例）等。实践中，把握上市公司控制权的操作方案往往是对多种争夺工具的综合、灵活运用。[①]

四、公司控制权的救济方法

法谚有云，“有权利必有保护，有损害必有救济”。任何关于公司的重大问题，只要控制权作用其中，不论具体行为的表现及方式如何，在其法律后果的责任归咎上，都应将控制权主体作为责任的实际承担者或者连带责任者。无论现时是否属于控制权主体的地位，均应以动态的视角和责任的意识，审视自身对公司的行为。

《公司法》第二十条规定，公司股东应当遵守法律、行政法规和公司章程，依法行使股东权利，不得滥用股东权利损害公司或者其他股东的利益；不得滥用公司法人独立地位和股东有限责任损害公司债权人的利益。公司股东滥用股东权利给公司或者其他股东造成损失的，应当依法承担赔偿责任。公司股东滥用公司法人独立地位和股东有限责任，逃避债务，严重损害公司债权人利益的，应当对公司债务承担连带责任。《公司法》第一百四十八条第一款以列举加兜底的方式规定，董事、高级管理人员不得有违反对公司忠实义务的行为。《上市公司治理准则》第七十三条规定，上市公司业务应当独立于控股股东、实际控制人。控股股东、实际控制人及其控制的其他单位不应从事与上市公司相同或者相近的业务。控股股东、实际控制人应当采取有效措施避免同业竞争。

针对滥用上市公司控制权的行为，主要的司法救济方式如下。

（1）损害赔偿之诉。根据《公司法》第一百五十二条，董事、高级管理人员违反法律、行政法规或者公司章程的规定，损害股东利益的，股东可以向人民法院提起诉讼。损害赔偿之诉提起的核心要件取决于损害结果

① 朱晔明、宋佳：《管理层掌握公司控制权的常见方法》，《上海法学研究》，2019 年第 2 期，第 314、315 页。

的实际发生，这里的“股东利益”一般指股东的资产收益，即一种财产性的利益。

（2）知情权之诉。《公司法》第九十七条规定，股东有权查阅公司章程、股东名册、公司债券存根、股东大会会议记录、董事会会议决议、监事会会议决议、财务会计报告，对公司的经营提出建议或者质询。与有限责任公司不同的是，法律未直接规定股份有限公司的股东在知情权受侵害时是否有权提起诉讼。既然法律规定股东有上述知情权，公司（控制者）的相应义务也就应然地隐含其中，否则股东应有权通过诉讼的方式追究其法律责任。

（3）决议效力之诉。《公司法》第二十二条规定，公司股东会或者股东大会、董事会的决议内容违反法律、行政法规的无效。股东会或者股东大会、董事会的会议召集程序、表决方式违反法律、行政法规或者公司章程，或者决议内容违反公司章程的，股东可以自决议作出之日起60日内，请求人民法院撤销。股东依照前款规定提起诉讼的，人民法院可以应公司的请求，要求股东提供相应担保。该类诉讼的被告应为公司本身，且未经撤销之前，决议业已发生法律效力。之所以要求原告提供担保，是为了避免中小股东滥用该诉权阻碍公司的正常运营。

（4）股东派生之诉。《公司法》第一百五十一条规定，董事、高级管理人员有本法第一百四十九条（即董事、监事、高级管理人员执行公司职务时违反法律、行政法规或者公司章程的规定，给公司造成损失的，应当承担赔偿责任）规定的情形的，有限责任公司的股东、股份有限公司连续180日以上单独或者合计持有公司1%以上股份的股东，可以书面请求监事会或者不设监事会的有限责任公司的监事向人民法院提起诉讼；监事有本法第一百四十九条规定的情形的，前述股东可以书面请求董事会或者不设董事会的有限责任公司的执行董事向人民法院提起诉讼。监事会、不设监事会的有限责任公司的监事，或者董事会、执行董事收到前款规定的股东书面请求后拒绝提起诉讼，或者自收到请求之日起30日内未提起诉讼，或者情况紧急、不立即提起诉讼将会使公司利益受到难以弥补的损害的，前款规定的股东有权为了公司的利益以自己的名义直接向人民法院提起诉讼。他人侵犯公司合法权益，给公司造成损失的，本条第一款规定的股东可以依照前两款的规定向人民法院提起诉讼。该规定从原告资格、被告范围、前置程序、诉指行为四方面，赋予股东派生诉讼的权利，以修复失灵的公司内部制衡机制。[①]

① 王志鹏：《上市公司控制权的法律规制》，湖南师范大学出版社，2016，第116、129页。

07 家族企业治理国内外治理机制对比

刘晓炜

一、国外公司治理的演进与主要机制

在各国，家族企业的治理都经历了从“资本雇佣劳动”式单边治理模式，到利益相关者共同治理模式的演进过程，各国的家族企业逐步形成公司为主体的企业形式。目前，世界上主要存在三种比较典型的法人治理结构模式：德国模式、日本模式和英美模式。

1. 德国模式

由于历史、文化等因素的作用，德国的企业治理模式强调股东、经营者与职工共同决策。其特点主要有以下几点。

（1）实行双层董事会制（two - level boards），即监督董事会和执行董事会。由股东代表和工会代表共同组成第一层董事会——监督董事会（supervisory board），其监督是完全意义上的监督，包括制订政策目标、挑选人员执行政策目标、监督目标的执行过程、对执行结果进行评价；同时，监督董事会提名决定第二层董事会——执行董事会（management board）的人选并决定其薪酬待遇。

（2）德国的银行可以持有工商企业的股票，向董事会派出代表。

（3）工会的力量强大，职工监事以经营参与的方式广泛地参与企业的治理。

2. 日本模式

与其他国家企业的演进道路不同，日本家族制企业向法人企业演进的过程是在强烈的政府主导下形成的。

第二次世界大战以后，日本开始解散财阀，消除财阀家族对企业的统治，被勒令拍卖的财阀家族持有的股份在战后初期因缺乏社会接收能力而转为企业法人所有。20 世纪 50 年代初，为了防止美国等外国资本对企业的收购和兼并，日本开始广泛推行“稳定股东工作”，这些措施都直接促进了日本企业法人相互持股制度的形成。在此制度下，日本企业的经理人员开始在企业治理结构中占据统治地位。

日本当前的企业治理特点主要有以下几点。

（1）股东权利相对弱化，因此经营阶层决策的独立性较强。

（2）主银行在企业中占有重要地位。主银行一般有三个特点：提供较大份额的贷款，拥有一定的股本，派出职员任客户企业的经理或董事。银行持股目的基本上是实现和保持企业的系列化和集团化。

（3）为了平衡企业内部的关系，防止经营者权力过于集中产生的腐化，对经营者实行较多的约束，如设立监察人制度。

（4）日本的现代企业在管理上仍带有鲜明的民族传统特色，在一定程度上仍保留了家族式管理的因子，如世所熟知的“终身雇佣制”“年功序列制”“企业内福利”等。

3. 英美模式

英国的企业以相对小型化为特征。工业化时期，英国市场的性质、国家的地理特点、法律制度及其他因素，在一定程度上抑制了大企业的发展，但这并不影响其企业治理的演进。

19 世纪后，由于社会生产力有了长足进步，使大规模生产和流通成为可能，加之美国市场巨大，从而催生了大型企业。面对技术进步和市场挑战，美国工业企业普遍出现了纵向与横向联合的运作，而这需要筹集巨额资金来建设工厂及销售网络，仅靠企业的内生积聚显然难以在短期内实现资金的筹集，必然要求企业能从社会上广泛吸收资本，这促使企业不得不超越家族的限制。

随着规模的扩大、竞争的加剧，企业经营的风险也大大增加，经营管理日益成为高度复杂化和专业化的任务，必须雇佣专业管理者来运营企业。于是，伴随着美国企业规模的扩大，发生了一场从根本上改变美国企业制度的“经理革命”。

目前，英美模式体现为利益相关者共同治理的模式。其特点主要有以下几点。

（1）股权高度分散，投资者主要以个人和机构投资者为主。

（2）采取单一委员会制（single－level），即公司不设监事会，董事会中独立董事数量较多，董事会下设各个专门委员会，由注册会计师、外部审计员等负责日常的监督执行工作。董事分内部董事和外部董事。

（3）通常设有首席执行官（CEO）代表股东、董事会执行公司行政事务；大公司还会设置总裁辅助 CEO。

（4）以市场约束管理，以完善的立法保护股东利益、保障信息披露、规范资本市场和公司运营。

随着全球经济一体化的发展以及经济危机的爆发，三种模式有互相借鉴和吸收的趋势。

二、国内外家族企业治理案例

1. 德国罗伯特·博世有限公司

罗伯特·博世有限公司成立于 1886 年，今天已在若干领域处于全球领先地位，其治理的要点有以下几个方面。

第一，博世家族系按德国典型的公司治理模式建立其自身的治理模式。

第二，博世家族充分发挥信托的作用，间接控制企业，具体做法如下。

（1）博世家族直接拥有罗伯特·博世有限公司 7% 股权。

（2）博世家族向罗伯特·博世基金会让渡罗伯特·博世有限公司 92% 的收益权，另外 1% 的收益权给管理层。

（3）博世家族通过罗伯特·博世基金会，将罗伯特·博世有限公司93%的控制权（投票权）委托给主要由公司元老和家族代表组成的罗伯特·博世工业信托公司。

（4）博世家族的代表作为罗伯特·博世有限公司监事，同时担任罗伯特·博世基金会理事，可以较为有效地扮演监督角色，保障罗伯特·博世有限公司这一家族企业的持续经营和有序传承，实现博世家族的长远愿景。

第三，罗伯特·博世有限公司拥有长效的用人机制。

以罗伯特·博世有限公司执行董事会主席为例，在一般情况下执行董事会主席可以连任两届及以上（每届任期5年），退任后依照公司多年来形成的惯例担任监督董事会主席，继续为公司服务1～2个任期（每届任期5年），此后，可酌情继续进入罗伯特·博世工业信托公司作为合伙人，就公司重大事项进行投票决策，行使罗伯特·博世基金会委托的罗伯特·博世有限公司的控制权。这意味着，公司管理层主要从公司内部成长，无论是家族成员还是非家族成员，管理层均会有很高的稳定性和延续性，同时，明确而且长期的晋升激励以及完善的福利保障，有助于对管理层实行有效的激励。①

2. 兼具德国、荷兰血统的家族企业Cofra集团

Cofra集团成立于1841年，以纺织公司起步，并于1911年成立C&A服装店。

在财富管理上，公司始终坚持以服装零售为核心业务，并根据市场变化，于20世纪70年代开始启动私募股权基金，以投资过剩的资金追求多元化的业务组合，并于2001年成立控股公司，以加快决策速度、提高决策透明度。

在经营方式上，Cofra集团始终采取完全经营模式，严格控制企业所有权，并对参与企业经营的家族成员设置了严格的要求。

在组织架构上，控股公司完全由家庭成员所拥有和管理（目前公司由

① 唐跃军：《罗伯特·博世有限公司的传承之路》，搜狐网，https：//www.sohu.com/a/141717839_653891。

Brenninkmeyers 家族约 1000 名成员控制），运营则由少数家族精英和专业的管理人员共同负责。

此外，在打造社会影响力方面，Cofra 集团利用私募股权投资发展绿色能源，并成立基金会作为捐赠计划的一部分，而发展慈善事业，也是为了维持核心业务的持续性。

3. 意大利名牌鞋履及配饰公司菲拉格慕集团

菲拉格慕集团是一家成立于 1927 年的意大利家族企业，产品线包括名牌鞋履（核心产品）、服饰、配饰，这些也是集团核心收入来源，集团流动资金则来自上市后的股票交易。

目前，菲拉格慕家族的第二代成员担任董事会相关职务，第三代成员负责企业的运营。该家族最初持有公司 100% 股份，上市后减少至 58%，仍对公司具有控制权。

成立至今，集团一直采取完全经营模式，并针对参与业务的家族成员设置了明确的规则和指导方针，目前仅有 3 名成员参与核心业务。在继任流程上，继任者需要具有高等学历，外部企业工作经历须大于或等于两年，并且精通英语和 IT 技能。为了保持家族成员间的联系，每两个月举办家族聚会。在公司架构上，董事会一共 11 人，主要负责业务战略，主席由家族成员担任，另外包括 3 名家族成员和 7 名非家族成员。集团 CEO 不限制为家族成员，运营事宜由非家庭成员和 CEO 负责管理。①

4. 法国开云集团

全球三大奢侈品集团之一的法国开云集团（前身为 PPR 集团）旗下有包括古驰（Gucci）、圣罗兰（Yves Saint Laurent）、葆蝶家（Bottega Veneta）、宝诗龙（Boucheron）珠宝、彪马（PUMA）等著名奢侈品及体育用品品牌。

集团创始人老皮诺认为，家族企业的强韧与脆弱可能只有一线之差，因此，他在选择自己的继承人时尤为谨慎。在两个儿子和两个女儿中，老皮诺

① 韩微文：《家族企业治理之道》，《经济观察报》2013 年 3 月 11 日。

选中大儿子皮诺作为未来的继承人，在皮诺加入公司的第5年（1992年），老皮诺就成立了一个“皮诺理事会”小组，由8位法国顶尖的商界人士组成，其工作就是评估不过30岁的皮诺能否成为合格的继承人。到2001年，“皮诺理事会”小组得出结论，皮诺合格，小组解散了。①

5. **中国李嘉诚家族**

李嘉诚将家族企业交予长子李泽钜管理，李泽钜得到超过40%的长江实业集团有限公司及和记黄埔有限公司的股权，以及加拿大最大的能源公司赫斯基能源公司35%的股权。李嘉诚次子李泽楷则得到父亲的现金资产，用于并购他喜欢的公司。

李嘉诚很早就设立了两个基金，一个是家族的信托基金，一个是慈善基金会。李嘉诚的家族信托基金 Li Ka – Shing Unity Holdings Limited（简称 LKS Unity），是目前香港乃至世界上最著名的家族信托基金之一，控制了包括和记黄埔、长江基建、长江实业、电能实业、赫斯基能源等22家上市公司的股份。

李嘉诚将大部分的财富放在这家公司，这家公司就是李嘉诚家族财富的终极所在。这家公司持有李嘉诚家族旗下22家公司的股份，目前有三分之一的权益在李嘉诚自己手里，有三分之二的权益在李泽钜手里。②

6. **中国茅理翔家族**

茅理翔是浙江方太集团董事长，集团的经营团队由任总经理的儿子茅忠群负责。方太集团目前保持家族对企业90%的绝对控股，另外10%的股权授予管理团队。但在经营层面，方太强调淡化家族制，经营团队除家族成员茅忠群之外，全部采用经理人制，总经理以下排除所有家族成员介入。

隐退之后的茅理翔开始人生中的第三次创业，把帮助中国更多家族企业传承发展作为晚年的新事业，创办了家业长青接班人学院。茅理翔认为，中

---

① 郝倩：《皮诺家族：奢侈品帝国的没落与新生》，新浪财经，http：//finance. sina. com. cn/zl/international/20141219/153421119905. shtml。

② 宜信财富微助手：《李嘉诚家族信托：600多亿美元资产控制22家公司》，新浪财经，http：//finance. sina. com. cn/stock/hkstock/ggscyd/2018 – 03 – 19/doc – ifyskeua9866999. shtml。

国特色的家族式企业应坚持几个原则：董事长、总经理必须是家族成员，或者是嫡系家族成员，但经营队伍则一定要全部采用经理人，即形成“传统家族式企业+现代化经营管理”的体系。

三、国内外家族企业治理的启示

一种企业制度总是与它所存在的社会的传统，政治、经济、文化环境相联系，更与企业所处发展阶段、企业产品和所在产业性质、企业规模与效率密切相关。所以，企业治理本身并无优劣之分，只有适应与否之别。对企业治理制度适合与否的评价，并不在于其是否具有“现代化”的公司架构，而是看是否有利于降低企业内部生产要素所有者之间分工合作所需的交易成本，是否能够为企业的可持续发展提供长期稳定的制度保证。[①] 通过考察国内外家族企业治理，我们可以得到以下启示。

1. 家族企业治理模式的选择有其内在逻辑

不同家族企业治理模式的选择，取决于各自家族条件与各个时期物质资本和人力资本的较量。如果物质资本更为稀缺，则物质资本所有者具有明显的谈判力优势，形成典型的“资本雇佣劳动”式的企业治理结构。而随着经济的发展，人力资本对社会生产的作用越来越重要。由于人力资本重要性增强，人力资本所有者参与企业所有权分配的谈判力增大，甚至可以逐步拥有企业部分所有权，企业治理结构自然地由“资本雇佣劳动”式单边治理模式向“利益相关者共同治理”模式演进。

2. 信任是家族企业治理的一个重要因素

美国社会学家弗朗西斯·福山认为，任何类型的市场经济都需要一定的社会资本支持，而社会资本的集中体现就是人们之间相互信任的程度。他在《信任——社会美德与创造经济繁荣》一书中划分了高、中、低三种社会资本

① 汪段泳：《英美日家族制企业历史变迁的启示》，人民网，http://finance.people.com.cn/GB/4520090.html。

类型：像在美国、日本、德国这样的高社会资本存量的国家，人们可以超出家庭等血缘关系的限度建立彼此的合作和信任关系；中国以及意大利、法国这样的中等社会资本存量的国家，基本特征就是强烈的家族主义倾向，人们主要在家族内部建立合作和信任关系；在低社会资本存量的国家，即使在家族血缘体内部也难以建立合作和信任关系。

社会资本存量或者说信任度的高低对于家族企业的组织结构、产业选择和对政府的依赖程度有多方面的影响。由于信任不足，家族企业主难以从市场聘任守信的经理人，更由于信息不对称和制度缺失，即使聘任了职业经理人，企业主授让控制权时，对授权后可能产生的风险过高、交易费用上升等问题也心有疑虑。①

3. 家族企业治理需要充分利用人类先进的制度

人类商业文明发展到现在，已有不少先进的制度，主要有现代公司制度和信托制度。

现代公司制度的要义在于将家族财产与商业企业的财产隔离开来，因此要善于把现代公司制度的优势与作用尽可能发挥出来。现代公司制度和现代企业治理结构存在着一些共性和趋势，家族企业应当顺势而为，建立起完善的公司治理结构，并明确划分董事会、经理人员、股东等利益相关者之间的责任、权力和利益关系。

信托制度则是将婚姻、家庭变故的风险与家族传承隔离开来。前文讲到的德国的博世家族与中国的李嘉诚家族均是信托制度运用的典范。

4. 历史、文化对家族企业治理会产生影响

日本比较强调团队合作、社会公平、集体主义和人际关系的和谐，而英、美等国家则强调个人主义、私有财产、英雄主义和精英思想，尤以美国为甚。因此，日本的企业能够较快地适应人力资本重要性上升的事实，重视人力资本所有者并允许人力资本所有者参与企业治理。

东方国家比较注重家族情感纽带，例如，马来西亚的金狮集团在经济不

① 马丽波：《美国家族企业治理结构的演变及借鉴》，《美中经济评论》2003 年第 10 期。

景气时不辞退员工，如果员工表现不佳，公司不会马上将其开除，而是采取与员工谈心等形式来分析问题和解决问题，这种家族式的管理氛围在公司中产生了巨大的力量；印度尼西亚的中亚财团，对工龄在25年以上的超龄员工实行全薪退休制，增加了员工对公司的忠诚感；再如，韩国的家族企业为员工提供各种福利设施，如宿舍、食堂、通勤班车、职工医院、浴池、托儿所、员工进修条件等。[①]

另外，在一些国家，商业中“重男轻女”的现象比较严重，比如日本、拉美等国。在一些文化中存在排行的偏好，在美国、中国及阿拉伯国家等不少家族企业中，长子比次子更受器重。

经济学大师道格拉斯·诺思在他的著作《西方世界的兴起》中写道：有效率的经济组织的出现是经济增长的关键。现代企业制度建设不可能完全照搬别人的模式，在引进制度的同时必须对其进行本土化，通过制度创新摸索出一套与自身国家体制、文化传统、国民意识和特定环境相融合的企业制度，这是建立起来的企业治理模式得以有效运作的最重要保证。

5. 重视政府对企业治理的影响

在东南亚国家，为了企业的发展，家族企业需要采取与政府及政府的公营企业合作、与政府公营企业合资，以及在企业中安置政府退休官员和政府官员亲属任职等形式，来搞好与政府的关系。

如在韩国，政府对家族企业的制约主要表现在政府对企业发展的引导和支持上。凡家族企业的经营活动符合国家宏观经济政策和产业政策要求的，政府会在金融、财政、税收等方面给予各种优惠政策进行引导和扶持，反之，政府会在金融、财政、税收等方面给予限制。因此，家族企业的发展可能受到政府的影响。

6. 看到法律制度对企业治理的影响

美国家族企业治理之所以发展顺畅并影响巨大，很大程度上得益于其良好的法制环境：私有财产受到宪法的明确保护，完备的法律体系为家族企业

---

① 马永斌：《公司治理与股权激励》，清华大学出版社，2010。

增加了丰富的信用资源，简化了交易程序，节约了大量的交易成本，提高了管理效率。

继承法和遗产税在家族企业的治理上也会起到比较重要的作用。墨西哥法律规定，子女继承父母遗产不需要纳税，因为，墨西哥家族企业中上一代人要工作到很老，甚至是临死前才把家族企业传给下一代。美国的遗产税非常高，所以上一代倾向于在比较年轻时把产业传给下一代。

08 内地企业香港上市政策解析

范伟情 刘京

内地企业香港上市是指在我国境内注册的，或虽不在我国境内注册但由我国国有或民营资本控股的企业到香港证券市场（包括主板市场和创业板）发行证券融资的行为。近年来，新的一波中国科技企业上市浪潮兴起，美股不再独领风骚，港股凭借其得天独厚的优势，受到内地企业的青睐。随着映客、平安好医生、小米集团、美团点评、海底捞、碧桂园等明星项目接二连三地赴港上市，2019 年的香港 IPO 发行计划愈发强劲，IPO 排队企业数量持续维持高位。2019 年上半年，新上市的公司数量达 84 家，位列全球第一；筹资额达 698 亿港元，位列全球新股市场第三，其中涌现出诸如中烟香港、基石药业、方达控股等行业中的明星项目或新兴经济项目。当然，已在纽约证券交易所挂牌上市的阿里巴巴，选择将香港作为第二市场上市也备受瞩目，引起广泛热议。

为何如此多的企业，尤其是内地企业选择在香港上市？香港上市的优势何在？香港上市的基本条件、流程和方式是什么？境内政策对内地企业到香港上市又有哪些规定？内地企业到香港上市应重点关注哪些法律问题？本文将就这些方面逐一进行梳理。

一、内地企业香港上市的优势

香港是中国的国际金融中心，具备独特优势，香港联合交易所有限公司

（以下简称香港联交所）是全球主要的交易所之一，由此，众多内地企业选择赴港上市，以期充分利用香港及香港联交所的资源，实现融资等目标。

其一，香港作为中国与国际资本市场的主要枢纽，有助于上市公司把握中国国际化机遇；其二，沪深港通为中国接通全球市场提供了便利、有效的跨境渠道，有助于港股上市公司借由互联互通机制接触中国内地投资者；其三，香港汇集了大量、多元化的投资者，包括国际投资者，这有助于推动市场流通量；其四，香港市场可进行不同规模的首次公开招股，同时有能力吸引可观数量的投资者参与，为招股（包括超大型招股）定出理想价格；其五，香港的二级市场稳健，交投活跃、流动性高、安全高效，是进行再融资及对冲的理想市场；其六，香港的新股上市机制容许引入策略性基础投资者，可提高公众信心及公司的可信性，也使公司与股东长远利益一致；其七，香港的监管制度完善，符合当前国际标准，透明度高、问责性高，资金及资讯的流通也不太受限制，这为公司筹措资金奠定了坚实基础，也增强了投资者的信心。

二、内地企业香港上市的基本政策

香港联交所旗下证券市场有主板和创业板（GEM）两个交易平台。主板是为根基稳健的公司而设的市场，是香港资本市场的主力；创业板是为中小企业而设的市场，创业板上市的企业符合一定条件的，可转主板上市。就上市规则而言，香港联交所针对前述两个交易平台分别制定了《香港联合交易所有限公司证券上市规则》，即《主板上市规则》和《香港联合交易所有限公司 GEM 证券上市规则》，即《GEM 上市规则》（以下统称《主板/GEM 上市规则》）。《主板/GEM 上市规则》修订非常频繁，几乎每年都会修订数次，与之相关的政策也不断变化。截至 2019 年 7 月，《主板上市规则》已进行了 127 次修订，《GEM 上市规则》已进行了 62 次修订。

1. 香港主板和创业板上市的基本条件

随着《主板/GEM 上市规则》的修订，关于香港主板和创业板上市的基本条件，特别是有关盈利、市值等财务指标，也不断调整（表1）。

表1　香港主板和创业板上市的基本条件

序号	指标	主板	创业板
1	营业记录	须具备3年营业记录	须具备2年营业记录
2	财务指标	须符合以下A、B、C中任何一项测试的条件： A. 盈利测试 （1）最近3个会计年度累计盈利≥5000港元 （2）公司上市时市值≥5亿港元 B. 市值/收益测试 （1）最近1个会计年度收益≥5亿港元 （2）公司上市时市值≥40亿港元 C. 市值/收益/现金流量测试 （1）最近1个会计年度收益≥5亿港元 （2）公司上市时市值≥20亿港元 （3）现金流量：经营业务有现金流入，前3个会计年度营业现金流合计≥1亿港元	须同时具备以下条件： （1）现金流量：经营业务有现金流入，前2个会计年度营业现金流合计≥3000万港元 （2）公司上市时市值≥1.5亿港元
3	最低公众持股数量	（1）原则上，最低公众持股量一般为25% （2）特殊情况，如上市时市值超过100亿港元，则可根据实际情况将该指标降低至15%	（1）原则上，最低公众持股量一般为25% （2）特殊情况，如上市时市值超过100亿港元，则可根据实际情况将该指标降低至15%
4	最少股东	上市时至少有300名股东	上市时至少有100名股东
5	管理层稳定性要求	至少最近3个会计年度的管理层维持不变	至少最近2个会计年度的管理层维持不变
6	所有权和控制权稳定性要求	至少最近1个会计年度的所有权和控制权维持不变	至少最近1个会计年度的所有权和控制权维持不变
7	董事要求	至少3名独立董事，并必须占董事会成员人数至少1/3	至少3名独立董事，并必须占董事会成员人数至少1/3
8	财务报告要求	每半年提交财务报告	每一个季度提交财务报告

注：引用的数据、条件要求均来自香港联交所官网。

除上述表格中明确列明的上市指标外，根据《主板/GEM 上市规则》以及香港联交所与之相关的政策，香港上市还需要特别注意以下几个方面的问题。

（1）关于营业记录：原则上，主板要求至少有 3 个会计年度营业记录，创业板要求至少有 2 个会计年度营业记录。特殊情况下，主板层面，符合条件的矿业公司、工程项目公司，可以申请较短的营业记录并豁免盈利或者其他财务标准要求；创业板层面，如为新设立的基础设施建设项目公司、矿业公司或其他特殊主体，可最多减免至 12 个月营业记录且豁免管理层的规定，但盈利测试不能豁免。

（2）关于财务指标：公司申请主板上市的市值均不得低于 5 亿港元，公司申请创业板上市的市值均不得低于 1.5 亿港元。上述市值的具体计算标准为：以新申请人上市时的所有已发行股份作为市值计算基准，所有已发行股份包括正申请上市的证券类别以及其他非上市或在其他受监管市场上市的证券类别，其中，非上市证券或在其他受监管市场上市证券的市值，以正申请上市证券的预计发行价作为计算基准。

（3）关于公司行业：主板和创业板没有明文限制，主要为综合企业、银行、房地产开发公司、互联网及健康医疗公司。此外，2018 年修订的《主板上市规则》中明确，给予符合条件的生物科技企业绿色通道，豁免一定的上市条件，但目前《GEM 上市规则》无此绿色通道的规定。

（4）关于公司业务：主板上市的公司，原则上允许有多个业务，但须有一个主线业务，且主线业务的盈利必须符合最低盈利标准的要求。创业板上市的公司，一般须有 24 个月的活跃业务和活跃的主营业务，且公司应从事单一业务，但允许有围绕该单一业务的周边业务活动。

（5）关于遵循的会计准则：新申请人的账目必须按《香港财务报告准则》《国际财务报告准则》或《中国企业会计准则》（只适用于中国发行人）编制，经营银行业务的公司还须同时遵守香港金融管理局发出的《本地注册认可机构披露财务资料》。

（6）关于公司是否适合上市：必须是香港联交所认为适合上市的发行人

及业务。如发行人或其集团（投资公司除外）全部或大部分的资产为现金或短期证券，则其一般不会被视为适合上市，除非其所从事或主要从事的业务是证券经纪业务。

（7）内地企业到创业板上市的特殊规定：内地企业必须在其创业板上市期间，委任并授权一名人士代该发行人在香港接受向其送达的法律程序文件及通知，企业必须向香港联交所告知有关该名授权人士的委任、委任的终止及有关资料的详情。企业须在香港或香港联交所同意的其他地区设置股东名册，转让的过户登记必须在香港地区进行，除非香港联交所另行同意，否则只有在香港股东名册上登记的证券方可在创业板进行交易。

2. 近期香港上市交易规则修改要点

2018—2019 年度，香港股市交易规则改革的要点主要体现在以下几个方面。

（1）放宽生物科技公司主板上市条件。香港联交所新增《主板上市规则》第十八 A 章《股本证券：生物科技公司》的规定，对拟于香港上市的生物科技公司之概览、定义与释义、适用于生物科技公司的上市条件、生物科技公司上市文件的内容、基石投资者、持续责任等内容做出规定，同时明确规定未能通过《主板上市规则》第 8.05（1）条的盈利测试、第 8.05（2）条的市值/收益/现金流量测试或第 8.05（3）条的市值/收益测试，但拟寻求上市的生物科技公司，可获准在香港主板上市。这可视为香港联交所针对生物科技公司在未能实现盈利的情况下寻求上市融资给予的绿色通道。

（2）接纳同股不同权模式。香港联交所新增《主板上市规则》第八 A 章《股本证券：不同投票权》的规定，对不同投票权制度做出专门规定，在坚持“一股一票”原则（股东权利及股东权益一致）的基础上，对于满足本章所载条件及具备本章所载保障措施的，香港联交所也会考虑容许其上市。此举意味着香港联交所接纳了“同股不同权”的模式，被视为为独角兽企业“小米”量身定制的规则，小米也借此规则成功于 2018 年 7 月 9 日在香港联交所主板上市，成为 29 年来香港股市首家采用“同股不同权”架构的上市公司。自然，这也成为曾因合伙人制度、同股不同权等问题错过香港而赴美国上市的阿里巴巴，以及更多采取同股不同权模式的企业在香港上市的重要契机。

（3）放宽将香港作为第二上市渠道的限制。香港联交所新增《主板上市规则》第十九C章《股本证券：合格发行人第二上市》的规定，对已于或拟于香港联交所进行第二上市的合格发行人的附加条件、上市资格、相关条款的例外情况等内容做出规定，为寻求在香港进行第二上市的企业提供新的渠道。此举主要是针对已在欧美成熟资本市场上市的创新型企业，为该等企业在香港股票市场寻求二次上市融资降低了门槛，以吸引已在美国上市的京东、百度等诸多企业“回家”，如果这些企业选择把香港作为第二市场上市，将为香港IPO市场注入新的活力。

（4）修订有关借壳上市活动的规定，收紧借壳监管政策。近年来港股借壳上市盛行，香港联交所于2019年7月宣布正式修订《主板/GEM上市规则》关于借壳上市的规定。本次主要修订内容包括：对反收购进行了重新定义（包括交易规模、目标资产质量、发行人业务性质及规模、主营业务出现根本转变、控制权或实际控制权变动，以及一连串的交易及/或安排六个评估因素）；明确发行人不得在控制权变动之时或其后36个月内（将原来的24个月延长至36个月）将其全部或大部分原有业务出售或作实物配发；明确禁止通过以下方式借壳上市，即大规模发行证券换取现金，当中牵涉到可能导致发行人控制权或实际控制权转变，所得资金将用作收购及/或开展规模预计远较发行人现有主营业务庞大的新业务。本次修订正式落地后将大为收紧港股借壳上市的判定标准，加强港股退市的执行力度，有助于应对市场上层出不穷的借壳上市手法，提升对壳股活动的监管。

三、内地企业香港上市的基本流程

内地企业赴香港联交所上市的整体流程和安排包含三个主要阶段：准备阶段、审批阶段和销售阶段，具体又可分为7个基本流程。以下7个基本流程中第1～4项和第6～7项同时适用于香港主板和创业板上市，第5项仅适用于香港主板上市，不适用于香港创业板上市。

（1）委任保荐人及其他专业顾问。委任有经验的专业顾问团队是新股成功上市的关键。专业顾问一般包括保荐人及包销商、外国及本地律师、会计师等。上市申请人须于提交上市申请前至少两个月委任保荐人，并于委任后五个营业日内书面通知香港联交所。公司务须征询专业顾问团队的意见，以商讨公司是否适合上市、上市所需时间和费用及在上市后将面对的问题、挑战与持续责任。

（2）筹备上市流程。专业顾问对公司进行尽职审查，并协助拟备招股章程（此阶段的招股章程拟稿亦称“申请版本”）。招股章程须载有一切所需资料，能让投资者做出有根据的投资决定。

（3）向上市部提交上市申请。向上市部提交上市申请（包括“申请版本”）。如资料大致完备，上市部会确认收悉，并在网站登载中英文“申请版本”。

（4）上市部审阅申请。上市部其后会对上市申请进行详细审核，评估公司是否符合上市资格、是否适宜上市、业务是否可持续、公司是否遵守规条以及是否做出充分披露。首轮意见会于接获申请后十个营业日内发出。上市时间并没有一个预设的时间表，主要取决于公司回复的时间及质量。

（5）上市委员会聆讯。上市委员会审阅新上市申请，确定申请人是否适合进行首次公开招股。

（6）推广期。包销商一般会协助公司筹备推广活动，包括投资者教育及新股路演。

（7）在香港联交所上市。成功定价及分配股份给机构投资者和散户后，公司便会在香港联交所上市及进行买卖。

四、内地企业香港上市的主要方式

内地企业到香港上市的方式多样，传统方式包括 H 股上市和红筹上市，这两种上市方式在上市模式、监管机构、适合的企业类型等方面各有不同，且各有利弊。

1. H 股上市

H 股上市，指在中国境内（不包括港、澳、台地区）的中国股份公司，直接向香港联交所申请发行境外上市外资股（H）股票并在香港联交所上市交易的境外上市模式，该种模式需要获得中国证券监督管理委员会（以下简称中国证监会）的批准，受中国证监会、香港证券及期货事务监察委员会（以下简称香港证监会）和香港联交所的监管。换言之，中国注册的企业，可通过资产重组，经所属主管部门、国有资产管理部门（只适用于国有企业）及中国证监会审批，组建在中国注册的股份有限公司，申请发行 H 股在香港上市。H 股比较适合国有大型企业、股权结构比较分散的公司，以及除了香港上市外、未来还希望在 A 股市场双重上市的公司。

相比红筹股上市，H 股上市的优点明显：①H 股模式在未来可以做“A + H 股”“新三板 + H 股”，甚至“H 股全流通”，融资方式更加多元化，股票流通量将扩大；②内地企业直接在香港上市，不涉及境内资金流出，故受外汇政策变化风险的影响小；③只需要境内公司将主体资格改制为股份有限公司，不需要搭建海外红筹构架，在重组方式上较为简便。H 股上市的缺点也不容忽视：①上市审核时间长、要求高、手续麻烦；②受到中国证监会和香港证监会、香港联交所多方的审核监管；③公司上市后涉及融资、增发、退市等重大事宜时，限制较多，大股东股权转让或融资途径受限等。

2. 红筹上市

红筹上市，指中国公司主要运营资产和业务虽在中国境内，但间接以注册在境外离岸法域的离岸公司名义在香港发行股票并上市的模式，该种模式不需要获得中国证监会的批准，但受香港证监会和香港联交所的监管。红筹股分为主板红筹股和创业板红筹股，主板红筹股主要以国有大中型企业为主，创业板红筹股主要以内地科技型民营企业为主，是众多内地民营企业在香港上市所采取的主要形式。红筹模式主要的监管法规为《关于外国投资者并购境内企业的规定》《国家外汇管理局关于境内居民通过境外特殊目的公司融资及返程投资外汇管理有关问题的通知》《境内居民通过境外特殊目的公司融资及返程投资外汇管理操作规程》等。

相比H股，红筹股上市的优点有：①红筹上市的规定较为宽松，上市费用更低；②上市审核时间短、要求低、手续简单；③公司上市后涉及融资、增发、退市等重大事宜时，自由度更高，大股东股权转让或融资途径更多，更易操作，再次筹资的能力也更强。红筹股上市的缺点有：①企业在境内进行资本运作的方式少，且通过VIE（可变利益实体）模式回归境内市场设计重新搭建架构，程序烦琐，时间成本高，存在一定法律风险；②红筹模式涉及返程投资，需要商务部审批，涉及境内资产装入境外体系，需受外汇监管，且外汇政策的变化对其影响大。

五、境内对内地企业香港上市的相关政策

1. 内地企业到香港上市须报监管部门批准

就H股上市而言，《中华人民共和国证券法》第二百三十八条规定："境内企业直接或者间接到境外发行证券或者将其证券在境外上市交易，必须经国务院证券监督管理机构依照国务院的规定批准。"《国务院关于股份有限公司境外募集股份及上市的特别规定》第二条规定："股份有限公司经国务院证券委员会批准，可以向境外特定的、非特定的投资人募集股份，其股票可以在境外上市。"第五条规定："股份有限公司向境外投资人募集股份并在境外上市，应当按照国务院证券委员会的要求提出书面申请并附有关材料，报经国务院证券委员会批准。"根据上述规定，内地企业到香港通过H股上市，除需要接受香港的上市法律、法规及规则监管外，还要遵守境内相关的法律、法规及规定，并且必须经国务院证券监督管理机构依照国务院的规定批准，未经批准的，不得从事境外上市活动。

就红筹上市而言，《国家外汇管理局关于境内居民通过特殊目的公司境外投融资及返程投资外汇管理有关问题的通知》第二条规定："国家外汇管理局及其分支机构（以下简称外汇局）对境内居民设立特殊目的公司实行登记管理。境内居民个人设立的特殊目的公司登记及相关外汇管理，按本通知执行。境内机构设立的特殊目的公司登记及相关外汇管理，按现行规定和本通知执

行。”根据上述规定，内地企业到香港通过红筹上市，只需得到香港证监会、香港联交所批准，无须经过中国证监会批准，但须经外汇局登记。

2. **内地企业到香港上市须符合境内监管条件**

就主板而言，根据中国证监会《关于股份有限公司境外发行股票和上市申报文件及审核程序的监管指引》的规定，境内H股发行审批废除了《关于企业申请境外上市有关问题的通知》规定的“456”条件，并简化了申报文件和审核程序。这意味着，赴港上市企业仅需符合《中华人民共和国公司法》《中华人民共和国证券法》以及香港联交所对IPO企业的发行要求和上市条件。

就创业板而言，根据中国证监会《境内企业申请到香港创业板上市审批与监管指引》的规定，内地企业申请到香港创业板上市须具备的条件是：①经省级人民政府或国家经贸委[①]批准、依法设立并规范运作的股份有限公司；②公司及其主要发起人符合国家有关法规和政策，在最近两年内没有重大违法违规行为；③符合香港创业板上市规则规定的条件；④上市保荐人认为公司具备发行上市可行性并依照规定承担保荐责任；⑤科学技术部认证的高新技术企业优先批准。

六、内地企业到香港上市须重点关注的法律问题

内地企业在香港上市面临法律适用、信息披露、不合规事件、关联交易和同业竞争、母公司财务融资，以及税收、外汇管理、司法管辖、重组方式等诸多问题，囿于篇幅，本文在此不逐一阐述，仅提示内地企业到香港上市对以下主要法律问题给予必要关注。

1. **法律冲突与法律适用**

法律冲突，即法律抵触，是指同一个法律关系因存在不同法律调整而发

① 2003年，第十届全国人民代表大会第一次会议通过国务院机构改革方案，撤销国家经贸委，设立商务部。

生的法律适用上的冲突。内地企业香港上市既涉及境内公司，也涉及境外公司，既涉及内地法律和监管规定，也涉及香港的法律和监管规定，但因政治、经济、文化、历史等多种因素的影响，内地和香港的法律和监管制度不尽相同，故内地企业到香港上市将不可避免地面临法律冲突。因此，欲在香港上市的内地企业，应寻求专业机构的协助，同时关注并遵守内地及香港的法律、法规及上市规则的要求。

2. 信息披露问题

信息披露制度，指上市公司为保障投资者利益和接受社会公众的监督而依照法律规定必须公开或公布其有关信息和资料的制度。根据发行人所处阶段不同，可分为发行和上市过程中的初次披露义务和上市后持续披露义务。相较于国内上市，在深度、广度和及时性等方面，香港上市规则对信息披露设置了更为严格的要求。无论是通过何种方式上市，发行人的经营实体基本都在内地，因此发行人应注意全面了解内地和香港经济形势，并把握好信息披露的时间和方式。

3. 具有重大影响的不合规事件

“重大影响”主要着眼于发行人的财务和业务经营两个方面：财务层面，指可能导致发行人遭受金额巨大的处罚或赔偿的情况；业务经营层面，指未取得资质、环保手续不全可能导致发行人无法开展主要业务的情况。具有重大影响的不合规事件，又包括有可能导致发行人不符合上市要求和尚不构成上市的实质障碍两种情况。对于前者，发行人需要在整改并合规运营一段时间后方能进行申报；对于后者，发行人可以申报，但需要在上市文件中对该等不合规事件进行详细的披露，主要包括不合规事件的具体情况、相应风险、是否已经或可能会受到处罚、涉及罚款情况下的最高金额、主管部门关于不合规事件的确认意见、已经采取的整改措施，并应确保在上市前完成对不合规事件的整改。基于此，鉴于具有重大影响的不合规事件可能对上市产生实质影响，内资企业在香港上市时，应给予重点关注。

4. 系统性不合规事件

所谓系统性不合规事件，是指虽然未达到“重大影响”的程度，但由于是屡次或持续违法，会引起香港联交所对发行人或其董事、高级管理人员欠缺以合规方式营运的能力或存在故意产生担忧的事件，比如未按时足额缴纳社会保险费和住房公积金、租赁房屋未办理备案登记、擅自将未竣工验收的房屋交付使用等，此类不合规事件很可能使公司面临被监管部门责令整改、罚款或其他处罚。虽然此类事件对公司的财务及业务经营没有实质性影响，但存在此类问题会引起香港联交所的特别关注，不利于成功上市，因此，内资企业在上市筹备阶段便需要对该等不合规的情况尽早整改。

5. 关联交易和同业竞争

关联交易和同业竞争是香港市场不能碰的红线。香港联交所规定，关联交易，指上市公司（或其子公司）与相关联人士（包括持有上市公司 10% 以上权益的主要股东或其子公司）之间的交易。关联交易的前提是理由合理、价格公允、符合市场规则、比例不能过高，否则有可能涉及为上市公司输送利润、为股东抽血等嫌疑，上市公司可能会被质疑缺乏独立运营的能力。关于同业竞争，如果控股股东旗下有多家公司存在同业竞争，最好对此类同业竞争主体实施关停、并入上市主体或者转让的处理。

6. 母公司对上市公司的财务融资

出于避免上市公司过分依赖母公司的考虑，香港联交所一般要求在上市前清缴或解除所有母公司对上市公司的财务融资，包括担保。

七、结语

以上是我们就香港上市相关政策和法律问题所作的基本解析，但实践中的香港上市政策远比本文解析更加复杂，因此，拟在香港上市的内地企业，必须在了解上述解析的基础上，进一步熟悉、遵守境内和香港的各种法律、法规及监管规则，并根据相关法律、法规及监管规则，进行认真的重组和上市报批。相信随着香港上市政策的放宽，香港资本市场的开放将进一步深化，加之其拥有国际金融中心地位的优势，香港将会成为更多内地企业融资上市的优选。

09 中小企业主财富管理综合规划案例

杨虹

在财富管理实践中，有大量的中小企业主，虽然还不属于超高净值客户，但他们对财富管理与传承、后代培养激励有实际需求。这也是多数财富管理人员接触的客户群体。这些中小企业主通过积累，已拥有相当的财富，但很多企业当前资金不是特别充裕，仍待进一步发展。他们除了希望继续积累财富，还希望能很好地保全财富，并将财富安全地传承给下一代。也有客户了解如洛克菲勒、罗斯柴尔德家族等的发展与传承，希望以现有财富为基础，通过科学规划、长期发展沉淀，成就家族永续，成为基业长青的名门望族。下面我们通过一个实际案例，探讨中小企业主财富管理的综合规划方案。

一、张董的心事

（一）基本情况

张董与夫人创立品牌服装企业多年，事业有成，父亲健在，有两个兄弟和一个妹妹。张董和夫人育有一儿一女，儿子和儿媳育有一个 4 岁女儿和一个 2 岁儿子，儿媳为独女，其父母均健在；女儿和女婿育有一个 3 岁儿子，女婿家共两兄弟，其父母均健在。

张董与夫人打拼多年，创下大量财富，儿子留学归来即进入公司，先负责营销后担任总经理，女婿在公司负责生产。近年来服装行业非常不景气，企业销售与利润大幅下滑，经营状况不佳，业务收缩，企业均希望通过新项目，提升业绩与利润。

（二）客户诉求与解析

多年企业经营，张董看到身边不少企业起起落落，也看到“二代”不擅经营、挥霍、不孝顺、家庭纷争等现象导致家业衰败、亲人反目的例子，故最近两三年一直考虑如何能更好地保全及传承财富，使基业长青。他也参加了很多私人银行、保险公司的法商、传承类讲座，有一些概念。他在交流中明确提出，除了财富的保全与传承，他更希望激励后人，使家族蒸蒸日上，未来可以成为真正的世家名门。

财富管理人员经与张董家族多次接触，反复沟通，考虑此类客户有跨越时间长河与经济周期、使家族持续传承的长远目标，而现阶段由于前期扩建厂房、增加设备，后续开展新项目，难以一次性拿出非常充裕的资金，因此，先期从精神传承、治理机制、后代培养与激励、风险管理、保险与信托运用五个方面，为客户提供系统化解决方案建议。

二、张董家族的综合财富规划

（一）精神传承

“道德传家，十代以上，耕读传家次之，诗书传家又次之，富贵传家，不过三代。”如果客户明确提出希望实现更长时间的传承，则除财富类的物质传承外，一定不能忽略精神传承。财富管理人员可以在对“创一代”和主要家族成员的访谈及问卷调查中，询问如下问题。

（1）您认为是什么成就了家族的今天？

（2）您认为从当年到现在，经历了哪些坎坷？

（3）您认为有哪些特质让家族坚持走到今天？

（4）您认为上述特质中，您最引以为傲，希望家族成员代代相传的有哪些？

（5）您认为有哪些故事可以讲给下一代听（如创业、创新、家庭和睦等）？

（6）为了家族守护与传承，您认为还可以做什么？

（7）如果发生家族矛盾分歧或企业经营困难，您希望如何解决？

（8）对家族的后人，您特别期望的行为，以及严格禁止的行为分别有哪些？

……

财富管理人员通过调查与访谈，协助客户总结家族历史，规划家族发展，提炼如家族使命、核心价值观、家风家训等核心精神。家族精神传承能令家族成员增强荣誉感、责任心与凝聚力，使优秀家族成员相互促进，让更多家族人才脱颖而出。同时，当面临困境或出现纠纷时，相近的价值观与认同感、团结和睦的家族氛围，更有利于家族成员协调纠纷，勠力同心、共渡难关。

为达到家族持续传承的目标，首先应明确家族大于个人，每一代人均不再是家族财富的享有人，而是家族财富的守护人，有责任为家族守护财富，将财富安全地传承给下一代，并且在此基础上，尽力创造更多的财富。同时，为保证家族永续，也需要明确家族大于企业，企业为家族提供持续的经济来源，其规划与发展应服从家族长远发展。统计显示，知名家族的收益往往多数来源于企业股权及分红。所以，只有家族企业在不同时代与经济周期下均能良好获益，才能保证家族的持续与发展。因此，有能够胜任的经营团队（不一定由家族成员组成）、有效的监督和符合当时社会发展与市场环境的趋势规划至关重要。其他要点还包括：强调家庭的团结和睦，创造合适的环境氛围令家族人才辈出，要求家族企业诚信经营，持续关注利润，鼓励学习与创新等。

需要特别注意的是，家族的精神传承规划可借鉴、参考中外知名家族案例、家风家训，但核心价值观必须来源于自己家族。核心价值观、家风家训越体现家族特征与个性，越容易获得家族成员的认同，越利于后续执行。如果能预留后人补充、完善的空间，则更利于持续激励，提升后人的责任心和荣誉感，执行效果更佳。

（二）治理机制

很多家族企业存在家族成员难以管理、考核与调整的问题，这不利于建立现代企业管理体系及优秀人才的引进留用机制，极大阻碍了企业的发展。这些弊端在经济与行业发展较好时可能不明显，但当市场变化、竞争加剧时，企业就可能面临巨大挑战甚至生存危机。另外，由于家族与企业混同，若未明确区分治理机制，更易将日常生活中的矛盾带入工作中，或将工作中的分歧扩大至日常生活中，从而影响家族成员的感情和睦，同时影响企业的正常经营。同样，家庭资产与企业资产混同，无法在家庭资产与企业资产间设置有效的防火墙，也会带来系列法律税务风险，当企业面临债务危机、破产时，家族可能不得不将家庭资产用于清偿债务。

张董的家族也面临类似问题。尤其在市场及经营压力加大时，经营指标难以落实，工作中的分歧、不满被带入日常生活中，家族成员间沟通不畅，亲情受创。张董努力奋斗的初心，是希望家人更幸福，与家人共同创造更美好的未来，这既需要家庭的团结、和睦，也需要企业的良好发展来提供必要的物质保障。因此，在家族持续传承的使命共识下，合理的治理机制就非常重要了。

1. 逐步实现家族治理与企业治理的分离

（1）家族治理维护家族团结和睦，侧重情感，增强家族凝聚力，整合资源，促进人才与家族持续发展。鼓励家族成员在其擅长或感兴趣的领域（不限于家族企业），充分发挥个人优势。对家族成员希望进入的领域和职业岗位，则通过激励政策进行引导。关注家族人才培养，创设环境与氛围，对严重触犯家规底线的成员予以惩戒。

（2）企业治理促进企业的发展。完善现代企业制度，强调业绩、利润、人员胜任力和企业持续发展，同时注重家族内部和外部经营人才的选拔、培养、激励与储备。

（3）由家族控股家族企业，董事长由家族成员担任，CEO 及经营团队由能胜任的家族成员或职业经理人担任，家族通过董事会实现对企业经营的控制与监督。

2. 逐步形成三权分离机制

逐步形成家族掌握所有权、控制权，经营团队有经营权、管理权，家族成员享分红权、受益权的三权分离机制。着眼于长远规划，在家族的控制监督下，将家族企业交由能胜任的团队经营，以确保企业的竞争力与发展，确保企业能够为家族带来持续收益。企业的竞争归根结底是人才的竞争，该方式扩充了家族企业的人力资源，有利于建立客观的考核评估机制，也能够激励家族接班人不断提升经营管理能力。而为了降低风险，需要注意的是，无论是家族内部人才，还是外部职业经理人，都应尽早规划，进行长期的观察、培养与考核，同时还应建立储备人选方案。

3. 成立家族委员会

成立家族委员会，由家族负责人和核心家族成员组成（人数为奇数），负责家族的管理决策，组织家族会议，激励、培养人才，修订、完善家族规章及奖惩办法，以及通过董事会监督家族企业运行，考核、优化经营团队。

4. 建立良好的沟通机制，促进家族和睦发展

（1）定期召开家族委员会会议（核心成员），处理家族重大事务，监督家族企业运行，家族人才培养、激励与支持。

（2）召开家族聚会（全体家族成员），增强家族仪式感，增加相互交流，提升家族荣誉感与责任心，整合资源，使个人与家族形成合力，相互促进，形成良好的传统、氛围和家族平台。

（3）制定争议解决机制，协调处理家族内部纷争及危机等。

（三）后代培养与激励

家族的未来归根结底取决于人才，因此也有将家族人力资源传承与家族精神传承、物质传承，并列为家族三大传承的说法。要创设适宜的环境与氛围，持续地培养、激励家族成员，使家族人才辈出。随着优秀的家族成员不断涌现，家族自然能够兴旺发达，生生不息。关于家族后代的培养与激励，我们主要有以下几个方面的建议。

1. 基础保障

设置专项资金（最好为独立于个人及家族以外的安全资金，如家族信托或每代持续的大额保单），确保最坏情况下家族成员的基本生活与基础教育。若未动用则可复利稳健增值，安全传承。专项资金是家族最后的“安全垫”，在时间长河里，哪怕在最低谷，仍能保证家族的基本生活、教育和血脉传承。

2. 学业、创业、优良职业激励

创设机制，为学业优异、创业创新、在家族鼓励的职业领域发展的家族成员提供奖励或支持。家族成员的发展并不应局限于家族企业。家族应该引领激励后人，使他们充分发挥个人优势，在个人擅长或家族鼓励的领域，获得更杰出的成就。

3. 核心人才培养选拔

设立家族培训生计划，从小选拔储备核心家族成员，对其进行专项、系统化的培养，如旁听家族会议，安排家族企业实习、内外部各类课程与实习等。这样便可加强家族核心人才与企业团队、外部资源人脉的对接磨合。家族人才正式入职家族企业前，须具备大学及以上学历，优良企业 2～5 年工作经验或个人创业成功经验；入职后须在家族企业部门或分公司轮岗，评估合格后任用。

4. 家族成员雇佣

同等情况下家族成员可被优先录用，但薪酬、考核及晋升等待遇须同外部人员相同。若家族成员无法胜任职务或达成指标，可予调岗，若仍无法胜任再予辞退。这样做可以保障家族成员拥有更多的就业机会（尤其在经济不景气、失业率高时），也不影响家族企业的正常经营、发展和外部人才的引进培养。同时，该政策也能鞭策家族核心团队，使之努力提升家族企业的经营业绩与薪酬福利，以吸引更多家族内外的优秀人才加入。

5. 后代激励

家族通过制定并传承家族使命价值观、家规家训，召开家族聚会等方式，进行精神传承，持续培养后代的家族荣誉感与责任心，增强家族凝聚力，激励后人学习与创新。同时，家族也需要对后人的不良行为予以约束甚至处罚（如减少直至取消企业分红、信托受益权等）。

（四）风险管理

所有的财富规划，离开风险管理都可能一夜归零。案例中张董的家族目前主要存在的风险及应对措施如下。

1. 家企不分

这个问题在很多中小型民营企业、家族企业中普遍存在。由于家庭资产与企业资产混同，有限责任公司的屏障隔离便失去了作用，一旦企业面临经营风险、债务纠纷、担保责任等情况，家庭资产可能遭受重大损失。另外，在税收严征管的大背景下，家企不分、私账收公款等问题将进一步增加税务风险。

家族企业应结合治理机制，完善现代企业管理制度，规范企业经营；借助专业机构，通过制度、股权、合同等方式，合理进行税务筹划；区分家庭资产与企业资产，运用法律及金融工具，建立完善防火墙。

2. 传承风险

企业家如未对法定继承进行安排，则潜在风险巨大。这也是很多企业家容易忽略，或虽然有些意识却不愿正视的问题。以张董为例，如其总资产为1亿元，在不作安排的情况下法定分配如下（图1）。

张董希望将家中的财富传承给家族后人。而图1的继承方式却显示，事前缺乏合理的安排，财富将会严重外流，能传承给第三代的财富将大受损失，而且还可能面临被继承人债务、未来可能有的遗产税等问题，无法实现财富在家族内持续安全地传承。

在此例中，我们建议张董及夫人订立书面公证遗嘱，同时结合保险、信托指定传承、代际传承、税务筹划、应税现金准备等制订传承规划，并根据家庭实际及法律法规，定期或不定期进行检视优化。

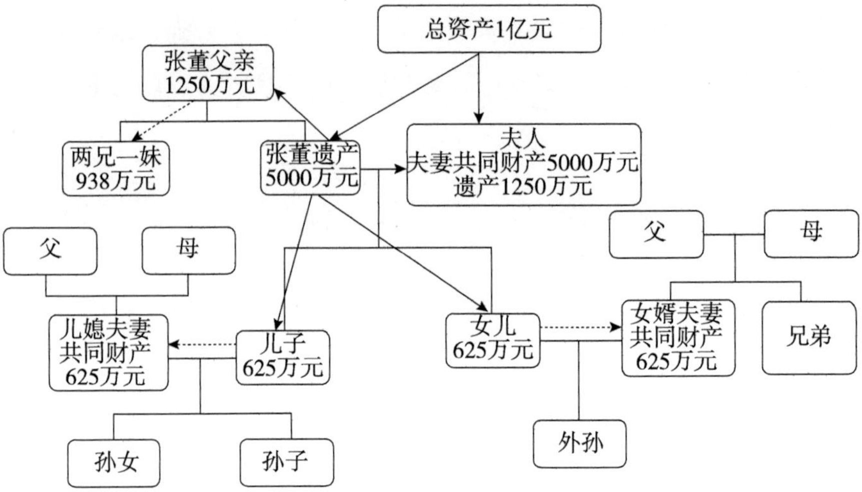

图1　张董资产法定分配

3. **企业经营风险**

近年来服装行业非常不景气，案例中张董的企业陷入经营低谷，新项目仍处于试运行状态。在这种情况下，企业家在激励家族成员与团队积极提升经营业绩、寻求新的利润增长点的同时，也要考虑在危机到来时，如何保障家族成员的基本生活品质不变，如何满足其教育和养老的刚性需求，以及是否准备了使企业东山再起的应急资金。

4. **家族成员人身风险**

人是家族最宝贵的财富，一旦家族成员发生意外，无论对其个人还是家族，都将造成重大损失。尤其当家族核心成员甚至家族企业负责人突然发生意外，损失更是无法估量。

（1）健康管理。家族中应倡导健康的生活方式，提高家族成员的安全与健康意识。核心成员应尽量避免统一出行，以免风险过于集中。家族还要设定紧急情况下的后备负责人，确保家族与企业在任何情况下的正常运转。

（2）保险规划。家族应及时建立风险对冲机制，曾购买过一些保障、理财产品的，可借助专业人士，对保单进行整理、检视，查缺补漏；可以利用商业保险的高杠杆，以较小的投入，确保在意外发生的情况下家族成员的生活不受影响；还可根据财富管理与传承的需求，提前锁定未来安全资产，保障企业经营、税务筹划、应税现金储备、指定传承等。

5. **其他**

其他如子女婚姻风险、争产风险、汇率风险等，应在财富管理及传承安排中，逐步规划完善。

（五）保险与信托运用

在财富管理实践中，人们常常因过分关注财富，忽略了精神与人力资源的传承；但若只重视精神传承、治理机制与人才培养，缺少相应的物质基础，财富传承的效果也会大打折扣。使用保险、信托、代持、遗嘱与赠与五大法律金融工具来进行财富保全与传承，才能帮助客户实现他们的财富管理目标。

在张董家族的财富规划案例中，对保险与信托的科学运用尤为重要。因为结合该企业的经营实际，现金流并不充裕，家族信托虽然能很好地实现资产隔离、个性化激励与代际传承，但一次性投入的现金资产门槛高，且设立后该部分资金无法让企业或家族应急使用，并不适合张董家族。而大额保单与保险金信托的结合，则可帮助张董家族尽快启动家族综合财富管理规划。同时，由于企业经营大部分移交给二代，张董及夫人的债务风险大大降低，可利用保险中投保人、被保险人和受益人三种身份的天然屏障作用及保单杠杆作用，达到更好地保全、放大资产，安全稳健增值资产，筹划遗产税等税务，指定传承，对接保险金信托，实现代际传承，个性化收益分配等目的（表1）。

表1　　张董家族投保明细

保险类型	投保人	被投保人	受益人	备注
年金险	张董	张董	信托公司	设立家族应急金，初期可按基本年支出标准测算，确保即使在最差情况下，仍能保障基本生活与教育支出，为家族最后一道防线。如未使用，进入保险金信托
年金险	夫人	夫人	信托公司	
教育金保险	儿子	孙女	儿子	鼓励家庭人力资源发展，保障教育，为每位家族后代的人生重要阶段预备确定现金流，激励后代发展
教育金保险	儿子	孙子	儿子	
教育金保险	女儿	外孙	女儿	

续　表

保险类型	投保人	被投保人	受益人	备注
家庭保障	张董	家人	家人	梳理并完善现有保障，避免人身风险对其他财富账户的影响
终身寿险	张董	儿子	信托公司	利用保险高杠杆，提前锁定家庭财富，指定传承，控制权与资产安全隔离，同时降低重要成员人身风险对家庭的影响
终身寿险	张董	女儿	信托公司	

1. **年金险**

张董与夫人分别为自己投保大额年金险，并设立保险金信托（身故受益人为信托公司），作为家族应急资金池，确保即使在最坏情况下，这部分资金仍能够保障家族成员的基本生活、教育支出，或成为企业应急储备金。这部分规划作为家族财富的最后一道防线，设置标准参考家族基础生活教育费用，以 50 万元/年为例，若产品 4% 收益则需要 1250 万元。考虑家族目前现金不多，可分期存入。该规划相当于为家族设立了内部影子银行，自保单承保后第 5 个保单年度起，每年均有源源不断的现金流入，持续终身。未来当张董或夫人身故时，如果剩余的账户价值超过保险金信托门槛（如某知名保险公司的保险金信托，只需要不低于 100 万元的账户价值），身故金进入保险金信托，按约定的方式管理并分配给相关受益人。

2. **教育金保险**

家族承担费用，由二代子女分别为三位三代子女投保（因三代子女目前未满 8 岁，仅接受父母作为投保人），保障教育。确保每位后代都有自己专属的教育金规划，确保其在未来人生每一重大阶段，都有一笔确定的现金流，以提升家族后代的人生底线，激励其发展。未来该部分费用也可视情况规划由家族信托按期支付。

3. **家庭保障**

梳理现有保单，检视每位家族成员的重疾、意外、医疗及大病医疗保险是否完善，查缺补漏，避免人身风险对个人及家族造成损失。此外，还应考虑人身风险对企业经营的影响，利用保额提前锁定资产，将风险造成的损失降到最低。其他如家庭、企业的财产险、责任险也可一并完善。

4. **终身寿险**

利用终身寿险进行传承规划、税务筹划，准备遗产税应税现金，是财富管理通用的方法。因张董夫妻年龄较大，同时身体情况不太理想，可能被加费、除外责任，甚至拒保。因此，以子女为被保险人投保终身寿险，效果更佳，可以利用保险高杠杆，提前锁定家族财富，指定传承，安全隔离资产，同时可以降低重要成员人身风险对家族的影响。张董作为投保人拥有对该笔资产的掌控权，未来如希望将该笔资产放进保险金信托，将投保人变更为子女即可。

5. **保险金信托**

保险金信托，又称迷你版的家族信托。与传统家族信托相比，最大差异在于保险金信托中置入的不是家族已有的资产，而是被保险人的保险理赔金，由于可分期交费，保费与保额之间又存在杠杆，变相降低了家族信托门槛，能够让更多人更早享受到家族信托服务（图2）。

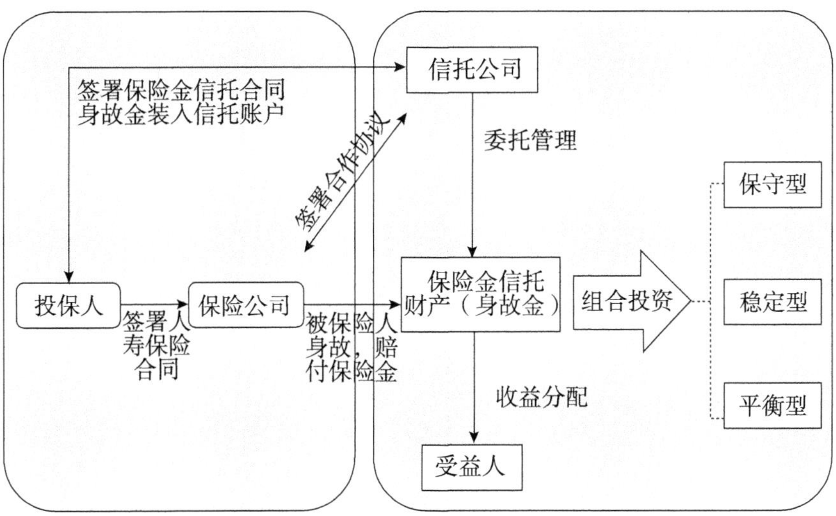

图2　保险金信托

以国内某知名公司的保险金信托为例，设立最低仅需累计100万元保费或保额，设立时支付一次性设立费，未来身故金进入保险金信托后，信托公司按客户（委托人）设立时约定的投资方式，打理信托资产，使其稳定增值，并按当初约定的方式分配给指定受益人员，实现生前身后控制、代际传承，更好地保障、激励后人。而由于信托公司本身即为专业的投资理财机构，以该公司为例，除去管理费后收益远超当期市场同类理财产品。这也是我们常常发现，很多名人或知名家族的信托相较于设立时大大增值的原因。这种信托的机制，也有效地规避了后人获得大笔家族财富后，因挥霍、被骗、不善理财、婚姻债务等问题，造成家族财富受损。

6. 其他

大额保单还具备现金价值质押贷款功能，必要时可向企业、家族提供急需的资金；通过现金价值贷款也能进一步提高保单杠杆，用更少的资金锁定更多的资产；极端情况下万一出现大额保单被债权人执行的风险，也可利用保费与现金价值的差额及保单现金价值贷款，最大限度保全财富。此外，拥有高额身价的企业主，更易提高银行授信额度；股东互保的保险机制也可以防范股权外流，有利于企业股权的人合性等。可以毫不夸张地说，大额保单是家族财富管理必须考虑的工具之一。

·第五部分·

合理运用资产保护的工具和手段

01 家族办公室活用金融 AI 理财与资产保护

钟华

一、我国金融 AI 理财发展条件较好，市场份额大

人工智能（AI，Artificial Intelligence）在我国广泛应用于城市运行、司法服务、社会生活、医疗、养老、教育及金融等各领域。人工智能是新一轮科技革命的核心竞争力，“谁就拥有人工智能，谁就拥有未来世界”。2018 年 10 月，习近平总书记在中央政治局就人工智能发展现状和趋势第九次集体学习时强调，“加快发展新一代人工智能是事关我国能否抓住新一轮科技革命和产业变革机遇的战略问题”。

中国人工智能“三步走”的战略目标是：①到 2020 年，人工智能总体技术和应用与世界先进国水平同步；②到 2025 年，人工智能部分技术与应用达到全球领先；③到 2030 年，成为全球主要人工智能创新中心。

中国未来金融科技发展的五大趋势是：①财富管理（金融 AI 理财）；②金融衍生商品；③开放银行（开放 API 所带来的智能理财功能的银行）；④金融基础设施；⑤金融监管科技。

运用各种“算法技术”的人工智能正悄无声息地进入我们的生活，也进入金融资产管理和财富管理领域。人工智能以自己的方式分析数据，并以自己的逻辑理解数据，这些分析数据的模式和逻辑不可阻挡地带来了预测准确性的提高。目前，人工智能在安防和金融领域发展条件较好，业务渗透最快，

市场份额最大（安防 AI 占 53.8 %，金融 AI 占 15.8%[①]），在工业、医疗、教育等领域具有爆发潜力。

二、金融 AI 理财优化风控，对资产保护发挥作用

先从量化交易说起，它始于 20 世纪 60 年代的股票市场，其中程序化交易成为焦点；目前国外成熟的期货市场中，程序化交易已占据交易总量的 70%之多。量化交易是把投资理念或对市场的观察转换成数学模型，再对此数学模型的历史交易数据进行验证总结，进而利用计算器技术分析出获利方法后，进行自动交易的一种投资方法。

量化交易当前的发展仍不够完备，其风险主要体现为策略模型风险，因为量化交易的数学模型是基于历史数据构建的，交易策略并不能保证与动态的市场完全拟合，所以有投资亏损的风险。计算器算法及人工智能深度学习的发展，使量化交易存在的一些问题得到了克服。有调查分析发现，大数据技术应用、非结构化数据处理以及舆情分析对金融 AI 理财最具应用价值。

2009 年至今，我国超高净值人士的私人银行财富管理业务已进入深度调整期。企业主及高资产客户都被圈定了，现在比的是绩效及精致服务，这使得 AIFinTech 领域的公司在财富管理上的发展趋势更加明朗，且迈向稳健的绩效竞争。

金融 AI 交易处理数据及信息，实时开发和验证模型。未来的金融 AI 理财将不会依赖 K 线图表及技术分析。成功的关键在于特征工程，这是一门投资艺术与科学相结合的学科，需要投资知识、经验和想象力，才能发现具有投资价值的特征。人工智能是工具，在量化投资上，好的预测因子、投资价值特征和 AI 结合，才能发挥最大的投资价值。

金融 AI 理财兴起的最大契机还不是深度学习技术本身的发展，而是基于过往近 20 年互联网的高速发展对数据自动化的强烈需求，有了成熟的财富管

① 数据来源于 iResearch 2019 年发布的《中国人工智能产业研究报告》。

理业务流程和高质量的金融大数据。人工智能的代表算法是深度学习，而深度学习需要有足够数量的训练数据。一般而言，需要拥有千万级别的数据量及每个数据记录的特征维数相应空间中的分布情况；而今日的金融AI研发的算法仍依赖于有优秀实务操作经验的量化金融工程师，这促使深度学习技术的财富管理成为必然发展趋势。

能够实现金融AI技术平台的是计算器，计算器编程语言和其他计算软件都因金融AI的发展而得以存在。金融AI涉及信息论、控制论、心理学、金融工程、数理逻辑和哲学等多门学科。金融AI的研究学科包括自动推理和搜索方法、数据挖掘及机器学习和知识获取、自动程序设计、人工神经网络等方面。人工神经网络的智能系统最初什么都不懂，如婴儿那样，但它能够学习，逐渐适应各种复杂的投资情况；该系统开始时也会常犯错，但它能吸取教训，下次运行时可以改正。金融AI属于自然科学、社会科学和技术科学三向交叉的理财学科。

价值投资理财存在三个难点：一是内在价值不易被精确计算，二是安全边际不易被准确确认，三是投资决策容易受到十余种负向情绪的影响。金融AI科技加上基本面研究、行为金融研究、投资流程优化，可分别应对价值投资理财的上述三个难点。金融AI和行为金融的结合，可提升价值投资理财的效率和质量。

利用机器人深度学习可更好地预测金融市场，利用增强学习可更好地做决策，金融AI可以应用在资产管理、量化交易、风险管理等金融投资领域。人工智能主要架构在算法、大数据和计算能力的发展上，为投资理财做更好的预测和决策及其风控优化，对资产保护发挥作用。

三、家族办公室活用金融AI理财，即信托管理

家族办公室的服务项目（投资管理、风险控管、财务及税务筹划、家族信托管理、家族传承规划、家族治理等）众多，但并非均由家族办公室的成员直接提供，而是由私人银行及资产管理公司、律师、理财规划师、信托架

构师等共同完成。家族办公室对家族财富进行投资管理，可通过金融 AI 理财，即信托管理的方式实现。

建立家族办公室的金融 AI 理财信托的主要原因有两个：一是建立专业金融 AI 理财的信托管理机制，二是为金融 AI 理财实现长期稳健增长收益。家族办公室的金融 AI 理财信托管理有三个重要因素：一是要调控家族财富，二是要考虑金融 AI 理财信托管理的机密性，三是要找到具备风控能力的优质金融 AI 资产管理公司。

优质的金融 AI 资产管理公司通过对资产配置策略进行再平衡和绩效管理，实现长期稳健增长。例如，上海涨融资产管理有限公司的金融 AI 项目，从 2015 年起已聘用 40 多位研发人员（大多数是数学、理工背景人才），加上信托管理机制的配合，为超高净值人士提供高质量的服务。

以上海涨融资产管理有限公司为例，将金融 AI 理财的实施步骤概述如下。

（1）通过搜索引擎追踪散户的投机行为轨迹。

（2）用卷积神经网络技术处理数据做预测。用卷积神经网络技术建造金融 AI 理财的大脑，用多层的卷积神经网络技术处理数据做预测。神经网络由多个神经元层组成，训练期间，首先，第一层的神经元被输入图像的每个像素并进行数据激活；其次，为了提高预测准确度，使用卷积层来识别像素组合及数据的关键特征；再次，将激活状态传播到后续各层的神经元；最后，在输出层产生预测结果。

（3）建立预测股市大盘指数、商品期货涨跌的算法模型。

（4）用机器深度学习技术训练优化算法。在金融领域，机器学习尝试发现变量之间的关系，在经过给定数据的训练后，能够在新数据的基础上预测结果。正因其强大的功能，机器学习技术可用于训练优化算法。

以金融 AI 理财信托管理的视角，笔者将家族办公室定位为管理型的家族办公室。专业投资顾问和金融 AI 投资管理服务通过与外部 AI 技术服务提供商（资产管理公司）之间的合同契约来进行管理。需要有 5000 万美元管理资金作为基础，金融 AI 海外信托管理成本（年度费用）约占信托管理资金的5%。

四、家族办公室面向金融AI资产保护的要点

从合理的风险水平、获取超额收益及合规节税的角度而言，金融资产配置会成为超高净值人士重要的投资决策内容。资产配置是一门科学，也是一门艺术，一旦涉及投资心理偏差、风险承受能力、多代传承、税等因素，资产配置投资决策就会成为超高净值人士的关注重点。将金融期货设置成资产配置投资组合的好处，就在于有利于做好风险管理，它在大多数的金融市场环境下可保护投资绩效。

超高净值人士在资产配置中要注意的问题包括投资报酬、收入增长、优化税负及其他（比如传承保全财富、创建家族办公室）。优质的金融AI资产管理公司为超高净值人士研发的金融AI理财必须能够通过资产配置，比如金融期货各品种、个股期权各品种、不同的期货合约、期权合约等多种组合、多种策略投资模型，优化风控机制。换言之，从系统风控视角，要进行资产配置，金融期货、个股期权也要进行品种、合约等配置，经由数据采撷、人工智能和机器深度学习，通过资产配置多品种组合、多种策略投资模型，让系统风险的风控效果达到最优，对资产保护发挥作用。

上海涨融资产管理有限公司面对超高净值投资人的金融AI理财收益目标，采用长期稳健原则。以商品期货AI管理型为例，年均收益目标为30%～40%，年度回撤风控限定在-10%以内，这是超高净值人士一般能承受的风险程度。

笔者根据金融操盘的经验，将金融AI理财的监督学习算法常识简要分析如下。

（1）机器学习无须编程就能学习，对非结构化的数据学习力佳，但仍有文化因素的壁垒，并需花大量时间为数据做卷标。

（2）要让机器学习更好地开展，必须：①有好技术及各种算法；②要有正确的数据及正确流程，确保数据质量（精准），甚至要用手工输入，为数据

做卷标；③要能持续监测、修改及优化；④要有能力将其运用到金融财富管理商业模式的实务里；⑤面对金融市场的风险，机器学习要有资深交易人员参与风控，对资产保护起作用。

至于超高净值人士在进行资产配置过程中遇到的法律规章的限制问题，现有法律规范的工具，如海外信托管理，根据特殊指导原则管理资产配置的现金流，能在海外信托中管理金融 AI 理财的资金分配，对最终资金配置的资产保护起到很大的作用。

02 如何理解和保护虚拟财产

——以比特币为例

王怀涛　林海

在高净值人士的资产配置图谱中，虚拟财产无疑是新兴而充满争议的事物。尤其是比特币，没有一种虚拟财产像比特币那样被如此广泛地热衷却又被冷遇或质疑，但也没有人能忽视它的存在。

在我国，除部分经济较发达的地区出现热衷币圈的年轻一代，关于比特币的常识普及率仍较低。在处于中年阶段的高净值人士中，有配置虚拟财产想法的比例应远低于想投资房地产或股票的比例。随着网络逐渐渗透到社会生活的方方面面，家族办公室很有必要帮助其客户认识并理解虚拟财产及其保护。

一、比特币的原理

比特币（Bitcoin），是一种由开源的P2P（点对点）软件产生的“电子货币”。比特币基于一套密码原理编码，通过复杂算法产生，这一规则不受任何个人或组织干扰，完全去中心化；任何人都可以下载并运行“比特币客户端”而参与制造比特币。比特币利用电子签名的方式来实现流通，通过P2P分布式网络来核查重复消费；每一单位比特币的产生或消费，都会通过P2P分布式网络记录并告知全网，不存在伪造的可能。

记录比特币交易单的数据单元叫block（块链、账簿），每个新block含有一定数额的比特币，且这些比特币归该 block 的创建者所有。创建 block 的过程被形象地称为“挖矿”，基于相关特定算法，通常需要反复尝试上亿次，才能成功创建一个新的 block。随着越来越多的比特币被“挖掘”出来，每个新 block 含有的比特币数额不断减少，最终全网的比特币只有 2100 万个。因此，比特币总量有限，需要花费较高的人、财、物力才能“挖掘”出来，其内在价值较高是符合常理的。①

此外，比特币的全网均由用户构成，没有“中央银行”，具有去中心化的属性，以及跨平台产生、运营成本低、所有权明晰等优势。

正因为上述特点，比特币几乎从诞生之日起就受到关注。2009 年 1 月 3 日，中本聪在芬兰的赫尔辛基通过一台小型服务器挖出了 50 个比特币。2010 年 5 月 21 日，美国佛罗里达州的程序员拉斯洛·豪涅茨用 1 万比特币购买了价值 25 美元的比萨优惠券，被认为是全球首例比特币交易。同年 7 月 11 日，比特币首次被科技媒体 Slashdot 报道，为比特币带来了大量的用户。2011 年 2 月 9 日，比特币价格（单价）涨至 1 美元。

2013 年 3 月，塞浦路斯政府决定向银行存款征税，以此为契机，大量的资产开始向比特币转移，同年 3 月 28 日，比特币总市值超过 10 亿美元，均价为 92 美元。同年 5 月，美国财政部金融犯罪执法网络（FinCEN）发布《虚拟货币个人管理条例》，宣布具备“可转换”性的虚拟货币具有实际货币的同等价值。同年 8 月，德国认可了比特币的法律和税收地位，视其为合法记账单位，成为全球首个正式认可比特币合法身份的国家。

然而在 2014 年 2 月 8 日，俄罗斯政府宣布全面禁用比特币。我国台湾地区明确禁止比特币流通，我国香港特区政府提示民众注意其风险。比特币在政府监管的干预下曲折前进，交易价格多次波动，2017 年 12 月曾破 2 万美元，却在 2018 年跌至 3135 美元。根据比特币交易网（btctrade. com）的报道，Facebook 于 2019 年 6 月 18 日发布《加密货币项目 Libra 白皮书》，其后的 8

---

① 杨天翔、薛誉华、刘亮：《通用财经系列——网络金融（第二版）》，复旦大学出版社，2015，第 125 – 127 页。

天内，比特币的价格从9000美元上涨至13880美元；至同年7月18日，比特币的价格为9400美元。可见，十年间，比特币的价格可谓突飞猛进，但过程颇为动荡。[①]

二、比特币的交易过程和风险

比特币的交易过程较为抽象，也可能涉及许多一般人感到陌生的概念。简单地说，比特币是在P2P网络通过Proof of Work（工作量证明机制）的Blockchain（区块链）维持运营的。比特币是连续的电子签名的链条，一般通过电子签名来收付。进行比特币交易的前提是须拥有公开密匙和私人密匙。公开密匙和私人密匙都是由数字和符号组成的（计算机内部当然都是以0和1进行组合的）；而地址由27～34个数字和字母组成，是通过许多次的散列（Hash）计算而生成的，但地址并不是像电子邮件那样固定的东西，公开密匙可以产生许多地址。公开密匙、私人密匙和地址都可以通过下载生成程序自己进行制作，但一般都是通过兑换所（也称交易所、交易平台）或电子钱包等服务而获得的。电子钱包是存在于电脑、手机上的在线程序，许多网站都可以注册电子钱包，还可以通过"纸钱包"将私人密钥印刷到纸张上。

在交易过程中，若买家要向卖家进行比特币"汇款"，则买家要知道卖家的地址和比特币交易用的散列，根据交易内容和自己的公开密钥计算出散列，通过买家的私人钥匙将其密码化，构成买家的电子签名。买家添加自己的电子签名，然后发送给维持Blockchain的P2P，注意不是发送给卖家，故此处的"汇款"仅为一种比喻。卖家通过自己的电子钱包登录Blockchain下载自己的余额等数据，将接收到的电子签名与买家的公开密钥进行比对，从而确认"汇款人"的身份。若因黑客攻击、硬盘损坏、灾害等原因丢失了私人钥匙，就无法进行其对应的比特币"汇款"了，也就是说，该密钥下的比特币就永远丢失了，而无恢复的办法。可见，私人密钥对于比特币来说是非常重要的，

① 韩布伟：《区块链——重塑经济的力量》，中国铁道出版社，2016，第10－13页。

但它又非常容易丢失。

此为比特币作为保值资产所面临的风险之一。此外，比特币还存在以下的弊端。

（1）虽然可以追踪比特币的交易，但很难与现实中的个人和企业形成联系；若将个人报酬用比特币来支付，则税务机关可能难以掌握此情况，恐怕会为犯罪、洗钱等不法行为制造温床。

（2）无法确保私人成立的兑换所以及相关服务的信用度。许多人都误以为兑换所是比特币的中介，其实兑换所进行的仅为比特币与美元等法定货币之间的兑换业务，兑换所同样也只是比特币的利用方，而非运营方。媒体上有关兑换所“跑路”或倒闭的报道屡见不鲜，早在2014年，当时世界上最大的比特币交易所Mt. Gox就曾因为遭到黑客的攻击，损失了4.5亿美元，而后由于无法弥补客户的损失而申请了破产保护；2019年6月29日，PlusToken被用户反馈无法提币，涉及资金可能达200多亿元。

（3）与美元、日元等货币的交换价值或交换比率的波动较大。一般来说，资产的价格是由预测未来的价值所决定的，若未来的价值总是在变动，资产价格也会不断发生变化。

（4）美国、日本、瑞士、德国、澳大利亚等国已经或即将出台对虚拟货币的征税规定，使比特币兑换所承担向税务机关披露加密币客户信息的义务，因为比特币的暴涨，早期持有者可能要因此承担千百倍于初始投资额的税款；若未能正确申报或缴税，则可能面临民事责任甚至刑事指控。①

此外，一些不信任本国货币的人利用比特币向国外转移资产，此为比特币的另一大风险。虽然虚拟货币的投资属于个人自由，但在司法实践中，法院倾向于将其认定为不受法律保护的行为。虚拟货币投资一旦发生问题，投资者将面临复杂的维权程序，取证也极为困难，极有可能让血汗钱“打水漂”。

---

① 野口悠纪雄：《虚拟货币革命——比特制只是开始》，邓一多、张蕊译，北方文艺出版社，2017，第17、40、141－142页。

三、有关比特币的法规及政策

尽管比特币存在着种种风险或弊端，但是在技术层面限制比特币是相当困难的。笔者认为，至少在目前一段时间，大多数政府，尤其是传统金融大国的政府，对比特币的态度应该是保守甚至排斥的。

2013 年 11 月，我国高净值人群中出现了较多将资产转移到国外的现象，再加上不动产泡沫经济的增长，放大了产生巨额不良债权的风险。在此背景下，比特币的交易价格暴涨。同年 12 月 3 日，中国人民银行、工业和信息化部、中国证券监督管理委员会（以下简称中国证监会）及中国银行业监督管理委员会、中国保险监督管理委员会①联合发布并实施了《关于防范比特币风险的通知》（银发〔2013〕289 号），第一条规定：虽然比特币被称为“货币”，但由于其不是由货币当局发行，不具有法偿性与强制性等货币属性，并不是真正意义的货币。从性质上看，比特币应当是一种特定的虚拟商品，不具有与货币等同的法律地位，不能且不应作为货币在市场上流通使用。第二条规定：现阶段，各金融机构和支付机构不得以比特币为产品或服务定价，不得买卖或作为中央对手买卖比特币，不得承保与比特币相关的保险业务或将比特币纳入保险责任范围，不得直接或间接为客户提供其他与比特币相关的服务。

尽管上述规定暂时打压了比特币的交易价格，但仍未能解决比特币对金融系统及资产管理业的冲击问题。2017 年 9 月 4 日，中国人民银行联合中央网信办、中国证监会等联合发布并实施了《关于防范代币发行融资风险的公告》，第一条规定：代币发行融资是指融资主体通过代币的违规发售、流通，向投资者筹集比特币、以太币等所谓“虚拟货币”，本质上是一种未经批准非法公开融资的行为，涉嫌非法发售代币票券、非法发行证券以及非法集资、金融诈骗、传销等违法犯罪活动。第二条规定：本公告发布之日起，各类代

① 2018 年成立中国银行保险监督管理委员会。

币发行融资活动应当立即停止。已完成代币发行融资的组织和个人应当做出清退等安排，合理保护投资者权益，妥善处置风险。此后，比特币中国、火币网、OKCoin币行等先后宣布停止所有交易业务。然而，比特币交易活动并未因此而停止，利用境内外比特币差价进行“搬砖套利”的行为仍在网络上被讨论。而司法实践对比特币相关行为的定性和评判，仍未有较明确的指导意见或结论。

结合网络报道，2018年10月10日，国内首例比特币“挖矿机”纠纷案在浙江杭州互联网法院进行网上公开宣判。杭州互联网法院经审理后认为，原告、被告通过互联网以数据电文形式订立的比特币矿机买卖合同依法成立。比特币不具有法偿性与强制性等货币属性，但比特币具有商品属性。该案交易标的物“挖矿机”，是专门用于运算生成比特币的机器设备，本身具有财产属性，我国法律、行政法规并未禁止比特币的生产、持有和合法流转，也未禁止买卖比特币“挖矿机”。故原告主张买卖比特币矿机违法的理由不能成立，案涉合同合法有效。① 此案例打消了社会大众对“比特币还能不能碰”的极端顾虑，一定程度上划清了比特币交易合法与违法之间的界限。

我国未来无疑将强化对比特币的监管，有学者结合日本最新立法实践建议，除推出虚拟货币的强制登记外，还应重点关注交易机构的网络与信息安全技术标准、交易者资金（现金与“虚拟货币”）第三方存管，认真落实反洗钱机制、风险揭示和交易者权益保护等，以推动“虚拟货币”及区块链行业健康发展。②

四、虚拟财产的保护和传承

此问题首先涉及虚拟财产的法律定位问题。《中华人民共和国民法总则》第一百二十七条规定，法律对数据、网络虚拟财产的保护有规定的，依照其

① 李铁柱：《国内首例比特币“挖矿机”纠纷案宣判》，搜狐网，http：//sohu.com/a/258655564_255783，2018年10月10日。

② 邓建鹏：《日本虚拟货币的立法与实践》，《当代金融家》，2017年第9期。

规定。可见虚拟财产依法已成为民事权利的客体，但仅依此规定，虚拟财产似乎仍无归入动产或不动产的根据。这种归类难题使得作为物权之虚拟财产权的种类和内容都难以直接从现行《中华人民共和国物权法》中找到答案，但物权法定原则缓和给虚拟财产的物权定位容留了空间。①

1. 关于虚拟财产的刑事保护

由于现有立法并未明确虚拟财产的法律性质，在我国司法实践中，有的法院以财产罪（盗窃罪、职务侵占罪）处理虚拟财产犯罪案件，有的法院以侵犯通讯自由罪处理，还有的以破坏计算机系统罪处理，做法不一，争议较大。从严格遵循物权法定原则的角度，我国法律并未将虚拟财产归入物权保护范围，对虚拟财产尚未进行专门性的立法规定或有专门的司法解释，故目前不宜适用盗窃罪进行定罪量刑。虚拟财产作为一种财产性利益，其载体（即代码）本身还具有复制性，对其的复制、盗用不必然导致原占有或控制关系的破坏，不符合盗窃罪的客体构成要件。因此，笔者认为应淡化虚拟财产犯罪的财产性，从计算机犯罪角度进行规制。

2. 关于虚拟财产的民事保护

以比特币为例，对于大多数持有者来说，兑换所单方控制供给，持有者不参与生产，兑换所通过合同的方式，把有关比特币使用的成本和收益在市场中自行内化，持有者对比特币的控制高度依赖兑换所。基于此：①对于持有者与兑换所之间的纠纷，经过合同有效性以及格式条款判断后，对于持有者的主要权利是否被兑换所通过格式条款予以排除的问题，在利益衡量原则的指导下，通过合理预期标准进行认定；②对于司法实践中因难以起诉直接侵权或违约的交易对手而转向起诉兑换所的纠纷，可通过合同的附随义务（如安全保障义务）来救济，并通过继续履行的救济方式弥补受损利益；③尽管在网络环境下，持有者起诉交易对手在程序上会有一定困难，但在实体上，仍应肯定持有者享有根据《中华人民共和国侵权责任法》以侵害债权为由起

① 林旭霞：《虚拟财产权研究》，法律出版社，2018，第128页。

诉交易对手的权利。[①]

3. **虚拟财产属于可以传承的财产**

根据《中华人民共和国继承法》第三条规定，遗产是公民死亡时遗留的个人合法财产，包括：①公民的收入；……⑦公民的其他合法财产。我国立法已肯定比特币等所谓“虚拟货币”的财产属性。“虚拟货币”是由持有者使用法定货币，按一定比例直接或间接购买，符合一定条件时，应以法定货币或用户接受的其他方式退还客户，由此可见，其真实财产属性相当明显。[②]

然而，虚拟财产在本质上只是一组保存在服务器上的数字信息，继承的难点在于具体操作。据媒体报道，北京发生过这样一件事，有人向警方报案称自己的比特币被盗窃，警方要求出具评估报告，以证实这些比特币所对应的现金价值，但是没有一家会计师事务所能够出具这样的报告，因而无法立案。若真有虚拟财产要继承，在处置上还是会碰到诸多问题，这类虚拟财产指向的只是网络上的一个账号和密码，那么实际价值到底是多少、如何继承、如何分割，都存在疑问，[③] 但这些都无法否定虚拟财产的传承功能。随着相关技术和法规体系的不断发展和完善，虚拟财产的保护和继承将愈加完善。

最后，笔者建议客户在准备配置虚拟资产前，先向家族办公室等专业机构进行咨询，对于最新的市场行情、操作流程、法律法规、各类风险进行准确评估。

---

① 江波：《虚拟财产司法保护研究》，北京大学出版社，2016，第 54、208 – 210、167 – 168 页。

② 徐家力、陈际红、黄玲：《信息网络与高新技术法律前沿（第 7 卷）（第 3 版）》，上海交通大学出版社，2013，第 36 – 37 页。

③ 肖菁：《人没了比特币还在，能继承吗——杭州这场法学研讨会脑洞大开》，《钱江晚报》，2018 年 4 月 29 日。

03 信托，人类历史上伟大的设计

——浅说信托的前世今生

房树威

一、信托的起源及家族财富信托

（一）信托制度的起源与发展

有史可考的世界上最原始的信托行为起源于数千年前古埃及的“遗嘱托孤”，即公元前2548年古埃及人留下的书面遗嘱：立嘱人指定妻子继承其财产，但财产受益人却是其子，并非其妻，而且其妻的占有或处分，也只能为其子利益进行；另外，立嘱人指定了后期处分遗产的监护人。

古埃及人的这种设计，使遗产处分具备了现代信托制度构架的雏形。这是一种异于前人“谁继承财产谁支配和所有”的通行模式，并为后人创建了一种家族财富保护与传承的崭新形式。这种模式堪称人类财富史上一个伟大的创举。

从成文法角度看，信托是由《罗马法》中“信托遗赠”制度予以确定的。《罗马法》中规定：在按遗嘱划分财产时，可以按遗嘱将财产直接授予继承人；若其无力或无权承受时，可以按被继承人信托指示（遗赠），把财产委托或转让给第三者处理。古罗马这种“信托遗赠”，使信托有了一个概念的外延，并且首次以法律形式公布。

但从操作层面而言，现代信托起源于英国的“尤斯制（Use）”。这种制度的形成，要上溯到13世纪的英国社会。那时英国还处于封建社会时期，国民包括法官普遍信奉基督教，信徒死前习惯把自己的土地捐献给教会。这样的日积月累，使教会土地不断增多。但那时法律规定教会土地及其收入是免征役税的。因此，教会土地财富剧增，就意味着国家役税逐渐减少，这当然影响了国王和封建贵族的利益。于是，当时的英王亨利三世就颁布了《没收条例》，规定凡把土地赠与教会团体的，都须得到国王许可，凡擅自出让或赠与的，土地将被没收。为了规避这一规定，教徒就把原有捐献作了变通。法官为了帮助教会摆脱不利处境，通过"衡平法院"，参照《罗马法》的信托遗赠制度，创造、完善了这个制度。其具体内容是：凡要以土地贡献给教会者，不做让渡，而是先赠与第三者，并表明其赠送目的是维护教会利益，第三者必须把土地上所取得的收益转交给教会。这就是"尤斯制"。

基于此，人们可以利用遗嘱或契约方式，在民商或公益领域为各种合法目的设立信托。由此可见，现代信托的始祖是为了"规避"法律而产生的。

随着封建制度崩溃，资本主义确立市场经济，契约关系成熟，商业信用和货币信用的发展，以及社会财富保护与传承方式的多样化发展等，"尤斯制"也逐渐演变为现代信托。这个变化和完善的过程又是由美国完成的。

19世纪初，当现代信托制度传入美国后，与在英国一样，最初也是由个人从事执行遗嘱和管理财产等民事信托业务。但为了集中资本，以盈利为目的的金融信托公司随之产生。由此，美国最早完成了个人信托向法人信托、民事信托向商事信托的转移。而且，美国至今仍是信托业最发达的国家。无论是资产规模、产品形式，或是完善的监管体系，美国信托业都处于世界领先地位。在美国现行金融体系中，信托机构与商业银行享有同等地位。从资产拥有情况看，美国的信托资产、银行资产和保险资产三分天下。

由以上信托产生、演变的大概情况可知，信托起源于英国中世纪，是土地所有人将土地交付他人占有、使用，但同时约定土地收益应交给原所有人指定的受益者的一种法律制度；到了16世纪，则指财产所有人把财产交给受托人占有、处分等，但同时约定所得收益需要交给特定的人或用于实现特定目的的一种法律制度。

（二）家族财富信托的特点、作用

因为现代信托涉及的资产，使占有处分人与资产收益人相分离，以避免收益人管理处分信托财产的能力不足，所以，从某种程度来说，如果家族财富缺少信托这个设计，许多家族都难逃“富不过三代”的厄运。现在，信托在欧美国家的富裕家庭中广泛使用，在国内也逐步展开，这说明家族财富信托有很强的生命力，能有效防止财产贬值、流失。

经分析可知，家族财富信托有以下特点或作用。

1. 委托人应对有关财产享有所有权、支配权

这是成立信托关系的前提，只有这样，受托人才能接受这项信托，替代委托人行使财产上的法定权利。

2. 信托财产具有独立性，其权利主体与利益主体相分离

信托一旦设立，其财产就独立于委托人其他财产以及受托人的自有资产，并独立于其他信托财产，既不受受托人其他财产状况影响，也不作为受托人的破产财产。因此，信托财产的独立性，决定了信托可以作为一种财产安全的管理方式，能使有关财产与其他财产安全隔离。

因为家族信托也属信托业务范围，信托财产是独立于委托人和信托公司的，所以即使委托人或者信托公司有债务问题，信托财产也不受债权人的追索，不能被司法查封冻结，不能被列入破产清算。信托财产具有切断、隔离原有经济和法律风险的功能。这也成为家族财富管理人员对其青睐的根本原因之一。

3. 信托具有特定目的

信托可以理解为委托人将信托财产交给了信托管理人，后者虽然取得了所有权，却不享有为自己的利益或按自己的意志来支配财产的权利，只是为了委托人或其指定的其他人利益服务。

4. 信托涉及多边经济关系、法律关系

信托行为一般涉及三方面经济关系人，即委托人、受托人和受益人。至于受益人范围或人数，也由委托人自行设定。

因此，信托是以信任为基础的财产管理制度，其法律构成要件有：①信托委托人，即基于不违法的目的，将财产交付他人占有、管理或处分；②信托受托人，即接受他人委托，不为自己利益而占有、管理或处分他人财产；③信托受益人，即虽不占有、管理财产，但却有权获得该财产收益；④有信托财产。

5. 信托按经营的实际效果计算收益

信托利益的分配、损益计算遵循实绩原则。受托人按委托人要求对财产进行经营管理，收益归受益人所有，亏损也由受益人负担，受托人不承担无过失的损失风险。

6. 充分体现委托人意愿，具有连续性

委托人可以自主决定信托的期限以及条件，还可以决定和改变受益人人选。信托资产可以是现金，也可以是公司的股权，还可以是金融资产。因此，对于高净值人士来讲，完全可用信托的方式，进行财富传承。

而且，如果子女不成器或无能力管理家族财富，财富家族可通过设立信托基金，让专业人士以职业机制对家族企业继续经营，也可以让子女后代不因无能而衣食无着。

7. 高度私密

家族信托的委托人、受益人信息是严格保密的，除非涉及违法犯罪行为而被司法机关调查，否则信托公司不能披露其中任何信息，这与储蓄相似。这样的设计可以将财产隐名传承给特定的家族成员，避免某些关系复杂的家族因此产生混乱。

（三）家族信托的风险

1. 受益人身份认定风险

家族信托必须明确委托人和受益人之间的关系，如果二者是近亲很简单，只要提供相关证明即可；但是如果二者没有血缘关系，就要考虑是否会被认为是洗钱和非法转移资产，因此，委托人需要证明财产来源和归属都是合法的，这样才能推定受益行为也是合法的。

2. 受益条款的设计风险

受益人如果不能清偿到期债务，那么他的信托受益权是可以还债的。因此，在制订信托合同时，关于受益权转让、继承和清偿条款的设定很重要，可以明确界定。

3. 委托人的债务风险

虽然信托财产独立于委托人，但是如果委托人设立的信托占据他个人财产很大一部分，当委托人有很多外部负债时，债权人则可以请求撤销信托。如果出现这种情况，信托公司就可能要承担赔偿责任。

二、信托制度在我国经济及法制架构中的现状

我国信托制度是20世纪初从国外引入的。我国信托业的真正发展是在20世纪70年代末期。为了适应社会融资和资金需求多样化，1979年10月，国务院批准成立我国第一家信托机构——中国国际信托投资公司。它的成立标志着我国现代信托进入新阶段、新发展。

2001年4月28日通过、2001年10月1日施行的《中华人民共和国信托法》（以下简称《信托法》），则从法律层面确立了我国的信托制度。该法确立了信托财产的独立性原则、公平原则、继承原则、利益冲突防范等原则，并明确规定受托人在信托关系中，享有信托财产的管理权。对受托人这一法律地位的界定虽然有别于欧美国家，但从本质上仍体现了信托的经济及法律特征——为受益人服务，因此也相当重要。

2003年12月27日，第十届全国人民代表大会常务委员会第六次会议修正了《中华人民共和国银行业监督管理法》，规定对信托投资公司等进行行政监管制度。

与之配套是2007年3月1日施行的《信托投资公司资金信托管理暂行办法》，以及同日施行的《信托公司管理办法》等。这些规定的相继出台，表明信托制度正在我国逐步建立。

我国《信托法》第二条规定的信托，是指“委托人基于对受托人的信任，

将其财产权委托给受托人，由受托人按委托人的意愿以自己的名义，为受益人的利益或者特定目的，进行管理或者处分的行为”。因此，一方面，我国信托关系中，委托人与受托人之间虽有委托合同，但受托人是以自己名义对受托财产权进行管理和处分，这点与《中华人民共和国合同法》中的委托合同不同；另一方面，该行为不涉及财产所有权转移，这一点与英国《信托法》相关规定也明显不同。

虽然我国《信托法》中受托人管理或处分涉及的财产，从权属角度来说，并没有完全做到与委托人独立，但是如果存在信托关系，其涉及的财产，则受《信托法》这个特别法规范。这点在家族财富保护与传承中，特别有用。而且有关司法实践也已贯彻了信托财产是独立于其他任何财产的立法理念，这弥足珍贵。

另外，我国《慈善信托管理办法》第二条规定的“本办法所称慈善信托属于公益信托，是指委托人基于慈善目的，依法将其财产委托给受托人，由受托人按照委托人意愿以受托人名义进行管理和处分，开展慈善活动的行为”，也同样贯彻了上述《信托法》的理念，即不转移信托财产所有权，但仍为委托人服务。所以，在我国，采用信托处理家族财富，并不违法。

三、我国信托业现状

（一）家族信托案例

改革开放40余年，很多民营企业积累了巨额财富。目前很多创业者已步入老年，财富的保护与传承已有燃眉之虞。一些高净值人士已经采用包括信托的方式来处理家族财富，但由于它的私密性和国人拒绝露富的心态，公布于世的家族信托案例并不多见，但从已知的案例来看，其操作特点与欧美国家相似。

1. 吴亚军、蔡奎家族信托案

2012年11月20日，有关方面披露了上市公司龙湖地产董事会主席、中国女首富吴亚军的离婚案。但细观本案可以认为，它为中国家族企业利用信托设计处理身份变化的同类事件，提供了一个样本。此案中当事人公司的市值、股价，未因当事人身份变化（离婚）而发生较大变化。其案前基本操作虽然较复杂，但根据需要也是完全可以模仿的。此处不做赘述，有兴趣读者可以另行探寻学习。

该案例的实质意义在于：如果有妥当的信托架构，即使婚姻当事人身份性质发生变化，公司股权最终也要通过家族信托基金进行处理。这在一定意义上保障了公司关键股东的经济或法律行动的一致性，避免巨额财产拆分贬损，或公司运转因当事人非理智行为而陷入僵局。

2. 潘石屹、张欣的家族信托

SOHO 中国为了能在海外上市，于 2002 年搭建了红筹架构。其具体方式如下。

（1）潘、张二人通过私人公司控制 SOHO 中国有限公司（Cayman Islands）股权。

（2）SOHO 中国有限公司（Cayman Islands）设立了 7 家 BVI 公司，控制其境内 7 家地产项目公司，潘、张二人对 7 家所涉公司股份控制额合计达到 94.78%。

（3）2005 年 11 月 14 日，潘石屹将其在 Boyce 有限公司（BVI）和 Capevale 有限公司（BVI）的全部股份以馈赠方式转让给张欣。

（4）张欣把 Boyce 有限公司（BVI）及 Capevale 有限公司（BVI）的全部股份转让给 Capevale 有限公司（Cayman Islands），此公司系为成立信托而专门注册的。

（5）此后，张欣把 Capevale 有限公司（Cayman Islands）的全部股份授予汇丰信托。该笔信托属于私人信托。张欣在信托条款中设计了信托财产不可撤销，而她是该笔信托的委托人、监督保护人及全部受益人。

这样一番运作后，潘、张二人实现了资产外转和继续对 SOHO 中国有限公司的控制。

3. **李嘉诚的家族信托**

李嘉诚是通过设立私人信托公司和信托基金来处理家族财富的。私人信托公司和信托基金分别持有旗下公司股份，并对每个信托基金指定了受益人，而且信托关系的层级也有不同，但又不失对有关企业的实际控制。

以上三例反映了家族信托形式多样，能较好地满足当事人的个性化要求。

（二）我国信托产品特点

由上可知，创建信托的最初目的是使家族财富得到有效保护、不减损，并顺利传承。但因为美国深度开发信托产品，将其作为融资理财方式推向市场，而真正切合本意的家族信托案例又不被大众知晓，所以，现在被大众所熟知的却是银行的理财信托。

随着经济发展和金融市场的不断开放，我国银行研发销售的金融理财产品也日益丰富，其中就有理财信托。这类产品除了具有上述信托的一般特征外，还有以下特点。

1. **发行条件及安全性高**

信托项目前期都须做尽职调查，披露信息要客观公正，风险管理方式要明晰，并须经中国银行保险监督管理委员会（以下简称银保监会）审批才可以市面发行，项目运作须受《信托法》规范。

2. **收益高、较稳定**

经济形势较好时，投资信托者年化率收益高时能达到约11%以上，即使2013年全国经济收益下滑时，信托的年化收益率也仍在8.5%～11.5%。

3. **门槛较高**

信托项目门槛较高，分100万元、300万元两个档次，300万元可以自由选择产品，但对100万元的，银保监会规定的名额较少。

4. **投资方式、经营方式灵活，适应性强，体现了信托融资功能**

信托可以横跨货币、资本和实业三大领域，以股权、贷款等多种形式灵活运作，这是其他金融机构、金融产品不能比拟的。信托制度上的这一优势，也是这些年信托业能迅速发展的重要原因之一。

5. **费用较低**

一般无认购费，相关管理费、税费在收益分配前扣除，不影响预期收益。

四、结语

信托业在我国是新兴行业，社会对它的认知程度远远不及银行业、证券业、保险业。另外，由于传统观念影响，中国人的储蓄信条决定了宣传信托知识是一个必要的、长期的过程。目前，在高净值人士中大额保单能够较好地销售，也说明这种有储蓄保值功能的保险产品，符合人们的心理期待。

这是信托业的现状，家族财富信托更是如此。但信托的先天优势不可比拟。调查发现，自 2007 年起，我国信托实务才走上正轨，由“歇业”触底反弹，并在 2009 年后有了转机。2009—2012 年，环比增速超过 50%，2009 年更是高达 65%。催化这种爆发式增长的原因是多方面的，但与银行理财产品形式、家族财富积累都有直接关系。只要有志之士深耕细耘，信托业的市场将是非常广阔的，相信最终能与银行业等并驾齐驱，共同服务资本市场、服务大众。

因此，如果家族办公室认真研究信托产品，诚信履职，并结合高净值人士的财富传承需求，针对性地介绍和推荐信托产品，也会获得较好的收益。

04　高净值客户债务隔离之良策

——家族信托与大额保单

严寒冰

俗话说，“名利危中来，富贵险中求”。高净值客户一般经常从事商业活动，有比普通人更大的机率遭遇潜在债权人的追索。因此，提前充分地准备债务隔离事宜，设置“防火墙”，并将部分资产装入“保险箱”中，使其不再属于可通过民事诉讼用于强制抵债的财产范围，是家族办公室为高净值客户提供的资产保护服务的重要内容。

一、传统的债务隔离方法的弊端

为何强调要提前准备债务隔离？因为一旦债权人提起民事诉讼程序，其可能申请诉前财产保全或诉讼财产保全，导致相应财产被迅速查封、扣押、冻结，从而实际丧失对该财产的处分权。根据《中华人民共和国民事诉讼法》（以下简称《民事诉讼法》）第一百一十一条，隐藏、转移、变卖、毁损已被查封、扣押的财产，转移已被冻结的财产，拒不履行法院已经发生法律效力的判决、裁定的，法院可以根据情节轻重予以罚款、拘留。根据《最高人民法院、最高人民检察院、公安部关于依法严肃查处拒不执行判决裁定和暴力抗拒法院执行犯罪行为有关问题的通知》第一条，被执行人隐藏、转移、故意毁损财产或者无偿转让财产，以明显不合理的低价转让财产，致使判决、裁定无法执行的，依照《中华人民共和国刑法》第三百一十三条，以拒不执行判决、裁定罪论处。因此，必须在潜在的诉讼到来之前，完成高净值客户债务隔离安排。

那么，如果将自己的财产登记在他人的名下，是否就能高枕无忧了呢?有的人觉得自己有“吃官司的隐患”，就选择把重要的财产登记或转移到自己的亲属名下。然而，即使你找到了值得“托付财产”的亲属，此举仅能算是暂时“逃避”了债务追索，而不能说是债务隔离。如果将来亲属过世，该财产可能作为遗产被他人所分割，自己将蒙受损失；如果到时将财产重归自己名下，根据《民事诉讼法》第二百五十四条，“法院依法采取该法规定的执行措施后，被执行人仍不能偿还债务的，应当继续履行义务；债权人发现被执行人有其他财产的，可以随时请求法院执行”，债权人到时可申请恢复执行。就算经过了很长的岁月，债权人和债务人都过世了，债权人的继承人仍有权向债务人的继承人追索债务。

还有的人选择让亲属以外的人代持自己的财产，以求达到债务隔离的目的。这种代持行为，在股权投资领域较为常见；但相比亲属代持，发生道德风险的可能性更大，监督责任也更重。以股权代持为例，股权代持又称委托持股、隐名投资或假名出资，是指实际出资人与他人约定，以他人名义代实际出资人履行股东权利义务的一种股权或股份处置方式。在实务中，挂名的股东被称为“显名股东”，实际出资人被称为“隐名股东”。

然而，即使有完善的合同条款约定，隐名股东（实际出资人）仍处于较为弱势的地位。实践中时有发生显名股东未经隐名股东授权擅自行使表决权、损害隐名股东权益的事例。显名股东在外在形式上具有完全的股权，其他人有理由相信其为公司股东。如果显名股东隐藏自己的真实身份，将名下的股份进行转让、抵押或其他方式处分，相对人很难知道被处分的股权是有瑕疵的。如果交易相对人对权利瑕疵不知情，出于保护交易安全考虑适用善意取得制度，该交易就是有效的。在此情况下，隐名股东只能找显名股东赔偿。此外，如果代持关系被公开披露或被债权人所了解，被代持的财产仍有可能被强制执行。①

由此可见，上述目前在我国使用较为普遍的所谓的“避债”方法，难以真正长久、有效地实现债务隔离。因此，从国外引入先进的财富管理工具，来合法地保障自己及亲属，避免遭到潜在债权人的追索是很有必要的。尤其在英美法律系统下，债务人从几个世纪前，就开始运用其制度中比较传统的策略来保护资产免受债权人的侵害，而后来兴起的“资产保全”，作为一种风险管理计划，是对这些策略进行整理和优化后在营销中提出的“新”概念，将一个特定的实践领域出售给富有的客户，以此来领先债权人一步，或阻止潜在的诉讼发生，或减轻对潜在的“掠夺性原告”的恐惧，或为客户提供最有利的解决方案。将这些西方的财富管理工具适用于我国的高净值客户，需要结合我国的法律制度和司法实践进行。同时，债务隔离始终充满动态变化，没有一个解决方案能被广泛接受，必须结合每一个客户的情况，创新地探索适用于其自身的规划策略。而且，法律也在快速改变，即使在大范围内适用的策略也可能会失效。

此处需要强调的是，笔者反对任何形式的专门以恶意避债或避税为目的而设计的财产筹划。债务隔离仅是风险管理的组成部分之一，资产保全的重点在于风险管理，而非逃避债务；不是要保护一个没有生命力的对象免受债权人的侵害，而是在较长的时间里保护财产不会在大量不可预见的情况下受到损失。人们往往在本来能够赚钱的时候被卷入诉讼，即使胜诉，也不能算是胜利，因为他们没有办法集中精力去挣钱——简单地说，他们在本可以获得1元钱的时候，却在争夺1角硬币。资产保全的目的不是保护某项资产，而是在诉讼之后能最大限度地保留住财富，让被告很快地摆脱或远离诉讼，从而实现有效管理，让客户可以用宝贵的时间来赚钱。②

本文所述的债务隔离方法或策略，是作为以客户家族财产的整体状况为分析基础的财富管理方案的一部分而存在的，这种财富管理方案应是合法、

① 年青、年鹤童：《法商之道——企业家法律风险防范36计》，清华大学出版社，2018，第75页。

② 杰伊·D. 阿基森、克里斯托弗·M. 赖泽：《资产保全——概念与战略》，中国人民大学出版社，2008，第3-11页。

长效、周到的，以家族财富的保值和传承为主要目的，债务隔离只是其中的附带功能之一。

二、搭建家族信托进行债务隔离的依据和方法

家族信托是一种信托机构受个人或家族的委托，代为管理、处置委托人财产的资产配置方式。一个标准化的家族信托主要由以下模块组成：委托人和受托人、设立信托的目的、信托财产的来源、信托的期限和规模、受益人的选择、信托财产的管理、运用方式、决策流程、收益结构和分配、信托费用的计提方法与分担方式、信托运作的监督。受托人按委托人的意愿，以受托人名义，针对不同的需求，设计不同的家族信托。

《中华人民共和国信托法》（以下简称《信托法》）第十五条规定，信托财产与委托人未设立信托的其他财产相区别。设立信托后，委托人死亡或者依法解散、被依法撤销、被宣告破产时，委托人是唯一受益人的，信托终止，信托财产作为其遗产或者清算财产；委托人不是唯一受益人的，信托存续，信托财产不作为其遗产或者清算财产；但作为共同受益人的委托人死亡或者依法解散、被依法撤销、被宣告破产时，其信托受益权作为其遗产或者清算财产。

《信托法》第十六条规定，信托财产与属于受托人所有的财产（以下简称固有财产）相区别，不得归入受托人的固有财产或者成为固有财产的一部分。受托人死亡或者依法解散、被依法撤销、被宣告破产而终止，信托财产不属于其遗产或者清算财产。

《信托法》第十七条进一步规定，除因下列情形之一外，对信托财产不得强制执行：①设立信托前债权人已对该信托财产享有优先受偿的权利，并依法行使该权利的；②受托人处理信托事务所产生债务，债权人要求清偿该债务的；③信托财产本身应担负的税款；④法律规定的其他情形。

以上规定意味着，一旦资产被装入信托计划中，即使被追债、破产，信托计划中的财产也是无法被追缴的，因为这些财产已经不属于委托人或受托

人，而是属于这个信托，财产的权属发生了转移，但财产的受益人还是家族的。这也是信托债务隔离功能的依据。①

然而，家族信托的首要目的为家族财产的保值增值及永续传承，并非仅为债务隔离而设计。家族信托一般采用不可撤销信托的形式，即一经签署便不能更改或撤销，但这种不可撤销也不是绝对的，在个别特定的情况下，信托协议可以更改。不可撤销信托的形式，使信托资产的长期投资有确定的最终截止日，使信托机构能更好、更稳健地安排信托计划，也能防止信托机构为了追求短期内的高额收益率而采取更加冒险的方式增加亏损的风险；同时，不可撤销信托更加明确了家族成员的利益分配，有助于尽可能地避免遗产争夺。

由于长期以来，我国信托业管理法规是以资金信托（主要是融资业务）为中心构建的，信托公司缺乏非现金财产（如股权、房产等）管理的经验，且目前我国关于家族信托的法律制度仍较为原则性，司法实践对其债务隔离作用的预判有较大的不确定性，对于我国的高净值客户而言，为了实现稳定的预期，在搭建家族信托构架时，往往倾向于财富所有权和实际控制权的地域性隔离，即先在海外注册一个公司（即离岸公司），在设立信托前，须完成该离岸公司对国内资产的实际控制，再将该海外公司的财产转让给信托公司。

例如，在吴亚军、蔡奎家族信托中，对境内资产龙湖地产的实际控制由注册在英属维尔京群岛的两家公司实施；潘石屹、张欣家族信托中，对国内资产的实际控制由注册在开曼群岛上的公司实施。这种实际控制均以股权形式体现，即运用离岸公司的一系列股权运作手段，达到资产转移和国内资产实际控制的双重目的。这样操作，由于实现了资产所有权在地域上的隔离，在一定意义上保证了财产的安全，通常还可以弥补国内信托的不足，具有更好的私密性和更完善的法律体系保障。②

---

① 冀田：《家庭投资与家族办公室——通往财富自由和家族传承之路》，上海：远东出版社，2017，第221－222页。

② 英大国际信托有限责任公司课题组：《家族信托——财富传承的奥秘》，经济管理出版社，2015，第114、70页。

三、大额保单的债务隔离功能的理解与筹划

在我国，保险合同一般分为财产保险合同和人身保险合同两类：财产保险合同是以财产或利益为保险标的的保险合同；人身保险合同是以自然人的生命和身体为保险标的的保险合同。大额保单就属于人身保险合同的一种，通常是保险费或保险金额较大的人寿保险合同。人寿保险是人身保险的一种，指以被保险人在保险期限内死亡、伤残或在保险期限届满时仍生存为给付保险金条件的保险。①

根据《中华人民共和国合同法》（以下简称《合同法》）第七十三条第一款的规定，因债务人怠于行使其到期债权，对债权人造成损害的，债权人可以向人民法院请求以自己的名义代位行使债务人的债权，但该债权专属于债务人自身的除外。根据《最高人民法院关于适用〈中华人民共和国合同法〉若干问题的解释（一）》第十二条，《合同法》第七十三条第一款规定的专属于债务人自身的债权，是指基于扶养关系、赡养关系、继承关系产生的给付请求权和劳动报酬、退休金、养老金、抚恤金、安置费、人寿保险、人身伤害赔偿请求权等权利。由此可见，大额保单的赔偿金可以对抗债权人的代位权。

根据《最高人民法院关于保险金能否作为被保险人遗产的批复》第一条，人身保险金能否列入被保险人的遗产，取决于被保险人是否指定了受益人。指定了受益人的，被保险人死亡后，其人身保险金应付给受益人；未指定受益人的，被保险人死亡后，其人身保险金应作为遗产处理，可以用来清偿债务或者赔偿。由此可见，如果保险有明确指定受益人，则保险金不作为被保险人的遗产分配，可以直接对抗被保险人的债权人的追索。

大额保单被强制执行的内容是其现金价值，但只有在保险合同解除时，保险公司可能才有义务支付保单的现金价值。《中华人民共和国保险法》（以

① 李昌道：《外滩金融创新试验区法律研究（2017年版）》，中国金融出版社，2017，第228页。

下简称《保险法》）第十五条规定，除本法另有规定或者保险合同另有约定外，保险合同成立后，投保人可以解除合同，保险人不得解除合同。另根据《最高人民法院关于适用〈中华人民共和国保险法〉若干问题的解释（三）》第十七条规定，投保人解除保险合同，当事人以其解除合同未经被保险人或者受益人同意为由主张解除行为无效的，法院不予支持，但被保险人或者受益人已向投保人支付相当于保险单现金价值的款项并通知保险人的除外。也就是说，除法定解除权外，只有投保人有保险合同的单方解除权；而投保人的单方解除权也受到一定的限制。

若遇到法院的强制执行，在投保人不主动配合办理退保手续的情况下，能否直接对保单的现金价值进行强制执行，最高人民法院目前仍无统一的司法解释，各地法院判决的观点不一。笔者认为，《民事诉讼法》属于程序法、公法，"法无授权不可为"，在目前《保险法》及其司法解释的限制下，执行法院未经投保人同意，不得强行提取被执行人及其家族成员所投保的保单的现金价值。此为大额保单债务隔离功能的另一依据。

在实践中，如何利用大额保单实现债务的相对隔离，并无标准的方法可循。常见的有：①将财产赠与负债可能性很低的人，比如工薪阶层的较年长的亲属，由其作为投保人，并由投保人订立附条件的遗嘱或遗赠，对投保人死亡后保单的现金价值分配进行安排，将权益回流至最初的赠与人。②购买低现金价值的保险。尤其在海外，有的终身寿险在成立几十年后，现金价值也可能仅为保费的一半。而在面对债务时，如果被保险人或受益人等保单相关利益人已向投保人支付现金价值作为对价并通知保险人，保险合同是很难被强制解除的。相关利益人即能以较小的代价来换取保单的存续。③利用各个国家或地区之间的法律差别，灵活地进行保单筹划。因为在不同司法系统下，保单的保密性更好。若发生纠纷，债权人要通过国际诉讼来执行保单，面临法律理解障碍，且难度大、成本高。[1]

需要强调的是，大额保单并无任何非法规避债务的作用，且其债务隔离

① 曾祥霞、贾明军、刘长坤、陈云：《大额保单操作实务》，法律出版社，2017，第92－95页。

功能并不是绝对的，只是依据以保险合同为中心的各种法律关系，将财产在投保人、被保险人和受益人之间进行了合理、合法的流转，从而达到资产保全的目的。如果没有发生上述的流转，比如投保人就是受益人的纯理财型的保单；或者因为设计的失误，流转向不理想的方向，比如保单权益通过意外发生的法定继承回到债务风险较大的投保人手中，又如受益人的变更由于未履行通知保险人并征得保险人同意的手续而无效，导致保险金变成投保人的遗产等情形，都将会导致大额保单不能起到债务隔离的作用。

四、结语

业界有云："如果你有千万资产，私人银行找你；如果你有亿万资产，家族办公室找你。"随着我国高净值人士及其拥有财富的增加，家族信托和大额保单作为一种财富管理方式，对相关服务对象的入门资产标准也逐渐提高。鉴于债务隔离等资产保全方案的专业性、个性化、复杂性、创新性、持续性，建议有相应需求的客户切勿盲目或在"一知半解"的情况下操作，应在咨询家族办公室或相关机构的专业人员的前提下谨慎而稳妥地进行。

05 保险在财富管理中的作用

綦茹　陈朝晖

人类社会很早就面临自然灾害和意外事故的困扰，在与大自然的抗争中，古代的人们就萌生了应对灾害事故的保险思想和原始形态的保险方法。近年来，随着改革开放的深入，我国经济飞速发展，很多家庭从“钱不够花”的短缺时代迈入了“钱花不完”的过剩时代，加上保险市场的开放以及保险种类、方式的多样化，保险在财富规划中发挥着越来越大的作用。

保险是指以集中起来的保险费建立保险基金，用于补偿被保险人因自然灾害或意外事故所遭受的损失，或对个人死亡、伤残、疾病或者在达到合同约定的年龄、期限时，承诺给付保险金责任的商业行为。保险作为一种保障机制，将个体对应风险转化为共同对应风险，以提高对风险造成损失的承受能力，支撑了社会保障体系和金融体系的平稳运行。

保险主要分为两种：财产保险和人身保险。财产保险是以财产或利益为保险标的的保险。简单来说，财产保险就是投保人向保险人缴付保费，根据合同约定，所承保的财产一旦因为自然灾害或者意外事故遭受损失，保险人就当履行赔偿保险金的义务。财产毁损灭失当然会造成财富的减少，购买保险就能够分散或化解财产毁损灭失给被保险人造成的财产损失和财富缩水。人身保险是以人的身体和生命为保险标的，也就是说当被保险人的生命或者身体遭遇保险事故或在保险期满时，按照合同约定，保险人就要向被保险人或者受益人赔付保险金。

无论是人身保险还是财产保险，都有防范风险和意外保障的功能，此外，保险还有投资理财的功能。理财保险，是集保险保障及投资功能于一身的新型保险产品，属人寿保险的新险种。在投资理财方面，相较于储蓄、买房、存金等理财方式，保险的优势在于它可以提供全面的风险保障，收益的计算对投资者有利，还具有规避司法执行的特点。理财保险不仅能获得收益还能得到保障，只要做好了合理的规划，一般不会出现亏损的情况。

保险在财富管理中发挥的具体作用，体现在如下方面。

一、保险在特定情况下能够规避债务的强制执行

《中华人民共和国保险法》（以下简称《保险法》）第二十三条规定："任何单位和个人不得非法干预保险人履行赔偿或者给付保险金义务，也不得限制被保险人或者受益人取得保险金的权利。"也就是说，被保险人或受益人收取保险金是受法律保护的，不用于清偿保险人的债务。若保险人陷入经济纠纷面临履行债务的司法强制执行时，只要没有证据证明保险合同无效或者资金来源有问题，法院是无权强制处理保单的。但是如果涉及刑事犯罪，法院一样可以冻结、扣押、查封涉案人的保单。

目前，中国的高净值人士首要财富目标已从"创造更多财富"转向"财富保障"。而保险作为成熟的财富保障工具，得到了更加广泛的应用。

当然，还有很多人没有意识到保险的"避债"功能。当年小马奔腾公司创始人李明突然离世，其妻金燕对李明对赌失败的结果要承担 2 亿元的连带清偿责任。除了个人资产和家庭资产与企业资产混同、股权设置不合理等因素以外，这个案例也体现了当事人缺乏用保单资产配置来隔离风险的意识。如果他在世时为妻子或孩子买一份指定受益人的保险，那么妻子或许不至遭遇如此困境。

保险作为一种资产保全工具，是具备一定的对抗债务能力的，但值得注意的是：只有指定受益人的寿险保单，才不被当作《中华人民共和国继承法》（以下简称《继承法》）里的遗产处理，不用于偿还债务。一旦出现保单没有

指定受益人或者受益人死亡的情况，保单就不能作为“避债”之用了，就会被司法强制执行以偿还债务。

二、保险单能质押融资

在资金周转出现困难时，如果投资人购买了保险，可以用保险单质押融资，以缓解资金压力。例如，李某的家人得了重病，医疗费怎么也凑不够，而李某具有分红性质的保单也到了该交保费的时候，为了解决当前的困境，李某只好决定保费不交了，还想退保用于缴纳医疗费，即使退保要承担损失。但是，李某不知道的是他其实是有其他选择的，不仅不用退保，还能解决燃眉之急，就是用保单质押贷款。退保会损失不少钱，而用保单质押贷款不仅能让他继续享有保险收益，还能得到用于临时周转的资金以解决当时的困境，这就是保单的质押融资功能的优势所在。

保单质押贷款就是投保人在遭遇资金周转困难时，可以将保单直接质押给保险公司，投保人就能按照保单的现金价值得到一定比例的资金，这笔资金可用于解决家庭或企业的资金周转问题。保单质押贷款有诸多优点，集中体现在以下方面：①贷款方式简单方便，只需要投保人持身份证原件和有效保单就可以到保险公司去办理；②不需要提供其他担保物，也不用进行价值评估；③放款的时间和额度在规定的范围内可以由投保人自行决定，而且投保人如果提前还款，只需要付实际贷款期限的利息，因为贷款的利息是精确到天的；④在贷款期间，保险的功能并不会受到影响。比如有意外理赔功能的保险，在贷款期间被保险人发生意外的仍然可以向保险公司索赔。而对于保险公司来说，这种保险业务可以稳定经营，减少退保，增加投资收益；此外还能实现金融创新，满足消费者需求，提高市场占有率，是一种实现双赢的财富管理方式。

但在用保单进行质押融资时要注意如下问题：一是只有具有现金价值的保单才可以质押贷款，可以申请贷款的是那些具有储蓄性质的分红保险、寿险以及养老保险，而像医疗险、健康险和意外险等没有现金价值的保单不可以申请质押贷款。二是贷款的期限和额度有限制。用保单进行质押贷款并不是想贷多久就能贷多久，想贷多少就能贷多少的。保单质押贷款是保险公司为满足投保人的资金需求而开办的短期贷业务，保险公司一般规定保单质押贷款期限为6个月，贷款额度最高不得超过保单现金价值的80%，而且保单质押贷款同样需要支付一定的利息。

三、保险能降低股东离婚对企业资产的影响

当前我国很多投资者创办的企业还停留在家族企业阶段，与所有者和经营者分离的现代企业制度仍有很大差距：在家族企业中，家庭成员既是亲属关系、股东关系、社员关系，也是企业成员关系。企业的控股股东既是企业的投资者，又是夫妻共同财产的一方所有者，还是家族成员或其他企业成员的亲属和家族企业重要岗位的负责人。所以，家族企业的兴衰成败与家族成员的关系息息相关，一旦家族成员的婚姻出现状况，企业的平行治理就会失调。

我们所熟知的土豆网创始人王微与前妻的离婚案中，王微须将自己38%的股权与前妻进行分割，在离婚诉讼期间，王微的前妻申请冻结土豆股份有限公司95%的股权，而在此之前土豆刚刚赴美国递交上市申请，由于股权被冻结，上市被搁置了半年多，从而错失了最好时机。股权分割使土豆股份有限公司在与优酷股份有限公司的市场竞争中失败，最终土豆被优酷收购。由此可见，离婚对企业的影响主要体现在财产分割上。特别是对高净值人士而言，夫妻共同财产往往数额较大，资产又呈现多样化的特点，一旦离婚，就会使财富缩水或者外流。特别是股权的分割，离婚案件中，股权如果被认定为夫妻共同财产就要进行分割，可能导致企业控制权和经营权易主，甚至导致公司退出市场。另外，还有一些企业家会将股权赠与自己的子女，虽然股权是子女的个人财产，但是子女一旦结婚，婚后股权所得的股息以及配股就属于夫妻共同财产。

根据近几年发布的私人财富报告，我国有一半以上的高净值人士为自己

购买保险以规避离婚可能带来的法律风险：财富所有人在婚前或者婚内协议中添加人寿保险的内容，特别是对于家族企业的企业管理者或者法定继承人而言，大额的人寿保险就是与配偶“股权对冲”的工具，因为人寿保险的契约精神是投保人及受益人的保护伞，它能使保额及保单里的现金价值不被第三方随意侵占。这样，一部分现金或可变资产就能以人寿保险的形态保存，一旦出现离婚的状况，可以规避财富传承的法律风险。例如，一个女企业家创业成功后结婚，其夫有一个六岁的儿子，在这段婚姻存续期间，女企业家在原有企业的基础上开设了两家分公司，后来，其夫去世，继子要求与女企业家分割财产，最终的结果是继子分得了公司的股权。所以，财富的所有人如果不便在婚前或者婚内协议中明确夫妻财产的约定，那么通过购买保险的方式管理财产，也能有效地规避离婚对企业或股权所造成的风险。

四、保险能传承财富

对于高净值人士来说，如果发生突发的意外情况，会担心给家人留下的钱是否充足，资产状况是否安全，孩子必要的教育费用是否充足，子女之间会不会有争夺遗产的纠纷……

这时候，一份适合自己的保险就能让我们以较低的成本、较少的纠纷将财富传承给下一代。保险在财富传承中具有明显的优势：由于我国关于保险的相关法律体系比较完善，保险公司提供多元化的保险产品，不仅能满足人们的需求，而且还有较强的针对性。具体来说，保险能够明确被继承人的传承意图，并且可以决定传承时间、对象等来保障财富的安全性，避免纷争；同时，还能以不予公开查询的方式将资产转移到受益人名下，有效地保护了隐私，避免了继承人之间因为相互比较而引发的家庭矛盾。除此之外，受益的保险金还不受债权人的追索，为财富的保障和传承提供了较大的支持。例如，某企业家晚年要将资产分给两个儿子，其中有一幅价值 1000 万元的字画和一栋房子。字画如果分割，价值将会大幅度缩水，此时，大儿子愿意要房子，二儿子愿意要钱，两人无法达成一致且双方互不相让，这种情况很难处理。这时候，企业家就可以通过设立保单，保持对保险资产的控制权，同时又可以通过指定受益人的方式将资产分配给两个儿子，从而避免不必要的纠纷。

五、保险能够合法节税

保险受益人如果购买保险，那他在得到保险金时，是不需要纳税的。因此，市场上就有保险公司推出了类似于银行存款的储蓄型保险产品。

遗产税是以被继承人去世后所遗留的财产作为征税对象，向遗产的继承人和受遗赠人征收的一种税。我国虽然现在还没有开征遗产税，但是随着经济社会的发展，各方面条件趋于成熟，遗产税一直备受关注。

针对未来可能征收的遗产税，有两种方法可以通过人寿保险进行合法节税：第一种是转移生前资产，第二种是在死后进行赔付。转移生前资产的方式主要是为被保险人投保年金类保险，被继承人在生前将资产转移到继承人（受益人）名下，这样能够减少死后的遗产总额。年金类保险，是指被保险人生存期间或者约定期间内，保险人按照合同约定的金额、方式，在约定的期限内，有规则地、定期地向被保险人给付保险金的保险。死后赔付，主要是被继承人在生前为自己投保人寿保险，《保险法》的规定，当被保险人死亡时，受益人获得的保险金，不纳入被保险人的遗产分配，所以不会被征收遗产税。通过减少遗产总额以降低遗产税的方法，相对于其他方法来说不仅合法、成本低，而且环节少、风险低。因此，世界各地很多高收入人士会采取以上方法来合法节税。需要注意的是，死后赔付必须明确指定受益人。《保险法》第四十、四十一、四十二条规定，若被保险人死亡且没有明确指定受益人，则保险金就作为被保险人的遗产被继承，按照《继承法》开始分配，这种情况下是要交遗产税的；如果有明确指定的受益人，情况就大不一样了，因为这时保险金并不作为遗产被继承。

所以，要合法地规避遗产税应当注意以下问题：①投保人在投保前要向律师咨询，什么类型的保险能够不计入遗产，不需要被征税；②确定保险合同与投保财产是合法的；③保险合同须指定明确的受益人，如果没有指定受益人或者受益人不明确或无法确定的，保险金就会被认定为保险人的遗产。

以国家信誉为保障的保险是国家的稳定器，也是安全性较高的资产管理工具。在风险型社会逐渐到来的今天，人们面对着越来越多的风险。目前，我国保险行业呈稳定发展趋势，相关的法律法规也越来越完善，保险产品也越来越多样化，基本能够满足不同收入人群的需要。

保险被全球公认为财富保全的最佳方案，它能将重要资产进行策略性、保护性的分割和隔离，建立防火墙，从而合法地保护资产安全。我国正处于财富管理业务快速发展的新时代，保险以其独特的功能和在风险控制方面的优势，在财富管理中发挥着日益重要的作用。在当代的财富规划中，保险是必不可少的手段。保险所有权与收益权分离的功能，让财富传承安排得更高效，成为企业家进行家族财富管理和长期规划的工具。

06 人寿保单的债务隔离功能法商分析

董晶

这些年，“法商”在寿险销售领域是很热的概念，很多保险营销人员将“父债子不还、欠债不还、遗产税不交”等理念作为销售过程中使用的工具，有些还专门列出了法律规定。但上述理念是否准确？其法律依据是否正确？保单的设计模式又是如何？

关于保险的债务隔离功能，以及在身负债务情况下所投保的人寿保单如何执行，《中华人民共和国保险法》及其司法解释目前未有明确、详细的规定，但部分经济发达地区的高级人民法院已经出台相关司法解释。

《北京市高级人民法院关于印发修订后的〈北京市法院执行工作规范〉的通知》（2013）的相关核心观点是，人寿保险权益可冻结、可处分，但人寿保险合同不可被强制解除。

《广东省高级人民法院关于执行案件法律适用疑难问题的解答意见》（2016 年 3 月）的相关核心观点是，被执行人同意退保，法院可以执行保单的现金价值；被执行人不同意退保，法院不可强制退保。

《浙江省高级人民法院关于加强和规范对被执行人拥有的人身保险产品财产利益执行的通知》（浙高法执〔2015〕8 号）的相关核心观点是，传统型、分红型、投资连接型、万能型人身保险产品，依保单约定可获得的生存保险金，或以现金方式支付的保单红利，或退保后保单的现金价值，均可被执行；符合条件的，法院可强制退保。

《江苏省高级人民法院关于加强和规范被执行人所有的人身保险产品财产性权益执行的通知》（2018 年 7 月）的相关核心观点是，保险合同存续期间，人身保险产品财产性权益依照法律、法规规定，或依照保险合同约定归属于被执行人的，人民法院可以执行，可强制退保。

从各地高级人民法院司法解释的规定来看，人寿保单的执行力度越来越大，特别是江苏省高级人民法院的规定，不再区分险种，而是更看重保单的架构和保单利益的归属，凡是归属于被执行人的保单的财产性权益都可以执行，也可以强制退保。那么在配置保单时，保单的架构就尤为重要，我们应对产品结构、法律属性如何发挥等进行剖析和研究。

可见，保单筹划中的债务隔离是相对的，是运用保险法律关系的不同架构起到不同法律关系后果而产生的相对隔离。

一、隔离：人寿保险资产保全与隔离之“父债子不还”

1. 案例 1

胡某是云南昆明一家做农产品批发的公司的老板，在当地也算是赫赫有名的人物了，资产早已过千万元。他在当地置有三处房产，家中有两个孩子，一个 8 岁，一个 3 岁。其妻李某没工作，无固定经济收入。2014 年 5 月 16 日，胡某驾驶新购进的将近百万元的汽车外出时失联。4 天后，公安机关在离他家 30 公里外的一条河里找到了胡某及其车辆，胡某早已死亡，将近百万元的汽车报废。经公安机关调查，这是一起意外交通事故。调查显示，胡某虽然资产过千万元，但在当地还有 2200 万元的银行贷款尚未还清。银行随即展开了追缴贷款行动，在多次和其妻李某沟通无果的情况下，银行诉至法院，申请冻结胡某的所有资产。经法院调查，其实胡某的公司最近两年因经营问题早已处于倒闭的边缘，公司是一个空壳，只有一些破旧的厂房和设备，经估算值 350 万元，公司账户上只有 120 万元，胡某的个人账户上有 80 万元，法院支持将这部分资产予以冻结。但胡某有一笔 720 万元的保险赔偿金，银行却只能“望钱兴叹”。原来，胡某很有忧患意识，在近 10 年的时间里给自己和家人购买了13张保单，保额过千万元，仅胡某个人就有6张保单，总保额为720万元，受益人为两个未成年子女。法院依据《中华人民共和国保险法》（以下简称《保险法》）和《中华人民共和国继承法》（以下简称《继承法》）的有关规定，人寿保险的死亡赔偿金属于指定受益人的个人财产，不属于遗产，不需要先清偿投保人生前的债务，判定这720万元保险受益金属于其未成年子女，不用将其用于偿还胡某生前的债务。[①]

2. **法律分析**

《继承法》规定，继承遗产应当清偿被继承人依法应当缴纳的税款和债务，但是明确指定了受益人的人寿保险理赔金是直接赔付给受益人的，不属于被继承人的遗产。正是保险特殊的法律属性，为投保人胡某的未成年子女在房子、车子、公司资产被冻结时隔离出大量的现金资产。

《继承法》第三十三条规定，继承遗产应当清偿被继承人依法应当缴纳的税款和债务，缴纳税款和清偿债务以遗产实际价值为限。超过遗产实际价值部分，继承人自愿偿还的不在此限。继承人放弃继承的，对被继承人依法应当缴纳的税款和债务可以不负偿还责任。

《最高人民法院关于保险金能否作为被保险人遗产的批复》（1988年3月24日）规定，人身保险金能否列入被保险人的遗产，取决于被保险人是否指定了受益人。指定了受益人的，被保险人死亡后，其人身保险金应付给受益人；未指定受益人的，被保险人死亡后，其人身保险金应作为遗产处理，可以用来清偿债务或者赔偿。

假设胡某去世后，其成年子女小胡申请保险理赔金后，因为自己的生意往来产生债务纠纷，那么这笔保险理赔金是否可以被执行清偿债务，答案是肯定的。因此，“父债子不还”仅指人寿保单可以隔离特定条件下的债务。

有一点需要特别注意的是，身故受益人必须明确指定，未指定受益人的保险理赔金将作为被保险人的遗产而法定继承，需要先缴纳税费和清偿债务。

---

① 案例来源：《欠银行贷款2200万的富翁驾豪车意外坠河身亡，6张保单让银行很受伤》，载于《中国保险传媒电子杂志》。

关于受益人一栏写“法定”是属于明确指定了受益人还是未指定受益人，《最高人民法院关于适用〈中华人民共和国保险法〉若干问题的解释（三）》第九条明确规定，受益人约定为“法定”或者“法定继承人”的，以继承法规定的法定继承人为受益人。另外，根据该解释第九条第三款，受益人的约定包括姓名和身份关系，保险事故发生时身份关系发生变化的，认定为未指定受益人。因此，当受益人与被保险人的身份发生变化时，要及时变更受益人。

二、对抗：人寿保险的赔偿金对抗债权人的代位权

1. **案例2**

黄某（债权人）借给王某（债务人）10万元，已经到期，但是王某迟迟不还，张二狗又欠王某5万元，也已经到期，王某也不要求张二狗还款。

2. **法律分析**

这时候，黄某可以向法院起诉，作为王某的代位人直接要求张二狗将5万元还给自己，这就是债权人的代位权（图1）。

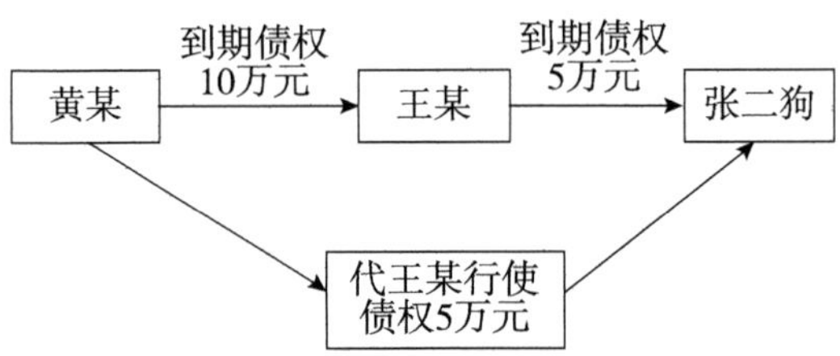

图1　债权人的代位权

《中华人民共和国合同法》（以下简称《合同法》）第七十三条规定，因债务人怠于行使其到期债权，对债权人造成损害的，债权人可以向人民法院请求以自己的名义代位行使债务人的债权，但该债权专属于债务人自身的除外。本条有一个例外条款，即专属于债务人自身的债权不可行使代位权。那么，人寿保险是否是专属于债务人自身的呢？

《最高人民法院关于适用〈中华人民共和国合同法〉若干问题的解释（一）》第十二条规定，《合同法》第七十三条第一款规定的专属于债务人自

身的债权，是指基于扶养关系、抚养关系、赡养关系、继承关系产生的给付请求权和劳动报酬、退休金、养老金、抚恤金、安置费、人寿保险、人身伤害赔偿请求权等权利。

案例2中，黄某（债权人）借给王某（债务人）10万元已经到期，但是王某迟迟不还；如果同时王某的父亲去世有人身保险理赔金5万元，指定王某为受益人，但是王某迟迟不去领这笔保险理赔金。这时，黄某能不能根据《合同法》第七十三条行使其代位权，直接要求保险公司将5万元理赔金支付给自己抵偿10万元的债务呢？根据法律规定，这5万元的理赔金是专属于王某自身的债权，不可以被代位执行（图2）。

如果王某已经领取了这5万元理赔金并且这笔钱已经到达个人账户，那这5万元作为个人财产，就有强制执行的可能性，所以说保险理赔金不用还债是不全面的。还有一种可能性，作为保全方式，王某可以暂时不申领这笔保险理赔金，是否可以这么操作？

《保险法》第二十六条规定，人寿保险的被保险人或者受益人向保险人请求给付保险金的诉讼时效期为5年，自其知道或者应当知道保险事故发生之日起计算。也就是说，王某申请理赔金的法律最长保护时间为5年。

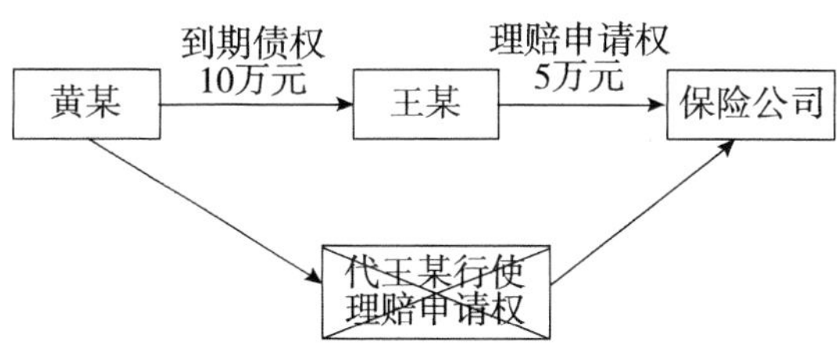

图2 人寿保险的赔偿金对抗债权人的代位权

三、避免：人寿保险理赔金的给付不受非法干预

1. 案例3

黄某（债权人）借给吴某（债务人）50万元，已经到期，但是吴某迟迟不还。吴某在债务发生前作为投保人购买了保额为300万元的人寿保险，妻子吴美丽为被保险人，女儿吴小妹为受益人，目前现金价值100万元。黄某

要求吴某退保，将获得的现金价值用于清偿50万元的债务，吴某不同意，黄某将吴某诉至法院。判决前被保险人吴美丽意外死亡，吴小妹向保险公司申请保险理赔金。此时，黄某请求法院冻结保单，禁止保险公司给付保险金300万元以保护其债权，是否可行？

2. **法律分析**

答案是否定的。这个理赔金是专属于受益人吴小妹的，《保险法》第二十三条规定，任何单位和个人不得非法干预保险人履行赔偿或者给付保险金的义务，也不得限制被保险人和受益人取得保险金的权利。购买保单在债务发生之前，不存在《合同法》第五十二条规定合同被认定无效的情形（恶意串通，损害国家、集体或第三人利益；以合法形式掩盖非法目的；损害社会公益；等等），那么，保险合同是有效的，尽管黄某已经就保单的现金价值主张权利并起诉至法院，也不得限制受益人申领保险金。

但是，如果保险事故未发生，保单的现金价值是否被执行？

四、阻却：人寿保险的现金价值在被清偿债务时执行难度大

人寿保单的现金价值属于投保人的财产性权益，不属于《最高人民法院关于人民法院民事执行中查封、扣押、冻结财产的规定》中第五条规定的不得查封、扣押、冻结财产的范围，因此，人民法院可以依法予以查封，但是执行难度大，原因是执行的前提是保险合同解除。

谁有保险合同的解除权？投保人有单方解除合同的权利。根据《保险法》第十五条，除本法另有规定或者保险合同另有约定外，保险合同成立后，投保人可以解除合同，保险人不得解除合同。《保险法》第四十七条规定，投保人解除合同的，保险人应当自收到解除合同通知之日起三十日内，按照合同约定退还保险单的现金价值。

如果已经退保，法院通过协助执行通知书要求保险公司协助扣划保险产品退保后的财产利益本身无问题。但在投保人不办理退保手续的情况下，保

险合同又不存在无效、可撤销的情形时，是否能直接对保单的现金价值进行强制执行，这在实践中是存在争议的。就此问题，《江苏省高级人民法院关于加强和规范被执行人所有的人身保险产品财产性权益执行的通知》（2018 年 7 月）第五条规定，被保险人、受益人未向人民法院交付相当于退保后保单现金价值财产的，人民法院可以要求投保人签署退保申请书，并向保险公司出具协助扣划通知书。投保人下落不明或者拒绝签署退保申请书的，人民法院可以直接向保险公司发出执行裁定书、协助执行通知书，要求保险公司解除保险合同，并协助扣划保险产品退保后的可得财产性权益，保险公司负有协助义务。投保人未签署退保申请书，保险公司依人民法院执行裁定解除保险合同、协助执行后，相关人员因此起诉保险公司的，人民法院不予支持。虽然以上规定只在江苏省内有效，但有很强的影响力，其做法在实务界有争议，其合法性有待进一步商榷，有待司法实践进一步观察。

当然，如果人寿保单是在产生债务之后购买，可能涉嫌恶性串通损害债权人的利益或以非法形式转移财产，导致保险合同无效或者债权人行使撤销权请求撤销债务人购买保险行为，那么保费或现金价值当然可以被执行用于清偿债务。

任何以逃避债务为目的的“财富规划”都是侵犯债权人权益的违法行为，均会被法律所击穿。只有未雨绸缪地配置财富才是正道。

07 慈善在家族传承中的价值和发展方向

赵路云

说到财富传承，“富不过三代”似乎是全世界大多数家族都难以打破的魔咒，但也有一些经久不衰、打破传承“魔咒”的家族，比如以“以产遗子孙，不如以德遗子孙”为家训、传承了十五代的贝聿铭贝氏家族，用船桨摇出五代传奇的曹文锦曹氏家族，因善财传承已富过七代的洛克菲勒家族等，这些家族得以顺利传承至今，慈善是帮助其保持活力的重要因素之一，也是推动家族发展的重要动力之一。

那么，慈善是如何发挥其在家族传承中的作用的呢？本文将从比尔·盖茨家族说起，探讨慈善的价值及其未来的发展方向。

一、比尔及梅琳达·盖茨基金会

谈起比尔·盖茨，相信很多人都知道他从哈佛大学辍学创办微软公司，32 岁就跻身“福布斯全球富豪榜”。他一生中最大的成就之一是完成了从首富向首善的人生目标转型，他和妻子梅琳达·盖茨建立的比尔及梅琳达·盖茨基金会（Bill & Melinda Gates Foundation，以下简称盖茨基金会），如今已是全球最大的私人慈善基金会。①

① 赵晓：《比尔·盖茨——从首富到首善》，新浪科技，https：//tech. sina. com. cn/it/2014 - 09 - 09/02069600599. shtml。

盖茨基金会不仅规模大，而且是新时代慈善的模范，其以投资为导向创造价值。与官方机构的冗长流程不同，盖茨基金会作为私人基金会可以快速高效地做出决策与反应；与洛克菲勒基金会等传统的美国基金会不同，盖茨基金会每年的慈善投入金额高达数十亿美元，且覆盖全球，而不仅限于美国。

盖茨通过减持微软公司股票设立慈善基金会打通家族实业资本、金融资本和人力资本，通过三个管理主体——比尔及梅琳达·盖茨基金会、比尔及梅琳达·盖茨信托基金和瀑布投资，对其家族实业资本、金融资本和慈善事业进行全面系统的管理和覆盖。这样的布局，对其家族财富管理与传承具有深远影响。

一方面，瀑布投资的投资收益可以再次以现金或股票的方式捐赠给盖茨基金会。瀑布投资持有一年以上经过增值的股票或共同基金，可以捐赠给慈善机构并获得根据证券合理市价所定的征税减免，由此减免了证券增值部分的课税。在如此精妙的设计下，从实业资本（微软公司）到社会资本（慈善事业）转换的过程中，金融资本通过瀑布投资和盖茨信托基金，最大化了对盖茨基金会的捐赠和贡献。①

另一方面，盖茨基金会致力于“帮助所有人享受健康而高效的生活”。从家族传承的角度来看，如果比尔·盖茨仍持有微软公司45%的股权，那么他传承给孩子的只是一家企业。而盖茨基金会的设立，更是一种对财富本质和人类福祉的深刻理解，留给孩子的除了社会资源外还有人脉资源，并且会让孩子们更懂得财富的意义。盖茨基金会的理事会聚集了两位美国最富有的人，一位是成功的投资家沃伦·巴菲特，一位是成功的创业家比尔·盖茨，盖茨基金会则成为二人大部分资产的“集散地”。

2006年，巴菲特向盖茨基金会捐赠伯克希尔·哈撒韦公司股票后，成为基金会理事会成员，但是与此同时，他仍是伯克希尔·哈撒韦公司董事会主席兼首席执行官，拥有最高投票权。为了避免盖茨基金会受捐资产管理与捐

---

① 高皓、刘中兴、叶嘉伟：《比尔·盖茨家族办公室——破解世界首富的财富之谜》，《新财富》，2016年第9期。

赠方有关联交易之嫌，盖茨基金会将资产管理与施赠项目管理分离，自此产生了投资与项目运作的双轨模式。

2006 年 10 月，比尔及梅琳达·盖茨基金会更名为比尔及梅琳达·盖茨基金会信托（Bill & Melinda Gates Foundation Trust，以下简称基金会信托），其职责是管理基金会资产。基金会信托仍然属于私人基金会，其每年的捐赠拨款行为就是为基金会提供资金。与此同时，一个新的机构——现在的比尔及梅琳达·盖茨基金会成立，负责施赠项目的管理和运作。基金会有权向基金会信托索要任何其财产范围内的资产进行公益活动。信托公司与基金会相互独立，互不隶属，只是拥有两位共同的理事——比尔·盖茨和梅琳达·盖茨。

盖茨基金会的运作模式也正是巴菲特选择其作为捐赠对象的重要原因之一——以“投资”的眼光来看待慈善事业：合理投资，高额回报，部分收益用于慈善，剩余收益和本金继续投资。作为新一代基金会的代表，活跃的资本运作是盖茨基金会保持慈善支出位列全美之首的重要原因。2007 年起，盖茨基金会开始了新的尝试——PRIs（Program - Related Investments，项目关联投资）。2009 年，盖茨基金会拨款 4 亿美元进行 PRIs。这一投资方式有点儿像国内的慈善创投，对象是非营利组织、金融机构或公司，冲破以往单纯资助其他非营利组织的方式，用投资来使这些组织自己创收。盖茨基金会通过向这些实体投资或者为其做担保，吸引更多的社会资本注入，支持它们的发展。同时，盖茨基金会的这部分资本投入可以以投资的形式存在，不会马上流失，甚至可能产生收入。从归属上来讲，PRIs 属于一种特殊的捐赠；在会计统计中，PRIs 被算在基金会每年的慈善拨款支出之中，由 PRIs 得到的利息、分红和资本升值属于经常性收入，而不是投资收入，无须缴税。虽然 PRIs 不是盖茨基金会的首创，但是 4 亿美元这个数字足以让盖茨基金会在这一领域鹤立鸡群。盖茨基金会通过构建慈善创投圈，不仅对社会产生影响力，而且也能从创造的价值中提取收益。①

① 投资家：《比尔和梅琳达·盖茨基金会成双轨制典范》，腾讯公益，https://gongyi.qq.com/a/20131206/009656.htm。

二、家族基金会和慈善信托

五年一小变，十年一大变，社会上的企业一直遵循着“大鱼吃小鱼，小鱼吃虾米”、优胜劣汰的生存法则，十几年前的企业有很多已经不在了，传承百年的家族企业更是屈指可数。在那些百年企业的背后，不乏家族慈善的影子。通过慈善事业，家族可以将其价值观凝聚在一起传承给后人，妥善的慈善规划不仅是高净值人群回馈社会的方式，也是让家族精神永续流传的不二法门。而在慈善规划中，慈善信托和慈善基金是最常用的两种方式。

2019 年 1 月 15 日，《中国家族慈善基金会发展报告（2018）》发布，研究发现，我国共有家族慈善基金会 268 家①，亿元级大额捐款增多，家族慈善基金会参与最多的领域是符合当下社会发展需求的教育和扶贫，如广东省和的慈善基金会的创新养老模式，浙江马云公益基金会影响数万名教师的“马云乡村教育计划”等。

2012 年，盛威国际（集团）董事长徐普南出资 500 万元成立盛威普世慈善基金会（以下简称盛威基金会），并于每年的“盛威感恩日”向盛威基金会捐赠善款 500～600 万元，用于建设学校、修建马路、支援地震等灾后重建、资助小学及幼儿园教育、赞助老年人活动、关爱抗战老兵等。徐普南说：“财富代表着企业的能力，更意味着企业和企业家的责任；做企业，做品牌，说到底还是责任。经商的目的不单是赚钱，更要尽我们的一份社会责任，我们要把经商作为向社会奉献爱心的桥梁。”在“创造安全、感受安心”的核心价值观引导下，多年来，盛威国际（集团）旗下企业持续为盛威基金会注入公益基金，员工也自愿加入捐款队伍，以微薄之力传递仁爱善行的公益正能量。盛威国际（集团）不仅将慈善之心交付于社会，还交付于员工，设立盛威家族五项基金：教育金、养老金、旅游金、幸福金、健康金，以及公司经

---

① 魏璞祯：《中国家族慈善基金会发展报告（2018）》，北京师范大学中国公益研究院，http：//www. bnu1. org/show_ 1357. html。

营五项基金：信托基金、爱心基金、财富基金、慈善基金、教育基金，让家族成员分享企业成长的红利，为员工解决后顾之忧。①

家族基金会不但是私人财富最好的归宿，而且没有市场利益诉求，发生腐败的概率极小，因此更加纯粹，更能体现慈善的本质。

虽然基金会仍是主流方式，但慈善信托这一新的捐赠方式也被越来越多的家族采纳。信托制度起源于英国，具有灵活多样的设计和形式，既可以实现家族财富的资产隔离，又可以实现家族对企业的股权控制，因此，将慈善和信托结合起来，具有多种优势。

第一，慈善信托的出现使捐赠人的权利和地位大幅上升。有别于直接捐赠和设立慈善基金会，慈善信托赋予捐赠人知情权（捐赠人可以依据信托法提起诉讼，要求查账）、解任受托人的权利（如果捐赠人认为慈善组织无法按照其意愿执行并达到目的，可以解任并另行指定受托人）、要求变更管理财产方式的权利（慈善组织接受捐赠以后，还有资金保值增值的问题，捐赠人可以要求改变保值增值的方式）、撤销权（如果捐赠人捐的是不动产或实物，慈善组织不恰当处分了这些实物，捐赠人可以提出撤销这笔交易）。

第二，慈善信托的捐赠人将财产捐给慈善组织以后，这笔财产具有独立性，慈善组织必须用独立的账户来存储这笔钱，不能把它划到执行财产中。慈善信托作为信托中的一个重要类别，设立便捷，财产独立，在慈善资产的管理上具备天然的优势。

总体来说，基金会是以公司架构成立的，需要董事会成员来运作，通常一些较大的家族或企业会设立；慈善信托是一种契约，高净值人士把一笔钱交给慈善信托，不必亲自处理行政事务。不管是家族基金会还是慈善信托，都可以长期运作，源源不断地产生社会效益。高净值人士在开展公益活动时，可以将基金会和慈善信托的优势相结合，探索多种模式。

在国内，将家族基金会和慈善信托结合得最好的当属美的集团的何享健了。何享健早在 2013 年就成立了广东省何享健慈善基金会，后在 2017 年更

① 摘自盛威国际（集团）网站，http：//safewellgroup. com. cn/。

名为广东省和的慈善基金会（以下简称和的基金会）。不同于完全放手将美的集团交由一支职业化团队打理，何享健把和的基金会视为家族慈善事业的里程碑，不但将接力棒交给儿子何剑锋，让其担任和的基金会主席，还让他的两个女儿担任和的基金会的理事长，希望基金会成为能够传承的家族事业。何享健的儿子何剑锋还创建了专注于教育的广东省盈峰慈善基金会，该基金会成为佛山首个非公募基金会，他曾说："价值观才是最好的传承，美德才是最大的财富。"此外，何享健出资4.92亿元成立慈善信托，走出了"慈善信托+基金会"的双轨模式，在我国也属首创。

三、慈善的三大发展方向

纵观全球，慈善有三大发展方向越来越受到关注，它们是影响力投资（Impact Investing）、捐赠人建议基金（Donor－Advised Funds，简称DAF）和ESG责任投资。

1. 影响力投资

影响力投资是指为了解决贫困、歧视、环境、教育等社会问题，兼顾商业回报、社会效益和环境效益的投资行为。其特点是追求正面的财务回报，具有显著的、积极的社会影响力。上海禹闳投资管理有限公司（以下简称禹闳）是我国影响力投资理念的早期实践者，在2007年成立时，其创始合伙人即明确了社会价值导向的投资策略，将食品、健康、低碳、医疗等领域作为投资重点。2012年，禹闳进一步明确将社会环境影响力纳入投资标准。2018年，禹闳设立影响力投资专项基金——禹禾基金，关注养老、教育、绿农、低碳四个领域的投资机遇。禹闳的投资策略，首先是研究社会问题，再明确细分领域的投资主题和社会目标，最后筛选投资标的。禹闳投资浙江绿康医养集团有限公司（以下简称绿康），是影响力投资的成功案例之一。禹闳在完成对绿康的投资后，立即明确了"轻资产、嵌入式、连锁经营"的战略发展方针。随后4年内，绿康旗下的连锁医养机构从4家增长到15家。随着绿康医养的发展，禹闳的股权投资价值也取得快速增长。①

从现有的影响力投资案例来看，影响力投资人是双底线投资人，同时追求财务回报和社会影响力回报，根据侧重点不同，专家将其分为两类：第一类是财务回报优先的影响力投资人，他们对所要获得的社会影响力回报设了底线，在底线之上最大化财务回报；第二类是社会影响力回报优先的影响力投资人，他们对财务回报设置了底线，在底线之上最大化社会影响力。从传统投资眼光来看，第一类比较积极，第二类比较消极，当他们相互匹配时，便产生阴阳投资。

2. 捐赠人建议基金

捐赠人建议基金1931年起源于美国，是一种高效的公益慈善捐赠与管理模式。在这种模式下，由捐赠人出资在公共慈善基金会下设立一个子基金会用于资助慈善活动，捐赠人可以获得实时的税务减免，并有权对此基金会的资金用途和投资提出建议。其核心运营环节包括：①客户将资产捐赠至DAF账户；②捐赠资产在未支出至慈善机构之前可以进行投资以实现保值增值；③将DAF账户资产捐赠至合格的慈善机构。这三个流程在运行过程中对捐赠人而言会非常便捷。《经济学人》2017年的一篇文章《慈善热潮DAF》中列出美国2016年非营利机构排行榜，榜单前11名中有5家是DAF基金会。美国富达慈善基金会、嘉信慈善基金会、先锋慈善基金会等，都是由金融集团发起的全国性DAF基金会，将金融业务与DAF基金会运营相结合有如下好处：一方面，金融公司有着大量具有捐赠能力的客户，为基金会提供了客户基础，另一方面，基金会的捐赠服务增加了金融公司所管理的资产规模，既提高了客户黏性，也带来了新的收入。②

3. ESG责任投资

ESG责任投资是一种舶来品，即对环境（Environment）、社会（Social）、

---

① 方巍：《禹闳资本的影响力投资实践》，新浪财经，http：//finance. sina. com. cn/roll/2018 - 07 - 11/doc - ihfefkqp9990389. shtml。

② 谢进：《金融背景的DAF基金会——美国公益界的新秀》，中国发展简报，http：//www. chinadevelopmentbrief. org. cn/news - 19741. html。

企业治理（Government）三方面的投资，在欧美国家已经发展近半个世纪。最近几年，我国企业越来越重视 ESG 责任投资，尽管还处于初级阶段，但仍有一些企业获得了独特的实践经验。比如兴业银行建立了《环境与社会风险管理政策》，判断、评估和管理项目融资中的环境和社会风险，将环境和社会风险管理落实到公司的组织架构、规章制度以及产品创新中。截至 2018 年年末，兴业银行所涉及项目总投资 16163 亿元。同时，兴业银行将绿色金融作为战略核心业务，以绿色信贷为基础，持续创造了绿色债券、绿色理财产品、低碳信用卡等一系列绿色产品，形成较为完善的绿色金融集团化产品体系，截至 2018 年年末，兴业银行已经累计为 16826 家企业提供绿色金融融资 17624 亿元，融资余额达到 8449 亿元。除此之外，兴业银行还将可持续发展融入企业文化、员工管理、商业实践中。①

ESG 责任投资的回报率高，相较传统投资，对家族传承有三方面好处：第一，为家族带来可观的投资回报；第二，实现家族的社会影响力；第三，传递正确的价值观。

古训云："道德传家，十代以上，耕读传家次之，诗书传家又次之，富贵传家，不过三代。"古往今来许多家族的际遇也印证了这一点：如果一个家族传承的仅是财富，往往难以为继；而若以家族精神相传，那么即使日后经历动荡，家族精神的星火依旧得以延续并再度兴旺。慈善对于家族的意义不仅仅是财富传承或社会价值的实现，财富家族要从"人、财、业、社、文"各方面提早规划、尽早布局，实现善财传承。

① 吴凯：《兴业银行董事长高建平——绿色理念成就可持续发展》，新浪财经，http：//finance. sina. com. cn/roll/20100526/01438001458. shtml。

08 慈善，企业家无法回避的话题

张群胜　陈朝晖

一、慈善的含义与历史发展

（一）慈善的含义

许慎的《说文解字》中解释，“慈，爱也”，它尤指长辈对晚辈的爱抚，即所谓“上爱下曰慈”。“善”的本义是“吉祥、美好”，即《说文解字》中解释的“善，吉也”，后引申为和善、亲善、友好，如《管子·心术下》中所说的“善气”二字合用，则是“仁善”“善良”“富于同情心”的意思；又如《北史·崔光传》中所讲的“光宽和慈善”。

对于什么是慈善，中华慈善总会第一任会长崔乃夫曾精炼准确地表述：什么叫慈呢？父母对子女的爱为慈，讲的是纵向关系。什么是善呢？人与人之间的关爱为善，讲的是横向的关系。什么是慈善呢？慈善是有同情心的人们之间的互助行为。

2016 年颁布的《中华人民共和国慈善法》第三条对慈善活动进行界定：是指自然人、法人和其他组织以捐赠财产或者提供服务等方式，自愿开展的下列公益活动：①扶贫、济困；②扶老、救孤、恤病、助残、优抚；③救助自然灾害、事故灾难和公共卫生事件等突发事件造成的损害；④促进教育、科学、文化、卫生、体育等事业的发展；⑤防治污染和其他公害，保护和改善生态环境；⑥符合本法规定的其他公益活动。

（二）中国近现代慈善事业的发展历程

由于传统儒家“仁爱”思想的熏陶，几千年来，中国人对于慈善从未停止自己的探索。《礼记·礼运》篇提出：使老有所终，壮有所用，幼有所长，矜、寡、孤、独、废疾者皆有所养。这正是古代中国人对于理想生活场景的向往，从中可以发现，慈善思想也蕴含于其中。

1. 近代的慈善事业

在晚清时期，在一些传统的慈善机构（如粥厂）存在的同时，西学传入中国，近代慈善事业的雏形出现了，涌现出一批企业家投身慈善事业。早期企业家与慈善家都明确以实业作为开启民智的基础。除了传统慈善机构外，还创设了近代西式的慈善机构，例如实业家张謇创建育婴堂、养老院、医院等，他还引进了积极救助残疾人的观念。张謇在日本参观岛津盲哑学校后，充分肯定这个学校的教学内容和方式：“盲者教识字母，教算，教按摩，教音乐，教历史、地理，盲者教之；聋哑者教习画，习裁缝，习绣，习手语，习体操，哑者教之，亦有不盲不哑者助教。”于是，他创办了南通狼山盲哑学校，以期能为特殊儿童接受教育铺就一条道路，为实现教育机会平等贡献自己的力量。

进入民国时期，在“实业救国”的思想驱动下，伴随着工商业的飞速发展，出现了一批具有现代意识的企业家，他们对国家和社会有着很强的责任感。例如对于中国的化工业做出开创性贡献的“天厨味精”的创始人吴蕴初，效仿美国洛克菲勒创办基金会。1931 年，吴蕴初出资 5 万元发起成立“清寒教育基金委员会”，这是我国历史上的第一家教育基金会。1945 年，他自愿将投资的股票捐出，成立“吴蕴初公益基金委员会”。该基金会成立后，盈余一半用于企业的发展，另一半用于社会公益事业。

2. 1949 年后的慈善事业

新中国成立后，由于国家的意识形态发生了根本性变化，民间慈善几乎完全消失。这一时期，社会福利工作在党和政府的统一管理下，其主要目的是宣传教育、贯彻党的政策，反映群众中的动态和思想情况，进行国际统战工作。[①]

3. 改革开放后的慈善事业

改革开放以来，政府主导建立了一些公益慈善性质的组织，如中国残疾人联合会、中国扶贫基金会、中国青少年发展基金会、中华慈善总会等。在这一时期，慈善也体现出鲜明的官办色彩，这类组织对于中国现代的公益事业起到了重要作用。此外，民间的公益组织也纷纷建立，大量的民间公益活动也随之产生，还有很多非正式组织和个人活跃在慈善事业之中。

4. 现阶段的慈善事业

研究发现，截至2018年年底，我国共有家族慈善基金会268家，占全国基金会总量的4%；2005—2017年，家族慈善基金会捐赠支出由873万元增长至37亿元，呈几何级增长，尤其是亿元级大额捐赠增多。家族慈善基金会的善款主要投向扶贫、基础教育、高等教育领域。

从注册规模来看，半数的家族慈善基金会以200万元资金注册成立，北京、江苏、上海是家族慈善基金会注册资金总额最高的三个省市；从地域分布来看，东南沿海省市家族慈善基金会最多，中等发达省市家族慈善基金会数量偏少，数量最多的前三个省市分别是广东（52家）、北京（41家）和福建（34家），全国半数家族慈善基金会分布在这三个省市。[②]

迈入新时代，中国家族慈善发展呈现五个新趋势。第一，高端人群对家族慈善的关注度逐年上升，家族慈善已经成为家族传承和回报社会的重要途径。越来越多的富豪家族认识到家族慈善对于家族企业股权重构、税务优化、家族成员培育、家族文化建设的重要作用。第二，财富人群行善渠道和方式不断创新，透明度不断提升。大额捐赠、成立家族慈善基金会仍是主要方式，此外，慈善方式不断向慈善信托、专项基金等新形式拓展，也开始从传统慈

---

① 资中筠：《财富的责任与资本主义演变——美国百年公益发展的启示》，上海三联书店，2015，第483页。

② 数据引自北京师范大学中国公益研究院联合深圳国际公益学校发布的《中国家族慈善基金会发展报告（2018）》。

善向战略性、专业性、创新性慈善转型。第三，家族下一代及新富人群成为家族慈善的新生代。相较于他们的父辈、祖辈，家族新生代成员及年轻的“创一代”新富人群对家族慈善的认知更深，开始做慈善也更早。随着阅历的增长，他们做慈善的时间可能更长，影响更大。第四，家族慈善的生态圈开始萌芽。私人银行、信托公司、家族办公室、私人律师等都分别在家族财富管理、家族企业治理等领域积极开展家族慈善的探索。许多知名商学院、财富培训机构开始推出家族慈善类课程。第五，捐赠者服务基金、影响力投资、社会企业等现代慈善工具受到富豪家族的重视，一些家族开始尝试运用捐赠者服务基金开设简易家族慈善基金会，部分家族慈善基金会开始探索影响力投资等善财并行的新模式。①

二、企业家为什么要做慈善

（一）慈善事业是企业战略的一种选择

一家企业选择何种企业战略往往决定着该企业的发展方向，两种常见的与慈善事业相关的企业发展战略是：DO（Domain Offense）战略与 DA（Domain Abandonment）战略。DO 战略旨在通过做更多本组织目前正在做的事或者维持和改善市场份额来创造收入，其主要目的是维护和扩大目前的产品市场范围。奉行该战略的企业主要通过并购、战略联盟、合资企业等手段来创造收入。而 DA 战略与之相反，该战略旨在通过撤资、缩小或整合现有领域，降低公司的成本结构并改善其财政资源，一般通过撤资和关闭工厂与设备来达到目的。②

慈善事业正是企业战略选择的晴雨表。随着企业积极推行 DO 战略，企业必然更积极地参与更高水平的慈善活动。首先，公益慈善作为企业实施 DO 战

① 引自北京师范大学中国公益研究院联合深圳国际公益学校发布的《中国家族慈善基金会发展报告（2018）》。

② Michael Abebe and Wonsuk Cha, “The effect of firm strategic orientation on corporate philanthropic engagement,” *Management Decision*, 56, no. 3 (2018): 515 - 533.

略的一种手段，企业通过积极地向公益事业投入资金，提升了企业商誉与社会认可度，间接地开拓了市场，并凝聚了员工和客户。其次，在企业拥有强劲资本与实力的情况下，可以通过投资企业慈善事业，克服重大的“新生责任”，即“战略性慈善”。最后，企业快速增长也会带来消极影响，例如企业并购带来的裁员和运营整合，这些消极影响会引起利益相关者（监管者、雇员等）的负面反应，企业可以通过慈善投入以减轻 DO 战略带来的不利影响。我们认为，企业加大对于慈善事业的投入，能够更加顺利地实施 DO 战略，以更加快速地扩大企业实力与影响力。

对于推行谨慎的 DA 战略的企业，由于参与慈善要占用公司有限的资源，包括直接捐赠或实物捐赠，企业家会认为将稀缺的资源用于慈善事业是不太合适的，企业慈善可以被认为是一种昂贵的负担或不必要的活动，但这并不意味着奉行 DA 战略的公司完全不涉足慈善事业，这是因为：第一，在推行 DA 战略的同时，突然急剧减少或取消对慈善事业的投入，可能会引起轩然大波，利益相关者可能会担心影响公司负责任的企业形象；第二，在战略上，企业可能会重新审视其慈善活动，并将重点放在更能与公司业务有效结合、更具影响力的慈善活动上，而不一定会减少企业在慈善事业上的投入。

综上，慈善活动可以被认为是企业战略选择的“风向标”，因为奉行 DO 战略的公司更有可能将大量企业资源投入慈善事业，与之相反，奉行 DA 战略的公司有可能不会或较少涉足慈善事业。推行 DO 战略的企业认为战略性的慈善活动不仅可以通过追求利他主义目标来满足社会愿望，最重要的是可以利用这种慈善活动来实现企业重要的商业目标。由此可见，慈善活动不仅是可以达成一定商业目标的途径，也是初步分析其他企业发展所采取的战略并制定应对方略的“试金石”。

（二）履行企业社会责任

企业社会责任（Corporate Social Responsibility，简称 CSR）属于舶来品，传入我国后迅速在企业界普及，一般理解将企业对社会的公益捐赠等慈善活动包括在内。[①]

一方面，企业拥有强大的资本与创造财富能力，这些资本是企业在利用社会生产要素的组合后产生的，强大的财富创造能力也是基于社会所产生的，总体来说，企业的一切是从社会中汲取的，因此，企业理应在从社会活动中取得收益之后回报社会。另一方面，突出企业的社会责任，有利于带动其他组织乃至全社会投身社会责任的实践。由于企业具有强大的财力，在以经济为基础的慈善活动中的实践效果会显著超过普通民众和其他社会组织，对于全社会参与社会责任实践具有强大带动力。

（三）传统财富观念的转变

由于中外的文化交流日益密切，中国的传统财富观已经开始转变，从传统的为子孙积累财富转变为社会做出贡献。这些财富拥有者认识到，巨额的财富来自社会，应当在适当时候以适当的方式回报社会，加之对于中国传统的财富转移所产生的家道中落现象的深刻厌恶，与巨额财富带来的荣誉感和社会声望的强烈反差的心理权衡，他们更愿意将财富投入慈善事业。财富的拥有者也认识到自身对于后代的榜样作用，出于给后代灌输正确的财富观、培养后代的财富创造力与社会担当、积淀与深化家族文化等的考虑，他们更愿意做社会的榜样，而非成为后代挥霍财富的"提款机"。

当然，仍有一部分停留在"土豪"阶段的财富拥有者，他们挥霍无度，骄纵下一代，但相较于前者，这部分人会越来越少。

（四）"名"与"利"的综合权衡

歌曲《少年梦》里有句歌词："人生追逐是名利，总有些要放弃。"在慈善事业的发展中，商人的逐利心理可以作为慈善发展的动力之一，因为慈善事业具有极高的社会认可度和社会关注度，企业家对于慈善事业的投入，绝

① Jennifer A. Zerk, "*Multinationals and Corporate Social Responsibility: Limitations and Opportunities in International Law*" (New York: Cambridge University Press, 2006), p. 32.

大部分是看中了这一点，以捐款来扩大企业及其自身的知名度。但在客观上，企业无论基于什么目的进行投入，都为慈善事业的发展带来了资金支持，使得慈善事业不会因为资金短缺而发展缓慢甚至停滞。

（五）宗教信仰的实践

纵观古今的慈善家，很多都是因为宗教信仰中的教义驱使而从事慈善活动的。例如，美国的卡耐基、洛克菲勒等都是虔诚的基督教徒，他们从事公益事业的重要原因之一就是基督教教义的要求，例如《圣经·箴言》中说："眼目慈善的，就必蒙福，因他将食物分给穷人。"在中国，很多的慈善家也是受宗教的影响，如李连杰、邵逸夫等，都是虔诚的佛教徒，佛教教义中强调慈悲为怀、普度众生。因此，宗教对与慈善事业的影响是非常巨大的。

（六）其他原因

1. 社会条件

卡耐基在19世纪末发表的《财富的福音》一文传达了一个深刻的理念：在贫民的海洋里，巨富们孤零零的，即使山头再高，也终会被淹没。财富的所有者应该认识到这一点，将自己的余财投入社会。这是一种双赢的选择，既有利于维持社会的公平和秩序，也是为避免自己的巨额财富遭到社会全体憎恶所采取的一种保护措施。

2. 政策与市场影响

1985年，邓小平在会见美国时代公司组织的美国高级企业家代表团时指出："一部分地区、一部分人可以先富起来，带动和帮助其他地区、其他的人，逐步达到共同富裕。"[①] 随着改革开放的推进，我国的经济活力不断地释放，经济总量逐年攀升。我国对于慈善的制度设计也逐步完善，2004年，我国颁布了《基金会管理条例》，2016年，《中华人民共和国慈善法》发布并实施，在这样的背景下，财富的拥有者迫切希望参与公益慈善事业，中国的慈

---

① 《邓小平：让一部分人先富起来》，人民网，http：//cpc. people. com. cn/GB/34136/2569304. html。

善事业正处于市场的蓝海之中。

三、成功企业慈善事业的实践

（一）金拱门（中国）有限公司的慈善尝试

金拱门（McDonald's）是全球大型跨国连锁餐厅，1955 年创立于美国芝加哥，遍布全球六大洲 119 个国家，拥有约 32000 家分店，在很多国家代表着一种美式生活方式。2018 年 12 月 18 日，世界品牌实验室编制的 2018 年《世界品牌 500 强》揭晓，McDonald's 排名第 10 位。作为一个巨大的“商业帝国”，其在慈善事业上的探索包括如下几方面。

1. 公益营销：世界儿童日

2002 年是 McDonald's 创始人雷·克洛克 100 周年诞辰，McDonald's 将“世界儿童日”的举办，作为光大其博爱精神和 McDonald's 始终支持儿童健康和福利事业的例证。该活动选在 2002 年 11 月 20 日举行，是为了纪念 1989 年联合国《儿童权利公约》通过 13 周年。McDonald's 凭借这次活动，不但改变了人们的看法，而且获得了极佳的口碑。

第一，McDonald's 宣布减少其快餐食品中不利于健康的主要成分 TFA（反式脂肪酸），并强调公司在这一问题上的不懈努力。McDonald's 利用专家证言的方式证明其业绩，并积极充当这一领域的改革先锋。第二，转移焦点，McDonald's 力陈其一直以来为儿童事业所做的努力，强调举办“世界儿童日”只是想做善事，为世界儿童事业出把力。McDonald's 在公开声明上说：“McDonald's 在成为良好的社区伙伴和邻居方面有丰富的遗产和优良的传统。”第三，McDonald's 还举办声势浩大的广告活动，为儿童节做铺垫，强调儿童节的公益力量和慈善意义，进一步提升 McDonald's 的形象。DDB Worldwide（恒美广告公司）为“世界儿童日”创作了 5 支 30 秒的电视广告片，在 2002 年 11 月 20 日以前发布，广告片分别描写了“麦当劳流动健康护理”“麦当劳欢乐时光野营”“麦当劳奇迹园地”“麦当劳叔叔之家”“让世界更美好”5 个独特的项目。

正如 McDonald's 前首席执行官杰克·格林伯格所说："世界儿童日的价值远远超过为孩子们所募捐的百万美元。它引起了世界对儿童日益增长的需求的关注，以及对我们在这种积极变化中所扮演的角色的关注。"这种公益营销，使得 McDonald's 在世界快餐领域占据了大量的市场份额；同时在这种公益营销中，McDonald's 公司不断改进其产品，不仅在味道上吸引儿童，而且抓住了父母最关心的问题——营养问题。这一营销策略不仅使 McDonald's 公司明确了消费对象，成为世界快餐市场中的重要部分，而且打出了企业的品牌，积累了商誉，具有重要的学习价值。①

2. 企业慈善事业：麦当劳叔叔之家

"麦当劳叔叔之家慈善基金会"（Ronald McDonald House Charities）是 McDonald's 在全球践行企业社会责任的核心平台之一，自 1984 年成立以来持续关注儿童健康与福利。其核心项目之一——麦当劳叔叔之家成立的目的是为异地就医的病童和家人提供一个距医院数分钟路程的"家以外的家"。麦当劳叔叔之家的使命是要创造、寻找和支持可以直接改善儿童健康和福利的计划。它的核心价值观有如下几条。

（1）专注于儿童最关键的需要。

（2）以多元化的服务范围，以及员工、义工和慈善家所做出的贡献而骄傲。

（3）紧守麦当劳叔叔之家慈善基金会几十年来的服务使命。

（4）以负责任和透明的态度运作。②

3. 社区志愿服务：救灾

McDonald's 长期以来一直在帮助遭受自然灾害，如龙卷风、飓风、洪水、地震，或其他灾害袭击的社区；与红十字会合作，为受灾地区提供食物和其他支持，为现场的专业人员和志愿者提供食物，为社区其他人提供安全避难

① 肖俊崧：《麦当劳的危机公关——围绕"世界儿童日"的博弈》，《现代广告》2003 年第 1 期。

② 摘自麦当劳中国网站：www. mcdonalds. com. cn。

所等。例如在“9·11 事件”后的几周里，McDonald's 在纽约市、五角大楼、宾夕法尼亚州的灾难现场建立站点，提供超过 75 万份免费餐。

（二）浙江马云公益基金会的公益慈善行动

浙江马云公益基金会（以下简称马云基金会）由马云个人发起并捐赠成立，2014 年 12 月在浙江省民政厅注册。基金会重点关注教育发展领域，尤其是作为中国教育重要组成部分的乡村教育。

作为整个基金会的重要组成部分，马云乡村教育计划相继展开马云乡村教师计划、马云乡村校长计划、马云乡村师范生计划和马云乡村寄宿制学校计划。①

1. 马云乡村教师计划

马云乡村教师计划于 2015 年 9 月 16 日发起，其目的在于寻找优秀的乡村教师，通过报名选拔的方式遴选符合要求的乡村教师，并给予其现金鼓励和接受专业发展的培训机会。马云基金会认为，优秀的乡村教师是乡村教育的中流砥柱。所谓重奖之下，必有勇夫，这种方式能够激发乡村教师对于乡村教育的积极性，使其更好地投身于乡村教育之中。

2. 马云乡村校长计划

马云乡村校长计划的目的在于挖掘乡村教育中的领导者，因为马云基金会相信，一个好的领路人的作用是巨大的，一个优秀校长对于学校教学水平与教学文化是有重大影响的。

3. 马云乡村师范生计划

马云乡村师范生计划于 2017 年 12 月 11 日发布。乡村教师的队伍不应该是一潭死水，教育队伍需要更新，马云基金会希望通过选拔优秀乡村师范生，改善乡村教师队伍结构，同时重塑社会对乡村教师的印象和对乡村教育的认知。

① 摘自马云公益基金会网站：www. mayun. xin。

4. **马云乡村寄宿制学校计划**

马云乡村寄宿制学校计划，也是推进乡村教育建设的重要一步。通过改造，建设新的寄宿制乡村学校，不仅可以改善乡村教育的环境，还能够更好地保证教育质量。

马云通过乡村教育计划，大大提升了阿里巴巴集团的知名度；通过投资教育，使阿里巴巴集团业务从电商领域拓展到教育领域，成为开拓投资领域的成功范例。同时，乡村教育计划也为阿里巴巴集团赢得了民众的支持。这种支持加上企业本身的优势，使得阿里巴巴集团在中国电商行业中稳坐高台。

四、中国企业家开展慈善活动的路径

在新时代的经济浪潮中，中国企业家不可避免地需要考虑慈善对企业、家族发展的巨大作用。结合世界范围内成熟的慈善事业经验以及中国国情，中国企业家慈善战略的落脚点应着重考虑人才挖掘和社会声誉两个方向。

（一）路径一：实施培养和储备人才战略

1. **考虑原因**

一是推动生产力的发展。只有科技水平不断提升，才能最大程度解放生产力。培养更多的优秀人才，有助于企业在技术层面上更上一层楼，获得更强的创新能力，将会给企业甚至整个社会带来巨大收益。

二是人才战略。对于家族的财富传承而言，最重要的就是始终保持财富的稳定。而随着经济社会的发展，人才的多寡也是决定家族财富能否稳定传承的一个重要因素。企业投资教育事业有利于其培养、吸纳人才。与不投资教育事业的企业相比，投资教育事业的企业更容易吸纳人才。吸纳人才作为慈善事业的一种投资方向，是契合时代发展与社会需求的。培养和挖掘人才最重要的意义就是为企业今后的人才战略提供了支持。

2. **具体措施**

一是在学校内设立企业奖学金。人才的培养离不开教育，而教育离不开金钱的投入。企业在制定、实施人才战略时，除了用高额利益吸引市场上已经成型的人才以外，也要重视培养自己的人才。在高校内设立企业奖学金就是一个非常合适的方式。相比于用高额利益吸引人才，设立奖学金的成本要更低。而且，企业自己培养的人才，对于企业的回馈将是巨大的，其影响不仅局限于为企业取得更大收益，更为重要的是可以为企业打造一个良好的人才梯队，能有效防止人才的流失和断层。企业在高校内设立奖学金，是企业人才战略中的可用手段。

二是资助学生创业及科研活动。相较于设立奖学金，资助学生的创业、科研活动无疑是企业寻找专业型人才更为直接的方式。如果说设立奖学金是“广撒网”，那么这种专项资助就是“订单培养”。首先，高校学生是全社会最具有创新能力的群体之一，资助他们可以最大限度地了解他们的新想法、新创意，有利于企业从中捕获新商机；其次，对于一些新项目、新成果，资助企业可以第一时间获取，避免了与同业企业的竞争；最后，企业仅投入少量资金进行专项资助，对于失败所付出的代价，企业是能够承担的，且不会危及企业自身。因此，这种专项资助也是企业可选择的一种方式。

三是提供实习就业岗位。相较于以上两种方式，提供实习就业岗位可以让企业更直接地了解人才的特点，能够最大限度地“因才制宜”。

3. 回报

如果企业制订了成型的人才战略计划并坚定执行，未来将会因此收获经济利益；同时，人才战略还能够给企业带来新思路、新方案、新手段，一定程度上提升了企业的创新能力，加快了企业的创新周期，有利于企业持续创新。此外，一个被企业成功培养的人才，将会帮助企业继续寻找、发现、培养新人才，这种增长将是指数式增长，保证企业拥有充足的人才储备，成为企业在市场竞争中的利器。

（二）路径二：寻求可维护、提升商誉的项目

1. 考虑原因

一是品牌战略。品牌是一个企业雄厚实力的象征，而使品牌长久不衰的

支柱之一就是良好的社会声誉。每个企业都十分重视企业的社会声誉，正是因为其重要性，《中华人民共和国民法总则》第一百一十条规定："法人、非法人组织享有名称权、名誉权、荣誉权等权利。"《中华人民共和国反不正当竞争法》将诋毁商誉的行为作为一种禁止方式写入其中。从各种"召回事件""商誉官司"中，我们可以看出商誉对于品牌的重要性，以及企业对于商誉的重视。

二是取信市场。提升商誉，不仅需要企业在纠错时的壮士断腕，更重要的是让市场时刻感受到企业的责任感与使命感，让消费者认识到企业是胸怀天下、志存高远的社会担当者。只有增加消费者对企业的认可度，企业才能进一步打开市场。

2. 具体措施

一是建立公共图书馆。作为一种最直接的慈善手段，建立公共图书馆具有一个显著的优势：具有广告效益。作为大型公共场所，图书馆本身对于投资企业而言就是一个巨大的广告，而建设图书馆会受到社会公众的称赞，对于企业而言是吸引消费者的有效手段。在我国，邵逸夫捐赠建设的逸夫楼虽然不是公共图书馆，但也可以为公共图书馆捐建提供参考。建立公共图书馆在国外是一种很常见的慈善手段，在我国也可以进行推广。

二是投资扶贫项目。扶贫作为一个长期被社会关注的话题，可以成为投身慈善的切入点之一。对于扶贫事业的投入，不是要求企业举巨资无条件地投入到贫困地区，而是在贫困地区建立厂房为贫困人群提供就业岗位，这样既可以增加企业的实际收入，也可以变相开拓市场，同时，借助扶贫话题的热度，企业将得到社会的认同，产生更广大的市场。

三是建设公共服务机构。建设特殊学校、养老中心、残疾人救助中心等公共服务机构，也是企业和企业家结合弱势群体的社会需求，所能够实施的慈善项目。一方面，企业可以与一些慈善基金会联合，拓展交互群体；另一方面，企业可以围绕这类公共服务机构进行业务拓展，开拓新的商业方向。

3. 回报

综上所述，无论采取哪一种方式，企业都会获得巨大的社会认同感，而这种认同感将转化为企业的商誉，提升企业品牌的竞争力。而一旦品牌的竞争力提升，企业将获得更广阔的发展空间和更多、更好的合作机会。

五、总结

作为财富管理的一种手段，企业投身慈善的目的在于稳定或增加现有的财富，而上述几种路径，都可以在不同层面为企业增添财富，如商誉、知名度、社会支持等。这种财富有别于传统的财富，不具有物质性，但是对于企业、家族的发展与传承同样是不可或缺的，因此，慈善在这些方面具有其他管理方式所不具备的优势。

慈善事业在保持和增加财富的基础上，还会给财富的拥有者带来巨大的成就感，帮助其实现个人价值。在参与慈善活动的过程中，财富的拥有者不仅可以体会到自己创造的财富数量巨大，而且还会感受到自己对于社会发展所做出的贡献，这会极大地提升财富拥有者的尊严和价值。因此，选择慈善作为财富管理的手段，无论从物质上还是精神上，都具有明显的优势，从发达国家的许多案例中，我们也能了解到慈善对于财富管理的意义。

慈善事业在中国尚未全面发展，这正是企业家投身慈善事业的黄金时代。财富管理的本质是对财富拥有者自身利益最大化的追求。与家族信托、保单、遗嘱等财富管理的传统手段相比，投资慈善具有更新颖、更长远、更能发挥财富价值的优点。慈善事业，目前正被越来越多的中国企业家所关注，也正在成为企业家进行财富管理的最具竞争力的手段之一。

09 家族财产的捐赠方式

王旭东

所谓捐赠，是指没有索求地把有价值的东西给予别人。捐赠作为一种以公益事业和他人利益为目的的行为，随着社会的进步和经济的发展日益增多。纵观世界，微软公司创始人比尔·盖茨表示，他个人财富的95%都会捐入比尔及梅琳达·盖茨基金会（以下简称盖茨基金会），将在他和妻子去世后的20年内全部捐赠，用来促进全球卫生和教育领域的平等。此外，盖茨基金会还吸引了“股神”巴菲特，他每年都会向盖茨基金会进行巨额捐赠。Facebook创始人扎克伯格也宣布将捐出持有股票的99%用于慈善事业。和扎克伯格一样，马云、马化腾也纷纷捐出股权、股票，用于环保、医疗、教育、文化等公益慈善领域。李嘉诚基金会至今已捐款逾300亿港元，项目遍及全球27个国家和地区，主要支持教育和医疗项目。[①] 陈光标更是荣获了“中华慈善奖”“中国光彩事业奖章”“中华慈善事业突出贡献奖”“中国十大慈善家”“中国首善”等慈善奖项，实现了慈善事业国家级奖项的“大满贯”，成为中国慈善事业的耀眼明星，为推动我国慈善事业发展做出了巨大贡献。

经过改革开放40余年的发展，中国的家族企业已经进入稳定发展和传承接班的阶段。家族企业的传承问题，也已经成为关乎企业兴衰的重大问题。

---

① 马明月：《高传捷：慈善信托并非富人专属，发展面临三大挑战》，凤凰网公益，https：//gongyi. ifeng. com/a/20180713/45061766_0. shtml。

当“创一代”遇到“富二代”，企业家如何顺利把自己辛苦打拼的家业传递下去，做到家族的基业长青？此问题触动众多家族企业的心弦。亿万富翁戴维·洛克菲勒曾说过：家族财富属于上帝，我们只是管家。随着中国家族企业的兴盛和财富增值，越来越多的财富家族开始考虑财产捐赠，以反哺社会、教育子女。家族投入到慈善领域，表现出的家族道德价值观、信念与凝聚力，可教育下一代，有助于家族精神的传承。但与此同时，家族企业应根据其愿景规划，关注财产捐赠的法律效力。

一、可用于捐赠的财产

2016 年，我国出台了第一部慈善领域的基本法律《中华人民共和国慈善法》(以下简称《慈善法》)。

根据《慈善法》第三十六条的规定，捐赠人捐赠的财产应当是其有权处分的合法财产。捐赠财产包括货币、实物、房屋、有价证券、股权、知识产权等有形和无形财产。捐赠的财产应符合以下要求：首先，捐赠的财产系捐赠人拥有处分权的财产，可自由转让，不受第三人的限制。其次，捐赠的财产是合法财产，即财产本身符合法律规定，取得的方式与持续占有，都符合法律的规定。最后，捐赠的实物应当具有使用价值，符合安全、卫生、环保等标准，符合《中华人民共和国产品质量法》《中华人民共和国食品安全法》《中华人民共和国环境保护法》等相关法律法规。如捐赠本企业产品的，应当提供产品合格证书或者质量检验证书。

二、捐赠程序

1. 履行内部决策程序

家族企业直接对外进行慈善捐赠，因为会导致企业可分配利润的减少，进而影响股东的自益权、占用公司的现金流、影响公司的正常运营，所以必须取得内部决策层的同意，且在内容与程序上必须符合法律法规、企业章程及对外捐赠制度。

家族企业进行慈善捐赠，首先需要分析判断慈善捐赠的决策层是拥有所有权的股东，还是拥有经营权的管理层。我国目前的法律体系，并未明确慈善捐赠的决策权归属。从股东利益最大化的角度分析，由股东会或者股东大会拥有慈善捐赠的决策权，最能维护股东利益，因此可将慈善捐赠事项纳入财务预算方案，由股东会或者股东大会决策。但股东会或者股东大会决策，会影响决策效率，尤其是当家族企业为上市公司时，股份分散，股东大会非常设机构，这会导致慈善捐赠的决策滞后、成本过高。考虑到慈善捐赠具有提高企业形象的广告效益，是实现企业经营目标的一种方式，实践中某些公司的确将慈善捐赠纳入经营计划，由总经理或执行董事或董事会决策。

为确保慈善捐赠在程序上的有效性，建议家族企业以章程或对外捐赠的内部文件，明确规定慈善捐赠的决策机构。如决策机构为股东会或股东大会，则由股东会或股东大会对年度捐赠额度、捐赠目的、捐赠对象和捐赠程序等做出原则性规定，董事会或总经理严格遵守上述规则，在额度范围内审批实施慈善捐赠。捐赠额度超出规定的，每一笔捐赠均须提交股东会或股东大会审议批准后方可实施；也可分层次设定单笔捐赠的上限，不同的捐赠额度由不同的机构决策，以免侵犯其他股东的利益，继而增加慈善捐赠被认定为无效的风险。

2. 办理捐赠物的转移手续

根据《中华人民共和国物权法》的规定，动产的转让须完成交付；船舶、航空器和机动车的转让，未经登记，不得对抗善意第三人；不动产的转让须完成登记。

三、捐赠的形式

根据《慈善法》第三十五条的规定，捐赠人可以通过慈善组织捐赠，也可以直接向受益人捐赠。根据《慈善法》第四十四条的规定，委托人基于慈善目的，依法将其财产委托给受托人，由受托人按照委托人意愿以受托人名义进行管理和处分，开展慈善活动，即设立慈善信托。

四、家族财产的捐赠方式

通过对相关法律法规的学习，我们认识到家族财产的捐赠，将是为家族积累良好的社会形象、提高家族无形资产经济效应的一种方式。但家族财产的捐赠方式到底有哪些？根据《慈善法》的规定及现实生活中的案例，我们主要捐赠方式概括为以下几种。

1. 直接向受益人捐赠

直接捐赠对推动慈善走向公平、透明很有意义。捐赠人将财物直接送到需要的人手中，这种直接的方式多建立在双方认识、了解的基础上，比如家族企业对其公司员工、特定的失学儿童进行一对一捐赠。

2. 通过慈善组织捐赠

捐赠接收方是专业开展慈善活动的慈善组织（如中国红十字会、中华慈善总会）、慈善商店（如众爱慈善商店、中国扶贫基金会等）。收到捐赠后，慈善组织会利用捐赠开展活动，帮助其关注的群体改善生活。慈善组织的活动可以由自身运作，也可以通过资助其他项目执行方开展。

对于捐赠人来说，有以下三种具体的操作方式。

（1）捐赠人确定心仪的慈善机构，与该机构签署捐赠协议（通常最好一起到公证机构办理遗赠公证，或者委托律师办理见证）。根据协议目的的不同，可分为一般目的的捐赠和特定目的的捐赠。如果捐赠人捐赠时，没有提出具体、明确的捐赠目的，就是一般目的的捐赠，之后受赠人可以将捐赠的财产用于非指定的公益目的。而特定目的的捐赠，是指捐赠人在捐赠时限定了捐赠的范围和使用目的，那么受赠人只能将捐赠财产用于捐赠人指定的公益目的，比如李亚鹏等人发起的嫣然天使基金，其目的是让唇腭裂患儿得到治疗。这样划分的实际意义在于，如果在原公益目的实现后还有剩余的捐赠财产，或者在公益组织终止后还有剩余财产，受赠人可以应用近似原则，将剩余的捐赠财产用于与原公益目的相类似的目的，或将剩余的捐赠财产转移给具有类似目的的其他公益组织。

（2）捐赠人设立遗产信托，指定特定慈善机构为受益人。

（3）捐赠人指定遗嘱执行人，由遗嘱执行人具体执行、处理捐赠人的财产事宜，但目前立法层面尚未明确遗嘱执行人的地位、职责及行为效力等，司法实践中存在法院不认可遗嘱执行人处分财产的效力的情形。

3. 设立慈善信托

慈善信托是仅以实现社会慈善事业为目的，并以全社会或部分社会公众为受益人的信托。与基金会相比，慈善信托没有起始资金的限制，只要求有确定的信托财产和符合法律规定的信托目的，在设立程序、运行成本、资产保值增值方面都具有优势，还具有慈善目的自由选择、期限确定多样、资金使用灵活、委托人类型丰富的特点。信托公司、慈善组织都可以成为受托人，因此，慈善信托是富人和普通人都可以利用的慈善服务。

成立慈善信托，有三方不可或缺：委托人、受托人和受益人。其中，委托人包括法人机构、社会团体、高净值家族、普通家庭、普通百姓。受托人可以是慈善组织或者信托公司，也可以由二者担任共同受托人。慈善信托的受益人则是不特定的社会大众或贫困人群。

截至 2018 年年底，全国成功备案成立了 100 多家慈善信托（如长安国际信托有限公司、中信信托有限责任公司），慈善信托规模已超过 11 亿元。对于企业而言，通过设立慈善信托，可以履行社会责任、提升品牌形象；对于慈善机构来说，通过设立慈善信托，可以更加灵活地安排慈善资金，实现慈善资产保值增值；对于财富家族而言，将慈善信托嵌入家族财富传承的整体架构，可以使得家族慈善不止停留在资金、财物捐赠的层面，信托的灵活性和创造性使家族慈善向深度拓展成为可能。

4. 通过网络社交平台捐赠

慈善捐赠方式随着网络科技快速发展呈现多样化趋势，比如网络大病筹款平台，就是一种社交筹款方式。根据中华人民共和国民政部《第二批慈善组织互联网募捐信息平台遴选结果公示》，水滴公益是民政部指定的互联网公开募捐信息平台。2018 年 10 月，爱心筹、轻松筹、水滴筹三家个人大病求助服务平台联合发布自律倡议书和自律公约，共同加强平台自律管理、提升风险防范水平，并明确提出抵制通过造谣、炒作、制造“悲情戏”、践踏求助人尊严等手段传播个人大病求助信息。①

5. **其他捐赠方式**

2016年，一篇名为《罗一笑，你给我站住》的文章刷爆朋友圈，数以万计的网友通过各种方式进行捐赠。网友们是怎样“蜂拥而至”的呢？在作者罗尔的微信公众号中，提到他曾与朋友讨论如何为其患白血病的女儿罗一笑（笑笑）筹集医疗费。“我们商量的结果是，由侠风整合我为笑笑写的系列文章，在深圳市小铜人金融服务有限公司（以下简称小铜人公司）的公众号‘P2P观察’里推送，读者每转发一次，小铜人公司向笑笑捐赠1元钱；文章同时开设赞赏功能，赞赏金全部归笑笑。”后来，文章转发及打赏金额多达50余万元，小铜人公司最终履行了捐赠，且表示由深圳市民政部门介入，共同监督这笔善款的使用。虽然这一做法被指“炒作”，但随着社会的发展，各种新的捐赠方式将会不断涌现。

① 新华社：《三家互联网求助平台联合签署自律公约抵制“悲情戏”等恶意炒作》，新华网，http：//www.xinhuanet.com/politics/2018－10/19/c_129975627.htm。

致 谢

本书的编写持续了近一年的时间，从主题到内容，均事无巨细、反复斟酌，甚至多有“推倒重写”的情况，所做的都是为了给家族办公室行业和市场提供一部问心无愧的作品。

首先要感谢贡献文章的本书作者们，从简介就可以看出，他们来自各行各业但都有所成就，对家族办公室及资产保护事业颇具真知灼见。没有他们的密切配合和大力支持，不可能在短短一年的时间里整合成三十多万字的著作。尤其是各编委会成员们，作为编写本书的中坚力量，虽然专长不同，但都认同移投行家族办公室的发展理念，在百忙之中不吝赐教，贡献研究成果，兼顾时效性、专业性和通俗性的平衡，使本书形成内容丰富、风格多样、受众广泛的鲜明优势。

我们希望将本书献给广大客户们，正如销售名言“一切成交都是为了爱”，移投行家族办公室完全站在客户立场，提供资产保护等贴心服务，但从更长远的意义看，正是由于客户们的合力，移投行家族办公室才能不断更新知识和理念，客户们才是鞭策我们不断前进的力量源泉。

还要感谢移投行家族办公室的创始人王怀涛先生，王先生律师出身，不但精通于本职业务，更可贵的是富有超越法律本身的远见和格局，正是在王先生的组织推动下，本书以资产保护为主题，吸引了众多家族办公室的专家从多个角度献计献策，内容丰富多元。

感谢出版社和编辑的认真工作及提出的宝贵意见，你们的劳动成果将随着本书一起流传。

为本书的问世，移投行家族办公室的工作人员同样也付出了很多，默默无闻地完成了许多基础性工作，推动各个流程的顺利进行。

最后向关心本书的同行和读者致谢，希望你们能从中有所收获。

致家族办公室事业同人们的一封信

感谢各位选择阅读本书，并富有远见地关注中国的家族资产保护问题。

本书编委会向各位读者隆重推荐中国联合家族办公室协会专家智库——迄今为止中国最大的超联合家族办公室业务研究和人才协作平台，由中国联合家族办公室协会（CUFOA）创办，委托移投行家族办公室审核，现已汇集超过300名法律、金融、会计、税务、移民、资产管理等领域的专家，成员及合作机构遍及上海、重庆、香港等国内各大城市及伦敦、苏黎世、迪拜、芝加哥、哥本哈根等国际主流城市，在当下中国财富传承交接需求井喷的背景下，深入一线市场，致力于为高净值家庭量身定制资产保护的解决方案。

中国联合家族办公室协会，是中国境内外的众多家族财富管理及研究机构、家族办公室从业人员、家族办公室业务相关服务机构、资深专家学者，为成为政府、市场与客户之间的桥梁并发挥其纽带作用，进行资源整合、协同合作和自律规范而自愿组成、依法设立的行业性社会团体，成员及分支机构众多，经常开展各类活动，对行业影响深远。

加入中国联合家族办公室专家智库，将享有以下优势：

（1）与志同道合的专家成员们共同探讨资产保护和家族办公室业务，共同学习，有机会参与该智库举办的各类论坛、培训和参访等活动。

（2）以专家智库为依托开展联合营销，获得政策解读、活动策划、品牌推广等家族办公室业务开拓和营销的支持。

（3）有机会利用中国联合家族办公室协会巨大的人脉及智库合作机构的

全球资源，可取长补短，实现各方合作共赢。

如法律人士、保险经纪人、信托专家、移民专家、海内外投资专家、税务专家等专业人士有意向加入中国联合家族办公室协会专家智库，欢迎发送个人介绍文件至：expert@ ibkfo. cn。

中国联合家族办公室协会